强军固防
青春同行
——大学生军事理论与技能训练教材

QIANGJUN GUFANG QINGCHUN TONGXING
DAXUESHENG JUNSHI LILUN YU JINENG XUNLIAN JIAOCAI

易贤文 / 主编

四川大学出版社

责任编辑：何　静
责任校对：周　颖
封面设计：墨创文化
责任印制：王　炜

图书在版编目(CIP)数据

强军固防　青春同行：大学生军事理论与技能训练教材 / 易贤文主编. —成都：四川大学出版社，2018.4
ISBN 978-7-5690-1691-8

Ⅰ.①强…　Ⅱ.①易…　Ⅲ.①军事理论－高等学校－教材②军事训练－高等学校－教材　Ⅳ.①E0②G641.8

中国版本图书馆 CIP 数据核字（2018）第 068028 号

书名　**强军固防　青春同行**
——大学生军事理论与技能训练教材

主　　编　易贤文
出　　版　四川大学出版社
地　　址　成都市一环路南一段 24 号 (610065)
发　　行　四川大学出版社
书　　号　ISBN 978-7-5690-1691-8
印　　刷　四川盛图彩色印刷有限公司
成品尺寸　185 mm×260 mm
印　　张　14
字　　数　304 千字
版　　次　2018 年 8 月第 1 版
印　　次　2018 年 8 月第 1 次印刷
定　　价　38.00 元

◆读者邮购本书，请与本社发行科联系。
电话：(028)85408408/(028)85401670/
(028)85408023　邮政编码：610065
◆本社图书如有印装质量问题，请
寄回出版社调换。
◆网址：http://www.scupress.net

《强军固防　青春同行》编委会

序 言

本书是根据习近平新时代中国特色社会主义强军思想和国防与军队改革精神，结合当代大学生应征入伍及高校军训的特点编写的。孙子曰：“兵者，国之大事也。死生之地，存亡之道，不可不察也。”对大学生进行军事理论教育，对我国的国防体系建设具有极其重要的战略意义。今天我国正抓住重要战略机遇期，加快社会主义现代化强国建设的步伐，为实现“两个一百年”奋斗目标，迫切需要一个持续安全稳定的环境，但是，当今世界远不是太平盛世，仰仗军事实力的强权政治和霸权主义依然盛行。没有强大的国防，就没有国家的安宁；没有强大的国防，就没有民族的尊严，更没有和平稳定的环境。基于中国的国情，我们走的是一条中国特色的精兵之路，必须依靠科技、依托人才来强军固防，其中包括建设一支高素质的后备国防力量，而强军固防更离不开青春盎然的高素质后备国防力量的生力军——大学生。

大学生是我们社会中最年轻、最富有青春活力的知识型群体，通过对大学生进行军事理论教育和技能训练，可以使他们掌握基本的国防知识，学习必要的军事技能；同时，使大学生凭借自身良好的科技和文化素质，履行好应尽的国防义务，成为我国国防后备力量的重要生力军。所以，对大学生开展军事理论教育是全民国防教育和国家国防体系建设的一项基础性工作。高校军事理论教育和军事技能训练对提高大学生的思想道德素质具有深远的影响。这种教育具有很强的综合育人功能，特别是在增强忧患意识、培养全开放视野、激发爱国热情、增强社会责任感等方面所起的作用，是其他教育所难以相比的。近些年来，成都大学武装部在学校党政领导的高度重视和大力支持下，通过不懈的探索和实践，取得了一定成绩，学校被教育部评为“2017 年国防教育特色学校”。在总结学生军训工作和军事理论教学实践的基础上，我们编写了这部《强军固防　青春同行——大学生军事理论与技能训练教材》。

本书吸收近年来军事科学研究新成果，重点介绍和阐述了国防基础知识，军事思想的形成与发展过程，战略环境及国际战略格局的现状、特点和发展趋势，信息化战争的形成、发展趋势及其与国防建设的关系等。该书还为大学生解读了应征入伍国家政策等方面的知识，对于引导大学生积极应征入伍，献身国防事业能起到较好的引导作用。古语云“天下兴亡，匹夫有责”，我们说“强军固防，青春同行”。

我们相信，本书的出版，将会促使大学生牢固树立与习近平新时代中国特色社会主义强军思想相适应的现代国防观念，增强政治责任感和历史使命感；对于推动我国高校国防教育向纵深发展也将发挥重要作用。

新时代对大学生进行国防教育是高等学校教学工作的重要组成部分，也是全面提高学生综合素质的重要途径。开设军事理论课程，能帮助大学生明确理想信念和前进方向，为保卫祖国贡献力量。学习军事理论课程，有助于培养大学生的集体主义精神，树立正确的人生观、世界观和价值观。在本书的编写过程中，我们得到了我国军事理论界、教学界前辈和专家的关心与指导。同时，本书也是长期从事军事理论教学和军训工作的教师集体智慧的结晶。在此谨向他们表示衷心的感谢！需要说明的是，在本书的编写过程中，我们参考了国内外大量的相关文献，参阅了许多专家和学者的研究成果，包括网络、报刊等媒体刊载的资料，在此一并致以谢意。

由于我们的水平有限，本书难免有不足之处，恳请专家和读者不吝指正。

编　者

2018 年 3 月

目 录

第一章 中国军事思想

夫未战而庙算胜者，得算多也；未战而庙算不胜者，得算少也。多算胜，少算不胜，而况于无算乎？吾以此观之，胜负见矣。

——孙子

第一节 军事思想概述

一、思想与军事思想的内涵

（一）思想与军事思想的含义

1. 什么是思想

关于思想的解释有很多，东汉的许慎在其所著的《说文解字》中说：“思者，上为田，下为心，心之田。”“想者，上为相，下为心，心之相。”思想如何，你对事物的判断就如何。所谓“仁者见仁，智者见智”，所谓“境由心生，相由心生”。

思想亦称“观念”，即理性认识。人们在社会实践中对客观事物的认识，开始是感性认识。“这种感性认识的材料积累多了，就会产生一个飞跃，变成理性认识，这就是思想。”人们的社会存在决定人们的思想，一切根据和符合客观事实的思想就是正确的思想，它对客观事物的发展起促进作用；不根据和不符合客观事实的思想是错误的思想，它对客观事物的发展起阻碍作用。

思想按不同的标准可以划分为哲学思想、管理思想、民主思想、军事思想等。

2. 什么是军事思想

军事是一切与战争或军队直接相关的事项的统称，是以准备和实施战争为中心的社会活动。

军事思想是关于战争、军队和国防的基本问题的理性认识，是人们长期从事军事实践的经验总结和理论概括。它揭示战争的本质、战争的基本规律以及进行战争的指导规律，阐明军队建设的基本理论和原则，从总体上反映研究战争和军事问题的成果。不同阶级、国家或政治集团有不同的军事思想。军事思想是一种社会意识形态，既受其他社会意识形态的影响和制约，也影响和作用于其他社会意识形态。

军事思想来源于人类的军事实践，同时又给人类的军事实践以理论指导，并在军事实践中接受检验。军事思想随着战争和军事实践的发展而发展。军事思想作为一种独立的意识形态是在奴隶社会开始的，它产生于一定的社会物质生产和战争实践基础之上，并且受到其他社会意识形态的影响与制约。

军事的中心内容和主要意义在于对战争的准备和实施。战争是军事实践活动最活跃的时期和最高形式，也是军事理论最丰富的源泉和不断发展的动力。正因为如此，军事领域的各项理论和实践活动都要以战斗力的提高为根本标准，以适应实战需要为根本目的。战争和军事之间的这种内在联系，规定了军事思想研究的对象和范围。因此，军事思想研究的问题，通常应包括战争观、战争与军事问题的方法论、作战指导思想和原则、军队建设的指导思想和原则等基本内容。其中，战争观和方法论是军事思想的理论基础，是其灵魂和精髓。军事思想是战争与军事实践经验的理论概括，它来源于战争与军事实践，又给战争和军事实践以理论指导，并随着战争和军事实践的发展而发展，是军事科学的重要组成部分。

（二）军事思想的基本特征

军事思想有四个基本特征。

1. 阶级性

战争是一种在一定时间、空间内，关系整个社会生活的特殊社会活动形态，而军事又是以准备和实施战争为中心的社会活动，必然涉及社会的政治、经济、科学技术、文化教育以及意识形态等各个方面，因而作为揭示战争和军事领域一般规律的军事思想，也必然具有鲜明的阶级性。在阶级社会里，任何国家占统治地位的军事思想，都是统治阶级的军事思想，它必然要服从于本国的政治并为其服务，必然被打上深刻的阶级烙印。虽然战争和军事领域的规律是客观存在的，是不以人们的意志为转移的，但这种规律可以通过从事战争和军事的人们的实践活动表现出来。在阶级社会里，人们是存在阶级差别的。不同阶级的人，由于立场、观点和方法的不同，对战争规律的认识和应用也不完全相同。

2. 实践性

军事思想来源于战争和军事实践，又对战争和军事实践起巨大的指导作用，并在战争和军事实践中受到检验、得到发展。实践性是军事思想的一个显著特征，如在中国古代历史上，大规模的战争多发生在中原地区，人们总结这些地区的战争经验，于是就出现了《孙子兵法》。战争实践也具有间断性的特点，在两次战争之间的和平时期，人们通过近似实战的军事训练、演习和科学实验也可以总结出新的军事思想，但这种实践形式同实战有一定的差距，获得的经验教训也远不如实战那样深刻。同样，军事思想对战争和军事实践也有巨大的指导作用，每一次大规模的战争都会产生新的军事思想，而每一次获得伟大胜利的战争都离不开正确的军事思想的指导，如在中国革命战争中，在毛泽东军事思想的指导下，我们打败了强大的国内外敌人，创下了以弱胜强的光辉范例。

3. 时代性

时代是根据一定的政治、经济、文化、科技而划分的历史时期。任何军事思想都是一定历史阶段发展的产物，都有它产生和发展的时代背景，同时也必然受到所处时代的影响和制约。不同历史时期的军事思想都有自己的特征，这种特征往往最能反映当时的生产方式、社会制度、物质生产水平，特别是军事技术装备的发展水平，如古代军事思想是在冷兵器的基础上发展起来的，而近代军事思想则是同热兵器的广泛使用分不开的。制约军事思想发展的还有政治方面的因素。

4. 继承性

军事思想是在继承与发展的辩证运动中不断向前发展的。发展是军事思想的强大生命力所在。这种发展不是孤立的，而是在继承基础上的发展。所谓继承，是指对传统的军事思想中具有普遍意义的原理、原则及宝贵经验的保留和借鉴。由于战争和军事实践的变动性和多样性，这种继承也不是照搬照套的静止的继承，而是在运用和发展中继承。例如，毛泽东是毛泽东军事思想的主要代表，他不仅吸取了马克思主义军事理论的基本原理，而且吸取了古代、近代和现代国内外优秀的军事思想。

（三）军事思想的主要内容

军事思想是从总体上考察和回答军事领域的普遍性、根本性问题，揭示军事领域的一般规律，提出军事斗争和军队建设的基本方针及基本指导原则，为人们研究和解决军事问题提供总体性理论指导。军事思想的内容大体可分为两个层次：军事哲学和军事实践基本指导原则。前者主要包括战争观、军事问题的认识论和方法论，是军事科学与哲学相结合的产物，以介绍军事领域矛盾运动的一般规律和主观指导的思维法则为基本内容，为人们研究和解决军事问题提供认识论和方法论工具；后者主要包括战争指导的基本方针和原则、军队建设的基本方针和原则、国防建设的基本方针和原则等。

（四）军事思想的分类

分类的标准不一样，其分类结果也不一样。按时代区分，有古代军事思想、近代军事思想和现代军事思想；按阶级性质区分，有奴隶主阶级军事思想、封建地主阶级军事思想、资产阶级军事思想和无产阶级军事思想等；按地域和国家区分，有外国军事思想和中国军事思想；按人物区分，有孙子军事思想、拿破仑军事思想、克劳塞维茨军事思想、毛泽东军事思想等。不管怎么分类，军事思想的核心内容大致包括以下两个层次：第一，军事哲学，主要涉及战争观、战争与军事问题的认识论和方法论；第二，军事实践的基本指导原则，主要内容是有关战争、军队建设、国防建设方面的基本方针和原则。

二、军事思想的作用

军事思想是各种军事理论、军事原则的理论基础，对军队建设、作战行动和国防建设起着根本性的指导作用。

（一）军事思想为认识军事问题提供基本观点

人们总是基于一定的思想观念，去评判军事问题的是非与价值，进而确定对其采取何种态度和行动。军事思想提供的正是这种思想观念。运用马克思列宁主义的理论去看待战争，就能全面认识战争在人类社会生活中的作用，正确判断正义战争与非正义战争，坚持以正义的、进步的、革命的战争去反对非正义的、反动的、反革命的战争。如果用否定一切战争暴力的和平主义，或者“强存弱汰”的社会达尔文主义之类的观点去看待战争，就不可能有正确的态度和行动。

（二）军事思想为进行军事预测提供思想方法

科学的军事思想揭示了军事领域矛盾运动的规律，为人们正确认识战争，进行军事预测提供了科学的认识论和方法论工具。例如，毛泽东关于中国人民抗日战争进程与结局的论断。毛泽东在《论持久战》一书中论述了 21 个问题。前 9 个问题为第一部分，主要说明抗日战争为什么是持久战，为什么最后胜利是中国的，批判了亡国论和速胜论；后 12 个问题为第二部分，主要说明怎样进行持久战和怎样争取最后胜利，着重论述了人民战争和人民战争的战略战术。这是科学地进行宏观预测的范例。非科学的军事思想因不能揭示甚至歪曲了军事领域矛盾运动的规律，必然导致错误的预测结果。

（三）军事思想为从事各项军事实践活动提供全局性指导

人们从事军事实践活动，离不开军事思想的指导。军事实践的成败，与军事思想的科学与否关系甚大。以科学的军事思想做指导，军事实践就能保持正确的方向，并能达到预期的目的；否则，军事实践的方向就难免发生全局性的偏差，达不到预期的目的。军事思想之所以能对军事实践起指导作用，在于它是军事实践的能动的反映，是军事实践经验的理论概括，并揭示了军事领域的一般规律。军事思想对军事领域的规律反映得越深刻、越正确，它对军事实践的指导作用也就越大。在战争史上，每一次大规模的战争，都会产生新的军事思想；而每一次取得伟大胜利的战争，都有正确的军事思想做指导。

三、军事思想简史

随着社会生产力的发展，战争的日益频繁和战争规模的不断扩大，人们科学文化水平的提高，人们对军事问题的认识有一个从简单到复杂的发展过程。军事思想作为独立的意识形态出现，始于奴隶社会。“攻”“守”“战术”“统率”等军事概念就产生于奴隶社会时期。此时，人们已开始探讨战争与物质力量的关系，在一定程度上认识到军队的多寡、武器的数量和质量对于战争胜负具有重要作用。“强胜弱”“众胜寡”成为一般的作战原则。它标志着这时出现的军事思想已具有朴素的唯物主义性质。但是在奴隶社会时期，在军事思想中占据重要地位的是宗教迷信观念，加之战争规模较小，作战形式单纯，这时的军事思想还比较简单。

在奴隶社会向封建社会发展的过程中，一些强大的奴隶制国家在战争中衰亡。这个事实促使人们认识到，战争胜负不仅取决于物质力量的强弱，而且同政治因素、战争的性质、力量的运用及其强弱转化有着密切关系。这一认识是由中国奴隶社会向封建社会过渡时期的军事著作首先在理论上加以阐明的。以《孙子兵法》为代表的军事论著，总结了当时军事斗争的经验，揭示了战争中众寡、强弱、虚实、攻守、胜败等范畴的对立和转化关系，提出了“知彼知己，百战不殆”“攻其无备，出其不意”等军事原则。这说明中国古代军事思想中已经蕴含着朴素的辩证法思想。

资本主义工业革命的发展，使大量火器和众多人力投入战争成为现实。在资产阶级推翻封建统治的大革命中，在资本主义国家对外扩张的战争中，战争规模空前扩大，战争的本质也暴露得更加充分。资本主义进入帝国主义阶段后，随着科学技术的进步，又经过两次世界大战实践经验的积累，资产阶级军事思想有了进一步发展，它更加重视先进科学技术在战争中的作用，并在现代战争的作战方法、技术运用、组织指挥以及军队现代化建设等方面，提出了一些值得重视的理论和原则。

无产阶级在争取自身解放的过程中，不断总结革命战争经验，并且吸取了军事思想史上的积极成果，形成了自己的军事思想。他们应用辩证唯物主义和历史唯物主义的基本原理，科学地论证了战争的社会历史根源，揭示了阶级社会战争的阶级本质，阐发了战争的基本规律，并且高度重视人民群众在战争中的作用，强调建设人民军队的重要性，提出了无产阶级的军事斗争纲领和作战方法。

任何军事思想都是一定历史发展阶段的产物。社会生产力的不断提高和科学技术的飞速进步，要求军事思想在继承历史上一切优秀遗产的基础上，不断地创新和发展。但是，军事思想的发展历史表明：一般来说，在和平时期军事思想的发展往往落后于社会生产力和科学技术的发展；上一场战争中曾经赢得胜利的经验，远远不能满足下一场战争的需要。因此，在和平环境中，防止和克服保守倾向，积极探索军事领域出现的新情况和新问题，努力使军事思想适应新的历史条件，才能保证它对未来战争发挥正确的理论指导作用。

第二节　中国古代军事思想

中国古代军事思想是指从公元前 21 世纪到 1840 年这一时期各阶级、各民族、各政治集团及军事家、兵学家关于战争和军队等一系列军事问题的系统的理性认识。它是中国古代各历史时期人们军事实践经验的理论升华。它随着社会的前进，军队建设和战争实践的发展以及人类认识能力的提高而逐渐深化，反过来又指导各历史时期的军事实践，对社会物质文明和精神文明的进步产生深刻的影响。它是中国乃至世界军事思想宝库中的珍贵遗产。

中国古代战争之多，兵书和论兵要著之多，堪称世界之最。据不完全统计，我国历代兵书多达 3380 部，23500 卷。目前尚存的兵书仍然多达 2308 部，18567 卷。其中比较有价值的有 100 多部，被选入百科全书的有 39 部。中国古代兵学之盛，甲于天下，被誉为“兵法之国”绝非虚语。中国古代的军事思想哺育了众多出色的名将，运用谋略指挥了许多规模宏大、纷繁复杂的战争，从而又不断丰富、促进军事思想的发展。

一、中国古代军事思想的历史沿革

中国古代军事思想的历史沿革主要分为以下三个阶段。

（一）中国古代军事思想的萌芽（前 21 世纪—前 8 世纪）

大约从公元前 21 世纪至公元前 8 世纪，中国为奴隶社会时期。在这一时期，国家建立了军队，出现了真正的战争及与其相适应的军事思想。但此时军事思想不完善、认识不深刻，军事论著非常少。这一时期的军事思想有以下特点：

1. 把军事视为对内统治的特殊手段

由于受外部侵略少，当时的军队是对内统治的工具，军事思想的出发点都是探求如何治理诸侯和镇压奴隶反抗的问题。

2. 以“礼”和“刑”为治军的基础

今天，为了保持部队的士气和战斗力，通常采取的办法是提高待遇，进行政治教育，强调军法、军纪，等等。而在那时则很简单，主要是进行处罚。对奴隶士兵的处罚是相当详细而又严酷的，如周朝的五刑之律高达 3000 多条：墨（黥面，在脸上刺字）1000 条，劓（割鼻）1000 条，刖（断足）500 条，宫（去势）300 条，大辟（杀头）300 条。如若士兵在集合时迟到，就要被砍去脑袋，可见当时刑法之严酷。士兵如果立功受赏，也只是变为平民，获得人身自由而已，想升官是不可能的。而“礼”主要是针对奴隶主的，以赏为主。如果对其进行处罚，也只是剥夺其奴隶、土地数量。正所谓“刑不上大夫，礼不下庶人”。

3. 迷信色彩重

那时候的战争，最明显的一个特点是每次作战之前都要到庙里烧香拜祖，乞求祖宗和神灵的保佑。因为我们的祖先相信战争的起源和胜负都是由神灵决定的。一些军事行动的决策，如出兵的时间、攻击方向等也必须事先占卜，而后才能确定。也有反对迷信的，如大家比较熟悉的姜尚，在一次领兵作战之前，忽然狂风大作，电闪雷鸣，旗杆被折断，很多人都说此时出兵可能不吉利，想用兽骨来占卜决定是否出征，而姜尚则说“腐草枯骨不足问”，结果出师大捷。当然，姜尚这种人在当时是很少的。

（二）中国古代军事思想的成熟（前770—前221）

当时战车是军队的主要装备，军事思想也是以战车为主。大约从公元前770年至公元前221年，为我国春秋战国时期。它是我国奴隶社会向封建社会过渡的时期。这一时期，我国古代军事思想取得了辉煌的成就。那么，我国的军事思想为什么会在这一时期取得如此大的成就呢？

第一个原因是这一时期战争比较频繁。在这550年的历史中，有文字记载的战争就达713次，会盟1000余次。这些频繁发生的战争和会盟为军事思想的发展提供了丰富的实践源泉。

第二个原因是文化的普及。由于私学的兴起，春秋战国时期打破了奴隶社会“学在官府”的局面，文化教育普及于民间。这就为军事思想的发展奠定了良好的理论基础。

第三个原因是各诸侯国的重视和提倡。各诸侯国出于生存和争霸的需要，争相招贤纳士，广揽人才，鼓励人们进行军事理论研究，客观上也促进了军事思想的发展。

基于以上三个原因，我国军事思想在这一时期取得了空前绝后的辉煌成就，涌现出许多杰出的军事专著，被封建社会一直视为兵学经典的7部兵书中就有5部产生于这个时期，其中包括在中国乃至世界上影响最大的军事理论的奠基之作《孙子》。

（三）中国古代军事思想的丰富和发展（前221—1840）

自公元前221年秦始皇统一中国至1840年鸦片战争，中国处于封建社会时期。历代封建王朝为巩固其统治，都限制人们对军事理论的研究和探讨（如秦朝谈兵论法是杀头之罪），影响了军事思想的快速发展。由于骑兵、舟师的产生及火器的应用而产生了相应的军事思想。军事理论体系初步形成并得到较快发展。

先秦兵书的特点是内容繁杂，无所不包，同一本兵书可能包含战略、战术、气象、地理、兵器、训练、编制等不同的内容。这一时期的兵书数量繁多，门类齐全；概括性强，自成体系。除了总体性研究外，还有各个方面的具体研究，专题性兵书增多。我们从一些兵书的书名就可以看出这种发展倾向，如《历代兵制》《守城录》《练兵纪实》《神器谱》《火攻挈要》《海防图论》等。其他代表作有《武经总要》《三略》《李卫公问对》《太白阴经》《武备志》等。从中可以看出，这一时期的军事思想极为丰富。

二、中国古代军事思想的基本内容

中国古代军事思想源远流长，博大精深，异彩纷呈，在世界军事思想发展史上具有重要地位。这是战争经验的总结，血“染”的理论财富，智慧的结晶。其基本内容包括以下方面。

1. 战争的起源和性质

（1）战争的起源。中国古代对于战争起源的认识经历了不同的阶段。奴隶社会居主导地位的是宗教战争起因论，认为战争是由一种超自然的力量决定的，把战争的发生理解为“皇天降灾”，是对违犯天命的惩罚。这是最原始的战争起因论，后来人们对这种观点逐渐产生了怀疑：战争是上天意志的体现，但是谁又能说出个究竟呢？天命论最终是以“不可知”而不了了之。

后来，随着政治变革，认识深化，这种宗教战争起因论逐渐被自然主义战争起因论所取代。自然主义战争起因论认为战争起源于人的生物本性。《吕氏春秋》认为战争与人类社会同时产生，是从人的争斗本性发展起来的，战争就是私斗的扩大化：开始时怀恨在心，怒目相视，出言不逊，继而推推搡搡，大打出手，以至拉帮结派，形成大规模的战争。这种观点把战争的起因归结为人的争斗本性，有人类就存在战争。另一种观点是从社会历史、经济生活中探讨战争起因，这种观点以我国古代的荀子、韩非子等人为代表。荀子首先看到战争与国家政治制度是同步产生的，是一定社会历史条件的产物。他认为，战争之所以发生，并非与人生俱在，而是社会发展到一定阶段的产物，由于人的欲望发展，谋求物质的欲望和手段没有了节制，进而产生了纷争。韩非子继承了荀子的这种认识，并进一步从经济生活的变化看这个问题。他认为古时人口少而物资相对富裕，所以没有争夺，后来人口不断增加，社会财富相对减少，人们为了争夺生存条件就发生了争斗。他还认为统治者和人民的关系是建立在利害对立的矛盾之上的，只要条件具备，时机成熟，人民随时有可能起来推翻统治者。在这种矛盾尖锐对立的条件下，战争的危机是随时潜伏着的，这就不仅是说争夺物质生活条件会导致战争，而且阶级剥削和压迫的存在更是战争之源。

（2）战争的性质。关于战争的性质问题，中国古代兵书中早就有论述。战争从来就有正义与非正义的分别，但开始时人们并没有从理论上加以阐述，即使是进行正义战争的人们，也只是称之为“恭行天罚”。也就是说，执行天的旨意来征讨、惩罚对方。随着社会变革，天的观念逐渐淡薄，就提出战争本身的是非问题。早在春秋时期，人们就开始使用“有道”与“无道”、“曲”与“直”等概念，把战争分为不同的类型。到战国时期，这种思想有了更大的发展，“义兵”“义战”“不义之战”等概念已经在诸多文章中广泛使用。如战国时吴起在对战争的起因进行分析之后，提出了义兵、强兵、刚兵、暴兵、逆兵等五种性质的战争，即：禁暴除乱，拯救危难的军队叫义兵；仗恃兵强，征伐列国的军队叫强兵；因君主震怒而出师的军队叫刚兵；悖理贪利的军队叫暴兵；不顾国弱民疲，兴师伐众而出征的军队叫逆兵。提出只有除暴救乱才是义兵义战，其他均是不义之战。那时，虽然人们的是非标准、说话的角度各不相同，但都把战争分为两类，即正义战争与非正义战争，大多认为凡是反侵略战争或是支援被侵略被压迫者所进行的战争均为义兵义战；反之，凡是以侵略压迫敌国为目的的战争均为不义之战。这些认识，也成为整个古代社会分析战争性质的基础。当对战争作出性质区分之后，就为进行正义战争提供了理论依据。至战国时期，由于中原各诸侯国的地主阶级基本上掌握了政权，实现封建统一成了历史发展的必然趋势，各诸侯国普遍举起统一战争的旗帜。为了适应这种斗争的需要，理论上更加旗帜鲜明地为这种战争服务，就提出了“以战止战”，即以战争制止战争这样一种思想。秦国则更进一步，提出了“以战去战”的思想，即以战争消灭战争来作为战争的目的。这些观点都带有以正义战争制止非正义战争的含义。

2. 战争与政治

关于战争与政治的关系，古代军事思想中就有了初步的认识，提出了军事从属于政治、文武不能偏废等一些基本观点。具体内容有：

战争是现象，政治是本质。早在奴隶社会就有了“有德不可敌”的思想，这里就有强调政治因素的意思，但是这个观点还是模糊的，其具体解释大多为“天命”，即认为有天命即为有德，这样有德就成了难以琢磨的抽象的东西，无法找到一个具体的衡量标准。春秋战国以后，随着阶级斗争的深入发展，形成了代表不同阶级利益的政治观念，人们有了自己选择政治信念的余地，而且进步的政治更能使广大的民众接受，人心的背向常常在政治较量（包括军事较量）中显示其巨大的威力，人们对战争与政治的关系的认识也越来越明朗，进而认识到采用合乎正义的措施治理国家是正常方法，用正常的方法达不到目的就要采取特殊的手段，特殊的手段是以战争方式而不是以和平方式表现出来的，即肯定战争是政治斗争升级的产物，战争是政治斗争的最高阶段和最后手段。

政治是决定战争胜负的首要因素。早在春秋战国时期，由于阶级斗争的深入，许多兵家、政治家认识到，政治开明，师出有名，就有强大的号召力和凝聚力，就能取得战争的胜利；相反，就会归于失败。因此，对政治在战争中的作用认识越来越明确，论述也更加丰富。孙子首先提出了属于政治范畴的“道”的概念：“道者，令民与上同意也。”可见，“道”就是指受人们拥护的政治制度。孙子把这一条列为决定战争胜负的五种要素之首，认为只有施行合理的政治，才能取得胜利的主动权。孙子之后，这方面的论述越来越多。荀子提出，要靠政治的优势取得民众的拥护。这样的战争，甚至敌国的民众都会拥护。随着战争的胜利，领土的扩大，兵力会日益强大，取得战争的胜利就更加容易。如果单凭实力征伐，政治上不得人心，敌国慑于军事压力，或许可以得逞一时，但这种战争，虽然领土扩大了，权势却越来越小，兵力也将越来越弱，从表面上看似乎是胜利了，最终结果仍然会失败。也就是说，战场上取胜的深厚根源在于政治，单凭军事实力是不足以征服人的。战争的胜负，绝不是战场上的短暂时间能决定的，而是战前已经在政治上奠定了胜负的基础。

文事武备，互存互用。战争中必须发挥政治和军事两种因素的作用，二者不可偏废。中国古代将文武作为治国的两大支柱，即一个国家，政治必须有军事为后盾，军事斗争必须有政治为基础。政治在战争中的作用，体现在两个方面：

其一，从政治上压倒对方，取得优势。早在奴隶社会的战争中，就要在战前进行政治宣传，申述自己战争的正义性，争取民众的支持。在其后的历代战争中，运用这种斗争形式更加自觉，而且主张，不仅在战前要进行政治宣传，还要更进一步贯彻在战争过程中，在绝对的军事优势下，再辅以政治游说，使敌人失去信心，就可以不战而胜。

其二，从心理上压倒对方，瓦解敌人的斗志。攻心战的思想，孙子已经明确地提了出来，他指出："三军可夺气，将军可夺心。"这一原则在军事上已经得到广泛运用。在特定的条件下，通过攻心，可促使敌人瓦解。例如，楚汉战争中，汉对楚的决战中，汉军包围楚军后，四面唱起楚军的家乡歌曲，唤起了楚军的思乡之情，士无斗志，军心涣散，从而加速了楚军的败亡。

3. 战争与经济

关于战争与经济的关系是中国古代军事思想中一个重要的议题，战争实践告诉人们，战争不是单纯的意志行为，它受各种客观因素的制约，其中经济因素是战争的物质支柱。对战争与经济的关系，古代军事家就有了充分的认识，提出了战争依赖于经济、富国是强兵的基础、指导战争要着眼于经济的基本原则。

战争的胜利是以它拥有的物质资料为基础的，任何战争都要以巨大的物资消耗为代价。孙子把这种战争与经济的依赖关系，形象地表达为"兴师十万，日费千金"。也就是说，没有雄厚的物质基础，就无法支持战争。后代军事家经常引用孙子的这句话来阐述战争依赖经济的道理。古代兵论者谈战争对经济的依赖关系，除上面的概括论述外，更多的是从粮秣的生产储备、兵器装备的供应等方面入手。由于中国古代国家层次简单，而战争又是牵动国家全局的大事，因此，有关勤务保障方面的论述同样具有宏观性，也揭示出战争依赖于经济这一基本观点。例如，在粮秣上，由于战争的主体是人，加上参战的大量马、牛等牲畜，人畜必须具备维持生存和战斗力的起码条件，因此人畜的饥饱是战争需要解决的首要问题。自古以来，人们就把"兵马未动，粮草先行"看成是用兵的常识。从战争依赖于经济的思想出发，中国古代把富国强兵作为立国之本，在处理富国与强兵的关系上，又把富国看成强兵的基础。强调富国强兵，可以说是中国古代的传统军事思想。

4. 军队建设

军队是战争的主体，军队的强弱直接关系着战争的胜负，因此，军队建设是历代军事家和政治家普遍关注的一个问题。

早在夏王朝建立之初，就正式设立了专门的军事长官，在奴隶社会长期的军事实践中，逐渐形成了一些有关军队建设的经验。到春秋晚期，孙子在系统总结前人治军经验的基础上，把古代军队建设思想推向了时代巅峰，奠定了封建社会军队建设的理论基础。在战国时期的军事著作中，几乎都有论述军队建设的专门文章。古代有关军队建设的思想十分丰富，其主要方面包括以下几种：

（1）将帅论。将帅是组织和领导军队的骨干。一个国家军队的强弱，固然与这个国家的政治制度、经济实力密切相关，但也与正确选拔和任用德才兼备的将帅是分不开的。因此，选用将帅问题历来备受军事家和政治家的重视。

将帅在军事活动中具有极其重要的地位和作用。对此，早在专职将帅出现之前就为古人所注重。我国早期的文献中就已经透露出对重要军事人物在领兵杀敌、卫疆保土中重要作用的肯定。春秋战国以后，随着战争的发展，军队规模的扩大，军队正规化、专业化程度的提高，出现了专门领军作战的将军，文、武职能分开，赋予了将帅独立指导战争，行使战争职能的权力，使其在战争中的地位和作用更为重要。孙子论述将帅的重要作用时说："知兵之将，民之司命，国家安危之主也。"说明一个善于领兵作战的将帅，对于国家的命运、民众的生死，起着关键性作用。将帅既是国家安危的支柱，也是军队建设的骨干。有了合适的将领，军队才会强大。古人还在将帅同军队的关系分析中，既肯定了将帅的作用，也肯定了士兵在战争中的地位，指出统率军队、指挥打仗的是将帅，而真正冲锋陷阵消灭敌人的是广大士兵，军队不能没有统帅，而统帅离开军队也是不能破敌的。基于这些认识，古代著名军事家、政治家为了在战争中取胜，在乱世中自立，都求贤若渴，视才为宝。

综上所述，中国古代在对选将用将的认识上已经达到相当的水平，看到了将帅对国家安危、军队强弱具有决定性作用。

①选用将帅的基本原则。古人要求，选择将帅必须看他们的能力，任用后还要考察他们的实绩，做到名副其实。在具体做法上，主张打破地域、门第观念和世袭制度，在更大范围内选拔将帅。奴隶社会时期，采取的是贵族世袭军职。到了春秋战国时期，已经打破了这种观念，不管出身，依据军功战绩，经过全面考核，大量选拔有真才实学的人担任将帅。

②将帅的修养。战争的发展，需要有专职将帅，而将帅应具备相应的知识结构和素质修养，因此，选将的标准也成了古代军事思想中一个经常提出的问题，历代兵书中都有论述。

对将帅总的要求是能文能武，有勇有谋。孙子具体地提出了"将者，智、信、仁、勇、严也"的要求。所谓智、勇，就是要足智多谋、果断。这两个字对将帅来说是必须具备的最重要的条件。智是在广博知识基础上的决策能力，勇是实现决策的必备条件，两者相辅相成。只有做到机智而不懦弱，勇敢而不鲁莽，才能成为真正的将帅。两者比较起来，智显得更为重要。孙子特别强调这一点，主张"未战而庙算者胜"，即通过战前的精确筹划而预知胜负，遇事要做到"不愠""不怒"，保持冷静的头脑。当然，战场毕竟是死生之地，非勇敢不能对敌，非果断不能应变，因此，勇敢果断对于将帅来说也是绝对不可缺少的。作为将帅还要有勇于负责的精神。孙子提出，将帅必须"进不求名，退不避罪"，他还主张"将在外，君命有所不受”，把“将能而君不御”看成是胜道之一。仁、信，就是要求将帅必须具备仁爱诚信的品质，这要求既要对统治者忠诚，也要对部属爱护。从古代军事著作的大量论述中可以看出，更强调的是将帅必须以身先士卒、言信行果的模范行动达到亲附士兵、统御部队的目的。战争的胜负，与将帅同士兵的关系融洽与否有着密切的关系，所以能否与士兵同甘共苦是选拔将帅的必备条件之一。在孙子的军事思想中，就特别强调爱护士兵，他认为“上下同意”，即上下一心是胜利的根本，要使用士兵，就必须亲近爱护士兵。孙子说：“视卒如爱子，故可以与之俱死。”就是说，将帅把士兵看作自己的孩子一样关心、爱护，就能使他们与自己同生共死。

（2）军制论。古代的军队建设也非常重视军队的编制体制。中国古代军事思想认为“凡兵，制必先定”，就是说，所有的军队，它的编制、管理、储备、征募等方面的法规及具体制度一定要首先确定下来。在这方面，中国古代许多军事书籍中都有论述，内容涉及军制的性质、部队的编组方法、行动部署原则、营区的划分和通行规定、着装和徽章佩戴的具体规定以及马匹使用的制度和方法等，内容相当广泛。

军队建设必须以法律形式确立军队的编制。古人在军队建设和战争实践中，认识到健全军制是军队建设的一个重要问题。早在春秋末期，孙子就指出：“治众如治寡，分数是也。”意思是说，治理人数多的军队和治理人数少的军队一样方便，靠的就是编制体制。军队作为一个特殊的有组织的武装集团，它的完整性主要体现在有一套完整的制度上，这种制度就是凝聚剂，能使军队意志统一，步调一致。

我国历史上各个时期的军制，由于所处的经济条件、政治制度、科技水平以及战争发展水平不同而表现出不同的形式，但总的来看，其确立的基本原则是基本一致的，这就是：首先，必须以保证国家的集中统一为目的。古人认为，为维护国家政权，确保国君对军队的统治权，必须从制度上限制将帅所拥有的权力，合理调换兵将，以防止对手握重兵的将帅失去控制。这是保证中央政权有效地控制军队的重要措施。还要从制度上保证中央军和地方军有合理的比例关系，既要使中央军保持对地方军的军事优势，又不可削弱地方军的军事力量，以保证国家的统一、安定。其次，必须有利于军队战斗力的充分发挥。古代军事思想认为，军队战斗力的强弱与军队编制体制有着密切联系，军队编制合理、法令严明，就能使军队达到提高战斗力的目的。孙子也指出：“齐勇若一，政之道也。”他认为临敌作战，三军能奋勇向前，在于统军得法。只要军队制度完善，政令严明，“则勇者不得独进，怯者不得独退，此用众之法也”。即全军行动一致，勇敢的士兵不能单独前进，怯懦的士兵不能单独后退，这才是指挥军队的有效方法。第三，保证最大限度地发挥军队武器装备的威力。在古代战争中，无论是进攻还是防御，都不是单凭个人的技艺和体力，而是依靠有组织的武装力量来和敌人对抗，这种有组织的武装力量从战术上讲，就是军队的战斗队形，而军队的基本编制是其基础。因此，在确立军制时还应根据军队的武器装备的战术性能，使杀伤方式和杀伤距离不同的兵器布置在适当的位置上，使军队的各种兵器构成一个战斗整体，以充分发挥其威力，战胜敌人。

（3）治军论。战争是力量的竞赛，力量的强弱不仅取决于军队数量的多少，更取决于军队质量的好坏，所以，为了提高军队的质量，古人十分强调“以治为胜”。这里所说的治，就是要把军队教育成明礼仪、知荣辱、明法令、令行禁止、进退有节的有战斗力的军队。为了达到“治”的目的，古人主要强调了以下两点：

①教戒为先。用兵之法，教戒为先，这是中国古代著名军事家吴起的治军名言。所谓“教”，就是军事训练，所谓“戒”，就是思想教育，要通过军事训练提高军队的杀敌技能，通过思想教育来统一思想，使军队成为一支能够体现统治阶级政治意图的军队。教、戒的内容最主要的就是教育和训练。教育就是对军队进行为国家、民族的生存而英勇献身的思想教育，使军队树立明确的荣辱观念，熟悉法规法令，增强赏罚观念，养成令行禁止的习惯。孙子强调“约束不明，申令不熟，将之罪也”，即没有明确地确立法规法令，是将帅的责任。对于军事训练，古代军事家也非常重视。孙子把“士卒孰练”“法令孰行”，即军队良好的训练和严格的纪律看成是决定战争胜负的重要条件。如果军队缺乏训练，就会出现“卒强吏弱”“吏强卒弱”“教道不明，吏卒无常，陈兵纵横”，即士卒强悍、军官懦弱而指挥松弛，军官强悍、士卒懦弱而战斗力差，治军没有章法、官兵关系混乱紧张、战斗队形杂乱无章而自乱阵脚等情况，导致战争失利。

②恩威并重。春秋末期，孙子针对军队建设中存在的用刑过重和用爱过当、用赏过厚等弊端，明确提出了“令之以文，齐之以武”的治军原则。这里所说的“文”，就是恩爱、重赏，是指教化；“武”就是严刑、重罚，是指惩戒。其基本思想就是恩威并重，两者不可偏废。治军如果没有恩德的手段相配合，就会出现“怨法而不畏法”的状况；如果没有威严的手段作保证，就会出现“恃恩而不感恩”的状况。因此，只有文武相兼，恩威并施，才能使军队勇往直前。孙子在吴国宫廷中演兵的传说就集中体现了古代军事家们的这种思想。在练兵中，孙子先是耐心讲解，三令五申，宫女们也都同声说听明白了，可就是令之不行，禁之不止。为严肃军纪，孙子不得已杀了两名队长，终于使其他宫女认真操练，不敢再在演练时嬉戏。孙子有教在先，教令不听，然后实施惩罚，人们不得不服，包括吴王在内，虽然孙子杀了他的两个宠妃，大有“食不甘味”之感，但是也袒护不得。孙子文武相兼、严格治军的思想一直为后人所称道。

（4）用兵论。用兵，就是在军队既有的客观物质条件基础上，通过战争指导者的主观能动作用，统一意志，统一行动，最大限度地发挥军队的战斗力，最有效地歼灭敌人，保存自己，夺取战争的胜利。用兵理论是中国古代军事思想的重要组成部分，是古代军事家对战争指导的理性认识，是从长期的古代战争实践中总结出来的。关于用兵方面的论述，在中国古代军事文献中十分丰富，主要观点如下：

①重视谋略。在战争的筹划和指导上，首要的是谋略。中国古代军事思想的代表作《孙子兵法》中有大量篇幅论及谋略。

在知彼知己基础上料敌定谋。孙子强调知彼知己、知天知地，在充分做好各种准备的情况下，制定谋略才有可靠的基础，才能取得战争的胜利。制定谋略不是一成不变的，建立在知彼知己基础上的料敌定谋贯穿于战争的整个过程。战场情况千变万化，因此，谋略必须随着敌情变化而变化，要随时注意调查研究，做到在知彼知己基础上料敌定谋，用孙子的话说，就是“践墨随敌，以决战事”，即破除陈规，因敌变化，灵活决定自己的作战行动。

从全局上谋划。谋略重在对战争全局的谋划，从战略高度谋划对策，从长远利益考虑问题，这样的谋划才能从根本上战胜敌人。“自古不谋万世者，不足谋一时；不谋全局者，不足谋一域”，是说不能做好长远的谋划就不能做好当前的谋划，不能做好全局的谋划就不能做好局部的谋划。历史上有远见的军事家都把注意力放在全局的谋划上，从全局着眼制定谋略。

善于伐交。在军事活动中，外交手段是谋略的重要体现，通过外交活动，结成自己的同盟，破坏敌方的同盟，强己弱敌，达到取胜敌人的目的。孙子倡导“上兵伐谋，其次伐交”，即最好的办法是挫败敌人的战略方针，其次是挫败敌人的外交。尤其是在多个政治军事势力并存的条件下，各种势力之间互相联系又互相排斥，为外交提供了广阔的天地。由于互相联系，给加强己方的联盟创造了条件；由于互相排斥，又给破坏敌方的联盟提供了可能。因此，战争史上分化敌人，争取同盟者，成为强己弱敌、外交胜敌的普遍现象。

重视用间。间即间谍，用间是谋略的内容之一，是斗智的手段。孙子提出“用间有五：有乡间，有内间，有反间，有死间，有生间”。乡间就是利用敌国的乡人做间谍；内间就是利用敌方官吏做间谍；反间就是使敌方间谍为我所用；死间就是制造假情报，并通过潜入敌方的我方间谍传递给敌方，使敌方受骗，而一旦事情败露，我方间谍不免被敌方处死，所以叫死间；生间就是完成侦察任务后能够活着回来报告敌情。五种间谍方式混合使用，使敌人不知我用间的规律，这是用间的最好方法，是制敌的法宝。这些用间谋略的使用，除获取情报外，还有分化瓦解敌人的任务，使敌人分裂或瘫痪而自行灭亡。

不战而屈人之兵。中国古代军事家主张“全胜”，在一定的物质基础上，把不战而使敌人屈服、军队不受挫折而获得完全胜利作为最高理想。最早提出这一思想的是孙子，他说：“百战百胜非善之善者也，不战而屈人之兵，善之善者也。”即百战百胜，不是最高明的，不经交战而能使敌人屈服才是最高明的。其后的军事家大多推崇这一理论并加以发展。这一思想的实质就是用不流血的手段迫敌屈从于我的意志，在保障我方兵力和财力的同时也不损坏敌方的兵力和财力，使之“全”归我所有，做到付出最小的代价而获得最大的利益。

②做好应敌准备。战争是各种制胜因素的较量，必须在战前做好充分准备，才有取胜的可能。正如孙子所说：先有了胜利的把握再去和敌人交战。

只有政治准备良好，粮食准备充足，士气高昂，兵力准备足以征服敌人，这样才可算是做好了战争准备。中国古代有一本叫《管子》的军事书籍，对周到的准备提出了“八个无敌”，全面深刻地指出：要注重财力、手工业生产、武器装备、军队的政治素质、军队成员的选用、军事训练、邻国情况的研究、谋略的运筹等方面的准备，这些准备都超过了敌人，达到十分完备的程度，就能做到军队没有出境作战就能取得胜利。备战要贯穿于战争始终，不仅要在平时、在战前要做好准备，而且在战时、战中、战后也要做好准备，立足于最坏的情况进行充分准备，为争取最好的结果创造条件。

在做战争准备时，古代军事家都强调要做好战争预测，制订周密计划。孙子认为：杰出的统帅之所以能够取得不同于常人的胜利，就在于他们做好了战争预测。对于如何预知战争胜负，孙子提出了三点：首先是先知，即熟悉各方面情况。孙子认为：既了解敌人的情况也了解自己的情况，在战争中才能不至于遭到失败；不了解敌人的情况而能了解自己的情况，在战争中遭到失败的可能性有五成；既不了解敌人的情况也不了解自己的情况，在战争中就不可能取得胜利。其次是比较，充分比较敌我各方面的情况。孙子指出，通过对敌我双方政治、天时、地利、将领、法制等五个方面的分析，以及对七种情况进行比较，即哪一方君主政治比较清明，哪一方将帅更有才能，哪一方占据天时地利，哪一方法令能够贯彻执行，哪一方武器装备精良，哪一方军队训练有素，哪一方赏罚公正严明，就能够判断出谁胜谁负了。最后是推断，孙子从战争经济入手进行推断，即把已有的土地及其所能提供的物质资源和所能征集的兵员数额作为一个有机的整体进行推算。不仅如此，孙子还强调从主观条件推测胜负。他说，预知胜利的情况有五种：知道可以打或不可以打的能够胜利；懂得多兵与少兵的不同用法的能够胜利；全军上下思想一致的能够胜利；以自己的充分准备对毫无准备之敌的能够胜利；将帅有指挥才能而君主不可牵制的能够胜利。这五条就是预知胜利的方法。

③速决与持久。进攻速胜是古代军事家的传统思想。孙子认为：用兵之理，贵在神速，要抓住敌人措手不及的时机，走敌人意料不到的道路，攻击敌人没有戒备的地方。

进攻作战要速决，不可久拖，旷日持久就会使军队疲乏，使国家财政耗损，使军队的战斗力受到消耗。速决能迅速抓住战机。战场情况瞬息万变，只有迅速抓住对己方有利的时机速战速决，才能取得胜利；如果行动迟缓，形势就可能发生变化或是失去进攻的突然性。

虽然主观上希望速胜，但是，在敌强我弱的情况下，不能达成速胜的目的时，也应考虑持久战。战国时期，随着社会和生产的发展，随着战争规模的扩大、军力的增强、战场的扩大和持续时间的加长，持久战思想就被提了出来。古代军事家认为：持久是转化敌我强弱态势的有效措施，久拖必使敌人疲惫，使敌人不断消耗；同时，持久作战也是自己力量不断壮大的过程，在与敌对者相持的过程中，暗中发展自己势力，充分发挥己方潜力，抓住战机再进行反击。

④争取主动。主动权就是战场行动的自由权。我国古代军事家早就认识到争取战争主动权的重要性，当时表达这一思想的用语就是“致人而不致于人”，就是要能调动和控制敌人，而不被敌人调动和控制。中国古代军事家提出的争取战场主动权的措施和原则主要有以下几点：

一是占领有利的地势。孙子说，凡是先占据战场等待敌人的就主动安逸，后到达战场仓促应战的就被动疲劳。

二是处理好先发制人与后发制人的关系。古代军事家认为，在条件允许的情况下，就要首先发起攻击，打敌人一个措手不及，这样才能赢得主动；当条件不允许时，特别是对于处于防御地位的弱势一方来说，就要以后发制人发挥军队的作战潜力来赢得主动。

三是以迂为直。孙子说，大凡用兵的原则，将帅接受命令，从征集民众到同敌人作战，在这一过程中没有比争取先机之利更困难的，而争取先机之利最困难的地方是要把迂回的弯路变为直路，要把不利变成有利，所以用迂回绕道的佯动和小利引诱敌人，就能够比敌人后出动而先到达所要争夺的要地，这就是以迂为直的方法。

四是扬长避短，充分发挥自己的优势，克服自己的不足。

五是以利致敌。孙子认为，用利引诱敌人，给敌人好处，敌人一定会来争夺，从而能够调动敌人。

六是攻其必救。孙子认为，当敌人依据坚固的防御工事或是兵强势众不易攻取时，就不宜直接进攻当面之敌，而应转用兵力去攻击敌人必救的要塞，迫使敌人出来救援，从而达到调动敌人、争取主动的目的。

⑤机动灵活。孙子认为，战争本身的规律就像流动的水一样千变万化，没有固定的形态和模式，战争指导必须符合这种客观规律，见机而作，根据情况灵活机动，正确地使用兵力和变换战法。我国古代军事家非常重视机动灵活，这在各种兵书中都有大量论述，总结起来主要有这样几点：

一是善于抓住战机，做到随机应变，把力量投向敌人的弱点和空隙。对于如何捕捉战机，我国古代军事家们总结出了以下八条：狂风严寒，敌军不顾士兵疲劳昼夜兼程；盛夏炎热，敌军出发迟缓而中途没有休息，长途行军又饥又渴地拼命赶路；军队长期在外，粮食耗尽，士兵怨恨愤怒，谣言四起，将领无法制止；军队物资耗尽，阴雨连绵，无处掠夺；兵力不多，水土不服，人马患病，没有援军；路远天晚，军队疲劳恐惧，又困又饿，开始休息；将领缺乏信心，军心不稳；部署未定，宿营尚未就绪，以及翻山涉水仅有半数通过。诸如此类，都是可以利用的时机。

二是活用奇正，避实击虚。这里“正”就是平常的方法，“奇”就是变化的方法，分开说就是：在军队部署上，担任警戒、守备的部队为正，集中机动的兵力为奇，担任钳制的为正，担任突击的为奇；在作战方式上，正面攻击的为正，迂回突击的为奇，明攻为正，暗袭为奇；按一般原则作战为正，根据具体情况采取特殊的作战方法为奇。在具体运用上，古人强调要临敌应变，奇正相互配合，重视集中兵力。孙子提出：自己要集中兵力于一点或一个方向，而要使敌人兵力分散。善于变换奇正，使敌人无法掌握，这样才能出奇制胜。

三是既要遵守一般的作战原则，又不能拘泥于一般的作战方法。要从战争的客观规律出发，做到不同情况不同对待，灵活地变换战略战术。古代军事家总结出了灵活用兵的许多方法：敌将愚蠢而轻信于人，可用欺骗手段诱歼其；敌将贪图私利而不顾名誉，可用资财贿赂其；敌将无主见，轻易改变主意而无智谋，可以扰乱疲困其；上级富有而骄奢，下属贫困而怨怼，可利用矛盾离间其；士兵轻视将领而厌战思归，可用截击的办法攻取；敌人进路容易，退路困难，就引诱其前进而伺机歼灭；敌人进路艰难，退路平坦，就逼近攻击其；敌人久驻一地不动，军队戒备松懈，就快速偷袭其。灵活机动是建立在一定原则上的灵活，不能乱来，不遵循原则就会变成盲动；同时也不能过于教条，必须根据实际情况合理处置。

⑥攻守相结合。作战只有进攻和防守两种类型，进攻与防守是对立统一的，进攻是主要的，是防守向进攻的转化，防守是为了进攻，是辅助进攻的手段；进攻与防守要结合使用，是进攻还是防守，要视具体情况决定。孙子指出：要想不被敌人战胜，就要采取防守；要想战胜敌人，就要采取进攻。防守是因为敌人兵力强大，进攻是因为敌人兵力不足。所以当攻则攻，当守则守，要懂得攻与守的恰当运用。

三、《孙子兵法》

1991 年 1 月，海湾战争爆发，美国华尔街日报记者从前线发回这样一条消息：尽管中国在这里没有派驻一兵一卒，但有一个神秘的中国人却亲临前线，操纵作战行动，他就是 2500 年前的孙子。因为每一个美国海军陆战队军官的背囊里都装有《孙子兵法》的英译本和一盘解释性录音带。其实早在海湾战争之前，《孙子兵法》就已风靡世界。在唐朝武则天执政时期，日本学者吉备真备将《孙子兵法》带回日本讲授，在日本社会产生了很大的影响，他们称《孙子兵法》为“兵学经典”“世界第一兵书”，把孙武推崇为“百世兵家之师，东方兵学的鼻祖”（在很长一段时间里，日本人把孙子及其著作视为东方人的骄傲）。但是后来，这部兵书在日本民间失传，因为日本朝廷把它作为国宝，只许在宫廷学者和武将之间传播。

《孙子兵法》在中国更是家喻户晓，推崇备至。历史上曾有二百多位注释家拟文著书，注解《孙子兵法》。宋代将《孙子兵法》列为“武经七书”之首。三国时的曹操曾说：“吾观兵书战策多矣，孙武所著深矣。”明代的茅元仪则说：“前孙子者，孙子不遗；后孙子者，不能遗孙子。”我们从中可以看出《孙子兵法》这种承前启后的作用。1936 年毛泽东在写给叶剑英的信中说：“前买回的书，大多不合用，我要的是战略和战役的书，特别要买一本《孙子兵法》。”毛泽东没有上过军校，他之所以能用兵如神，与他熟读《孙子兵法》不无关系。刘伯承元帅在担任军事学院院长时，就曾亲自讲授《孙子兵法》。

《孙子兵法》不但在军事上备受推崇，而且在社会其他方面也有着广泛的影响。近年来对《孙子兵法》的研究与应用几乎遍及各个领域，文学家评之为“不朽不灭的大艺术品”，哲学家誉之为“人生的哲学”，政治家视之为“政治秘诀、外交教科书”，医学家赞之为“治病之法尽之矣”，企业经营管理者则把《孙子兵法》定为企业管理和市场竞争的必读教材。美国著名管理学家乔治在《管理思想史》中甚至说：“您想成为管理人才吗？必须去读《孙子兵法》。”《孙子兵法》俨然成了取之不尽、用之不竭的百科宝库。那么，孙武到底是何许人也，人们为何这样崇拜他？《孙子兵法》到底讲了什么内容，人们为什么这样重视它、研究它呢？让我们从以下几个方面来阐述。

（一）孙武的生平

孙武，字长卿，春秋末期齐国乐安（今山东惠民）人，与孔子同一时代。他的祖先姓陈，是陈国（今河南淮阳）人。陈厉公的儿子陈完因战乱到齐国避乱，被齐桓公授以主管手工业的官职，后来改名为田完。几代之后，田氏成为齐国新兴势力的代表。田完的第五代子孙田书也就是孙武的祖父因为作战有功被齐景公赐姓孙氏，被封为“乐安”。春秋时期，姓是全族的共同称号，而氏是族中某一支派的称号。田书这一支，就是以田为姓的族中以孙为氏的一个支派，故田武为孙武。齐国是一个群英荟萃的地方，如齐国的开国鼻祖姜太公、后来的管仲都是历史上著名的军事家。家世和社会环境的熏陶对孙武研究兵法都有很大的影响。孙武后来因避齐国内乱来到吴国，经伍子胥七次推荐，被吴王委任为将。孙武为将以后，为吴国立下了汗马功劳。据《史记》记载，孙武助吴王“西破强楚，北威齐晋，南服越人”。

（二）《孙子兵法》的军事价值

《孙子兵法》现存 13 篇，6000 余字，共分三个部分：第一部分由《计》《作战》《谋攻》《形》《势》《虚实》组成，侧重论述军事学的基础理论和战略问题；第二部分由《军争》《九变》《行军》《地形》《九地》组成，主要探讨战术问题；第三部分由《火攻》《用间》组成，论述了战争中的两个特殊问题。下面简略介绍一下第一部分。

1.《计》篇

孙子为什么把《计》篇作为第一篇？《计》篇的主要内容是什么？

孙子认为，将帅在指挥作战之前，首先要能预料战争结局（谁胜谁负），判断胜负的客观依据是“五事七计”，主观依据是诡道、庙算。

“五事七计”。五事指道、天、地、将、法；七计是对五事的具体论述，就是说判断胜负要看“主孰有道，将孰有能，天地孰得，法令孰行，兵众孰强，士卒孰练，赏罚孰明”。

“诡道”论。孙子认为要获得胜利，还要善于运用计谋。“兵者，诡道也。故能而示之不能，用而示之不用，近而示之远，远而示之近。利而诱之，乱而取之，实而备之，强而避之，怒而挠之，卑而骄之，佚而劳之，亲而离之。”（称之为诡道十二法）其核心是“攻击不备，出其不意”。

“庙算”论。孙子说：“多算胜，少算不胜，而况于无算乎！吾以此观之，胜负见矣。”孙子特别强调作战之前要进行周密筹划。

总之，孙子在《计》篇中认为，判断胜负的客观依据是“五事七计”，主观依据是“诡道”“庙算”。如果我们对这些主、客观条件加以分析就不难看出，为什么项羽勇猛无比却不得不霸王别姬，自刎于乌江；诸葛亮神机妙算，六出祁山却无功而返。《计》篇就像一面镜子，折射出历史上的胜败荣辱。

2.《作战》篇

孙子认为在作战之前进行战争筹划时就应该立足于“速战速决”。原因有二：一是经济上承受不起，即使胜利了，国力也会衰退；二是如果时间太长，则夜长梦多，他国可能乘机灭掉自己。美国前总统尼克松在总结越南战争失败的教训时说：“越南战争的结局早已被中国两千多年前的战略家孙武揭示出来。”当时他引用的话就是“夫兵久而国利者，未之有也”。

3.《谋攻》篇

作战的目的是以最小的代价取得最大的胜利，也就是“兵不顿而利可全”。为此，孙武提出两个原则：一个是最高境界（善之善者也）的“不战而屈人之兵”的全胜思想，就是说胜利的最高境界是在使敌我都不受损伤的情况下而能使对方屈服；另一个是一般原则（非善之善者也）的“战而胜之”用兵原则。同时提出“战而胜之”的五个条件：“知可以战与不可以战者胜，识众寡之用者胜，上下同欲者胜，以虞待不虞者胜，将能而君不御者胜。此五胜者，知胜之道也。”毛泽东同志对“知己知彼”这一原则给予很高的评价——“科学的真理”。

4.《形》篇

《形》篇的主要观点如下：首先，立于不败之地（把水放在一个安全的地方）。其次，胜于易胜（把水放在一个容易形成“势”的地方）。“见胜不过众人之所知，非善之善者也；战胜而天下曰善，非善之善者也。故举秋毫不为多力，见日月不为明目，闻雷霆不为聪耳。古之所谓善战者，胜于易胜也。故善战者之胜也，无智名，无勇功，故其战胜不忒。不忒者，其所措必胜，胜已败者也。故善战者，立于不败之地，而不失敌之败者也。是故胜兵先胜而后求战，败兵先战而后求胜。”

柏举之战是吴国西破强楚的一次战役（据说是孙武指挥的）。楚国当时是一个大国，但由于连年征战，国力逐渐衰弱，政治腐败，不得人心，与邻国的关系也越来越恶化。吴王想趁机攻打楚国，孙武、伍子胥说时机还不成熟，楚军仍有战斗力。吴王采纳了他们的建议，组成三支军队轮番袭扰楚国，使楚军疲于奔命，楚国的国力更加空虚。这时孙武认为时机已经成熟，于是带兵三万，千里奔袭，击败楚军二十万。从表面上看，以三万之兵胜敌二十万，并非“胜于易胜”，但由于孙武战略得当，战前连续骚扰敌人，已使敌人由强变弱（如果说楚军是一只虎，那么这只虎已经奄奄一息，坐以待毙）。由此看来，敌之弱并非天生就弱，“胜之易胜”并非天生就“易”，而是指挥员经过精心筹划、主观努力使敌由强变弱，使难胜变为易胜。

5.《势》篇

其主要观点是“勇怯，势也”：人有勇有怯，但勇、怯不是天生的，与生长地无关，关键在于如何运用，去创造有利于我的态势。“勇怯在谋，强弱在势。谋能势成，则怯者勇；谋夺势失，则勇者怯。”“故善战者，求之于势，不责于人，故能择人而任势。”

以正合，以奇胜：“凡战者，以正合，以奇胜。故善出奇者，无穷如天地，不竭如江河。”对“奇”“正”的解释是，在兵力部署上，担任守备、警戒的为正，担任机动的为奇；担任钳制的为正，担任突击的为奇。在作战方式上，正面攻击为正，迂回侧击为奇；明攻为正，暗攻为奇。在作战指导上，按一般原则作战为正；根据具体情况，采用特殊方法为奇。

6.《虚实》篇

唐太宗李世民说：“朕观诸兵书，无出孙武。孙武十三篇，无出《虚实》。”作战中最主要的是制人而不制于人（李卫公：兵书千章万句，离不开制人而不制于人）。

孙武主张避实而击虚（或以实击虚），“以正合，以奇胜”。“凡先处战地而待敌者佚，后处战地而趋战者劳”，“故形人而我无形”，“使人备己者也”，“陷之死地然后生”。项羽过漳水以后，破釜沉舟，取得了救赵的胜利，韩信背水列阵，取得了井陉之战的胜利，诸葛亮的“空城计”，均是“虚实”利用的明证。

（三）《孙子兵法》军事思想的体现

1. 重战

《孙子兵法》第一篇：“兵者，国之大事。死生之地，存亡之道，不可不察也。”《十一家注孙子》：“兵之外死，系国内之亡，是故兵败长平则赵亡。”世界上有四大文明古国，其中之一（古巴比伦）早在公元前8世纪（前729年）就不复存在，就是因为战败而亡。可见战争实在是“不可不察也”。

2. 慎战

孙子不是好战主义者，相反，他对战争是非常谨慎的（他反复提到“慎之又慎”）。“亡国不可以复存，死者不可以复生”，“故明君慎之，良将警之”，主张“非利不动，非得不用，非危不战”，“主不可以怒而兴师，将不可以愠而致战”。刘备为报私仇，轻率起兵，结果兵败夷陵。关羽大意失荆州后，被东吴所杀。刘备不顾群臣反对，攻打吴国，企图为关羽报仇。刘备亲率75万大军沿江而来，出巫县，收秭归，直逼铜陵。此时吴国周瑜、吕蒙等大将去世，开始几仗吴国皆失败。后陆逊任主帅，坚守不出，两军相持七八个月。时值夏季，天气炎热，刘备便命令大军在山林中扎寨以避暑热，连营七百里。此布防攻而不能集中兵力，守而不能首尾照应，结果被吴军放火烧营，蜀军大败，刘备也病死在白帝城（今重庆奉节东）。

3. 备战（临战与早期备战）

“用兵之法，无恃其不来，恃吾有以待之；无恃其不攻，恃吾有所不可攻也。”瑞士之所以近二百年无战事，并非仅仅因为它是中立国，而是因为它的战争潜力。在宣布中立后，瑞士更加重视国防建设。第二次世界大战时其防空洞大多是几十米深，95％的人员可进入地下，据说是人手一支枪，所以希特勒不敢动它。

总之，《孙子兵法》是我国古代军事思想最重要的代表之一，是我国军事智慧的集大成者。

延伸阅读

《武经七书》是北宋朝廷作为官书颁行的兵法丛书，是中国古代第一部军事教科书。它由《孙子兵法》《吴子兵法》《六韬》《司马法》《三略》《尉缭子》《李卫公问对》七部著名兵书汇编而成。

《武经七书》基本包括了北宋以前中国古代军事著作的代表作，是中国冷兵器时代军事思想的智慧结晶，是中国古代兵书的精华，是中国军事理论殿堂里的瑰宝。它奠定了中国古代军事学的基础，对中国和世界发展近代、现代军事科学起了积极的作用。校定、颁行《武经七书》，是北宋朝廷在军事理论建设上的一个贡献。它阐述了一系列军事战略思想和战术原则，凝聚了中国古代人们对战争的认识的精华。不论在军事理论上，还是在战争实践中，它都对后世乃至世界产生了深远的影响。

第三节　毛泽东军事思想

一、毛泽东军事思想的科学含义

毛泽东军事思想是我军的建军之魂、立军之本、制胜之道，是我国国防和军队建设的根本指导思想。毛泽东军事思想的科学含义可以从以下四个方面来理解。

（一）毛泽东军事思想是马列主义的基本原理与中国革命战争具体实践相结合的产物

马克思指出，无产阶级要取得革命的胜利，只能走武装斗争的道路。列宁实践了马克思的理论，并发展为无产阶级革命理论，在俄国这个资产阶级统治比较薄弱的国家首先取得了无产阶级革命的胜利。然而，中国的实际情况与俄国不同，中国是一个以农民为主体的半殖民地半封建国家，中国无产阶级如何组织军队，如何进行革命战争，在马列主义著作中找不到现成答案。毛泽东继承和发展了马列主义军事思想，创造性地应用马列主义原理，结合中国半殖民地半封建社会的特点，积极开展土地革命，走农村包围城市、武装夺取政权的道路，并获得成功。

（二）毛泽东军事思想是中国人民革命战争和国防建设实践经验的总结

中国长期革命战争的实践是毛泽东军事思想赖以产生和发展的源泉和基础。中国共产党领导人民进行新民主主义革命，经历了国共合作的北伐战争，独立领导了土地革命、抗日战争、解放战争。中华人民共和国成立后，又进行了抗美援朝战争和中印、中苏、中越边界自卫反击战。毛泽东军事思想就是中国革命战争和国防建设实践经验的科学总结，并从中总结经验使之上升为理论。又用此理论指导实践，不断丰富和发展理论，如此循环往复逐步完善，形成科学体系。

（三）毛泽东军事思想是中国共产党集体智慧的结晶

中国革命战争是在若干个互不相连的地区发展起来的。从土地革命时期的“红色割据”区域，发展到抗日战争时期的各抗日根据地，再发展到解放战争时期的各解放区，在很长时间都被分割成各自独立状态。在这种环境中，各根据地独立开展斗争，造就了一批独当一面的领袖人物。他们对毛泽东军事思想进行了深刻的阐述和必要的补充。遵义会议后，确定了以毛泽东为首的党中央领导集体。毛泽东提出的许多有关党的路线、方针、政策和其他重大决策，都经过了党中央的集体讨论，凝聚了党中央的集体智慧。毛泽东在长达半个世纪的革命活动中，总结并撰写了大批的军事著作，对我党的军事理论做了最集中、最深刻的概括。以毛泽东的名字命名的我党的军事理论，称为毛泽东军事思想，是完全符合历史实际的，也是当之无愧的思想瑰宝。

（四）毛泽东军事思想是毛泽东思想的重要组成部分

毛泽东思想是以毛泽东为代表的中国共产党人将马列主义普遍原理和中国革命具体实践相结合的产物。毛泽东军事思想同毛泽东思想的关系是局部和全局、部分和整体的关系，是整个毛泽东思想科学体系的重要组成部分。中国共产党取得政权前的28年，工作重心是军事工作。毛泽东和他的战友不得不以极大的精力关注战争，研究军事。毛泽东的军事实践活动，是他一生中最伟大、最光辉和最成功的部分，其军事著作在中国现当代军事史上占有大量的篇幅和重要地位。因此，研究毛泽东思想，必须理解和掌握毛泽东军事思想，毛泽东军事思想是毛泽东思想的重要组成部分。

二、毛泽东军事思想的形成和发展

毛泽东军事思想的形成和发展是一个历史过程，它是在中国革命战争的发展过程中逐步形成一个科学体系的。

（一）毛泽东军事思想在土地革命时期产生和形成

1921 年在中国共产党第一次全国代表大会通过的第一个纲领中，原则申明用革命手段推翻旧政权的历史任务。1924 年国共第一次合作期间，中国共产党掌握了一批工人武装和黄埔军校的国民革命军，周恩来出任黄埔军校政治部主任，国民革命军一、二、三、四、六、八军的政治部主任和党代表都由共产党员担任。

1927 年春、夏，蒋介石、汪精卫相继发动反革命叛变和反革命政变，使大革命遭到彻底失败。1927 年 8 月 1 日，中国共产党在南昌发动了武装起义，打响了武装反对国民党反动派的第一枪。这标志着中国共产党独立领导武装斗争和创建革命军队的开始。1927 年 8 月 7 日，中共中央在武汉召开紧急会议，正式确定了实行土地革命和武装起义的总方针。毛泽东在发言中强调，全党“要非常注意军事，须知政权是由枪杆子中取得的”。

1927 年 9 月 9 日，毛泽东领导发动了湘赣边界的秋收起义，率领余部沿罗青山脉南下，向反动统治薄弱的农村进军。1927 年 9 月 29 日，毛泽东率领起义队伍来到江西永新县的三湾，进行了具有伟大历史意义的“三湾改编”，提出了“支部建在连上”的“党指挥枪”的原则，成立了“士兵委员会”。从此，这支人民武装在政治上有了方向和保障，开创了建立一支新型人民军队的新篇章。

1927 年 10 月底，毛泽东率领这支队伍上了井冈山，在井冈山开展游击战争，发动农民进行土地革命，建立工农民主政权，成功地创建了我党第一个革命根据地。这一系列行动揭示了中国无产阶级革命的基本特征：经过长期的武装斗争，走农村包围城市的道路，最后夺取全国政权。1928 年 4 月，朱德、陈毅率领南昌起义余部和湘南农军在井冈山与毛泽东会师，开创了井冈山革命根据地的全盛时期。1929 年 12 月 28 日，毛泽东在福建上杭县古田镇主持召开了红四军党的第九次代表大会，并在大会上做了重要的政治报告。强调要从政治上、思想上和组织上把红军建设成为新型的人民军队。这次党代会的中心议题是建立一支什么样的军队。毛泽东指出，我们要建立一支全心全意为人民服务的新型的无产阶级军队；要保证军队的无产阶级性质就一定要坚持“党指挥枪”的原则，在党的绝对领导下，开展军事斗争、土地革命和建立革命政权；必须从思想上克服各种非无产阶级思想，特别是要改造旧军队的军阀作风，反对平均主义、主观主义、个人主义、宗派主义，坚持民主集中制和无产阶级的铁的纪律。古田会议的召开，从根本上划清了无产阶级的新型军队与其他各阶级的旧式军队的界限，形成了我军的建军原则。从此，红四军走上了一条健康发展的道路。

1930—1931 年，在中央革命根据地第一、二、三次反“围剿”作战中，毛泽东提出了诱敌深入、在运动中各个歼灭敌人的作战原则，接连粉碎了敌人的“围剿”，巩固和发展了根据地。1934 年 1 月，毛泽东提出“革命战争是群众的战争，只有动员群众才能进行战争，只有依靠群众才能进行战争”的关于人民战争的著名论断。这些建军、作战、进行人民战争、建设革命根据地的理论和原则，奠定了毛泽东军事思想的基础。在这一期间，毛泽东还写下了《中国的红色政权为什么能够存在》《井冈山的斗争》《关于纠正党内的错误思想》《星星之火，可以燎原》等光辉著作，为中国革命指出了正确的方向。然而这些正确思想遭到了当时在党内占统治地位的王明“左”倾冒险主义的否定，使红军丧失了大好的革命形势，红军被迫长征。1935 年 1 月，遵义会议纠正了王明的“左”倾思想，重新确立了毛泽东所建立起来的一整套作战原则。

（二）毛泽东军事思想在抗日战争时期得到发展

1935 年 10 月，党中央和中央红军经过长征，胜利到达陕北。此时，日本帝国主义正加紧侵略中国，民族矛盾上升为国内主要矛盾，全国抗日民主运动出现新的高潮。12 月，党中央政治局在陕北瓦窑堡召开会议，提出了以坚决的民族革命战争反对日本帝国主义进攻的总任务，制定了抗日民族统一战线的政治策略和军事战略方针。毛泽东写出了《中国革命战争的战略问题》，精辟地分析了中国革命战争的特点和规律，系统地阐述了中国革命战争中战略问题的各个方面。

1937 年 7 月 7 日抗日战争全面爆发后，毛泽东于 1938 年相继发表了《抗日战争的战略战术问题》《论持久战》《战争和战略问题》等著作，全面分析了抗日战争的特点和规律，批判了“亡国论”和“速胜论”，丰富和发展了研究战争和指导战争的理论。

1944 年，毛泽东又发表了《关于军队的政治工作》，对我党、我军在北伐战争、土地革命战争和抗日战争三个时期的政治工作进行了历史性总结，并以马列主义的观点，从理论上进一步阐明了我军政治工作的性质、方向、任务、地位和方法。1945 年党的六届七中全会做出的《关于若干历史问题的决议》，总结了革命战争的历史经验，对人民军队建设和军事战略理论做了系统的阐述。

1945 年党的第七次代表大会上，毛泽东在《论联合政府》的报告中全面阐述了人民军队、人民战争和人民战争的战略战术等理论；指出全心全意为人民服务是我军唯一的宗旨，它包含自觉遵守纪律和一整套政治工作原则；我军实行主力兵力与地方兵团和游击队、民兵相结合，武装群众与非武装群众相结合，军事斗争与政治、经济、文化等各条战线的斗争相结合的真正的人民战争，从实际出发的灵活机动的战略战术。至此，毛泽东军事思想的科学体系已经建立起来了。

（三）毛泽东军事思想在解放战争时期达到了全面成熟

抗日战争胜利后，国内阶级矛盾上升为主要矛盾。毛泽东同朱德、周恩来等组织指挥了一系列大规模战役。这样，毛泽东军事思想不但有了战略防御的系统理论，而且有了关于战略进攻、战略决战和战略追击的系统理论，标志着毛泽东军事思想有了重大发展，进入了全面成熟时期。

1946 年 9 月 16 日，毛泽东要求我军“应以集中兵力打运动战为主，以分散兵力打游击战为辅。而在蒋军武器加强的条件下，我军必须特别强调集中优势兵力，各个歼灭敌人的作战方法”。经过一年的解放战争，全国形势发生了重大变化，我军消灭敌军112万。1947年12月，在我军战略进攻后，毛泽东提出了著名的“十大军事原则”，全面地总结和概括了我军打歼灭战的特点和规律。1948年9月，我军在东北发起了辽沈战役，把战争推进到了决战阶段。接着，毛泽东又指挥了淮海战役和平津战役，消灭了敌人的重兵集团。1949年夏季的渡江战役后，对敌人实施战略追击时，为防止敌人逃往海上和国外，毛泽东又创造性地实行了远距离的大迂回、大包围的战略追击，迅速地将国民党军队消灭于大陆。

在建军方面，为适应战略进攻的需要，毛泽东提出了军队正规化建设的方向，进行了炮兵、工程兵、装甲兵等技术兵种的建设，强调了组织纪律性，规定了城市政策，加强了司令部工作和后勤工作等。为了适应进攻城市和夺取全国胜利的需要，毛泽东还开展了新式整军运动，在进一步发扬三大民主的同时，强调了政策和纪律的教育。

在解放战争中，毛泽东以其雄才大略和高超的军事艺术，统率千军万马，运筹于帷幄之中，决胜于千里之外，创造了战争史上的奇迹。

（四）毛泽东军事思想在社会主义革命时期得到丰富和完善

中华人民共和国成立后，在清匪作战中，遵照党中央和毛泽东主席的指示，各剿匪部队在当地党委的统一领导下，积极广泛地发动翻身后的人民群众，紧紧依靠人民群众，贯彻执行军事清剿与政治争取相结合，镇压与宽大相结合，以及“首恶必办，胁从不问，立功受奖”的方针政策，经过几年的剿匪作战，至1953年取得了歼灭匪特200余万人的重大胜利，在全国范围内基本肃清了股匪和散匪，平息了匪患，保卫了胜利果实，加强了人民民主专政。

1950年10月，美军披着“联合国军”的外衣，悍然越过“三八线”，大举进攻朝鲜，企图以朝鲜为跳板，进而侵略中国。1950年10月19日，我国派志愿军入朝作战。抗美援朝战争是一场反侵略的正义战争，也是同当时具有世界第一流武器装备的美国侵略军进行的一场现代化战争。毛泽东根据这场战争的特点，提出和解决了现代条件下进行国际主义行动的局部战争方针、政策和作战原则。夺取全国政权后，毛泽东根据新的历史条件，及时地提出了建设现代国防、抵御外国入侵的战略任务，并领导我军进行正规化、现代化建设，使我军进入了建军的高级阶段。

在国防现代化建设问题上，毛泽东强调指出，我们的陆军、空军和海军都必须有充分的机械化装备和设备。要在大力发展国民经济、增强国家经济实力的基础上，建立完整的国防工业体系，发展现代化的技术装备，独立自主地建设强大的国防。在加强我军现代化、正规化建设的同时，毛泽东领导并制定了积极防御的战略方针；强调后备力量建设；强调现代条件下的人民战争；强调帝国主义是现代战争的主要根源；提出了三个世界划分的理论和建立反帝统一战线的策略；要求平战结合，加强三线建设，做好长期反侵略战争的准备；等等。

三、毛泽东军事思想的主要内容

毛泽东军事思想揭示了中国革命战争和国防现代化建设的客观规律，是具有中国特色的发展了的马克思主义军事理论，是一个完整的科学体系。它的主要内容包括无产阶级的战争观和方法论、人民战争思想、人民军队思想、人民战争的战略战术思想和国防建设思想五个方面。

1. 无产阶级的战争观和方法论

毛泽东运用辩证唯物主义和历史唯物主义的原理，研究指导中国革命战争，创造性地提出了“军事辩证法”这一概念。军事辩证法是毛泽东军事思想的理论精髓，它为正确地看待战争，恰当地解决军事领域的各种矛盾，提供了基本的观点和方法。第一，战争是从有私有财产和阶级以来就开始的，它是一种用以解决阶级和阶级、民族和民族、国家和国家、政治集团和政治集团之间在一定发展阶段的矛盾的最高斗争形式。帝国主义和霸权主义是现代战争的根源。从本质和长远来看，帝国主义和一切反动派都是纸老虎，我们应从这一点上建立无产阶级的战略思想。在战略上，即总体上，要藐视一切敌人和困难；在战术上，即每一个具体问题上，要重视一切敌人和困难。第二，作为两军厮杀的战争，其军事本质和根本目的是保存自己，消灭敌人。这是一切战争行动的根据，从技术行动起到战略行动止，都要贯彻这一本质。第三，战争的规律有一般与特殊之分。正确地研究和指导战争，必须着眼于其特点和发展方向，既要熟识和运用一般的战争规律，又要熟识所经历的具体战争的特殊规律，防止不分战争性质和时间、地域差别的教条主义和经验主义。

2. 人民战争思想

以毛泽东为主要代表的中国共产党人把马克思列宁主义关于人民群众的历史能动作用原理创造性地运用于中国革命战争实践，形成了一套完整的人民战争思想。第一，革命战争是群众的战争，只有动员和依靠群众，才能进行革命战争。战争力量的对比不但是军力和经济力的对比，而且是人力和人心的对比。战争伟力之最深厚的根源存在于民众之中，兵民是胜利之本。在政治、经济发展不平衡的中国社会条件下，要首先在反动统治力量最薄弱的广大农村建立革命根据地，并采取“波浪式”的推进政策逐步加以扩大，作为进行人民战争的依托。建立和发展农村革命根据地，必须把武装斗争与土地革命结合起来，建立革命政权，广泛组织和武装群众。同时，也不可忽视城市工作和非根据地的农村工作。实行现代条件下的人民战争，国家必须建设巩固而强大的战略后方。第二，革命战争是为人民利益而战的战争，要实行代表绝大多数人民利益的奋斗纲领和基本政策。战争中要兼顾人民群众的长远利益和眼前利益，重视发展生产，尽可能地减轻人民群众的负担。必须团结一切可以团结的阶级、阶层和社会集团，利用一切可以利用的矛盾，结成最广泛的统一战线，最大限度地孤立和打击最主要的敌人。第三，要把武装斗争这种主要斗争形式同其他各种非武装斗争形式结合起来。具体包括工人的、农民的、青年和妇女的斗争，经济战线、外交战线和思想文化战线上的斗争，合法的和非法的斗争，公开的和秘密的斗争等。

3. 人民军队思想

毛泽东高度重视人民军队在夺取政权和保卫政权中的作用，强调“没有一个人民的军队，便没有人民的一切”。第一，这支军队是中国共产党领导的，为广大人民利益而建立和战斗的无产阶级性质的新型军队，是真正的人民军队。紧密地与中国人民站在一起，全心全意为中国人民服务，是这支军队的唯一宗旨。第二，这支军队作为忠实执行中国共产党的政治纲领和政治路线的工具，必须完全地无条件地置于中国共产党的绝对领导之下，坚持党指挥枪，决不允许枪指挥党，兵权只属于党，决不属于任何个人。第三，这支军队实行集中领导下的民主，建立自觉的严格的纪律，保持和发扬人民军队的优良传统和作风。实行统一的指挥、统一的制度、统一的编制、统一的纪律、统一的训练，加强组织性、计划性、准确性和纪律性。

4. 人民战争的战略战术思想

毛泽东在指导中国革命战争的长期实践中，创立了一整套具有中国特色的人民战争的战略战术，成为人民军队在战争力量敌强我弱、武器装备敌优我劣的条件下克敌制胜的法宝。

第一，主张积极防御，反对消极防御。在敌大我小、敌强我弱的条件下，战略防御阶段必须实行战略上的内线的持久的防御战和战役战斗上的外线的速决的进攻战，通过战役战斗上的歼灭战达到战略上不断消耗敌人，借以逐渐改变战争力量的总体对比，最终把战略防御推向战略进攻。要以歼灭敌人有生力量作为作战的主要目标，而不以保守或夺取城市和地方为主要目标。

第二，采取恰当的作战形式，实行运动战、阵地战、游击战相结合。力求主动，力避被动，执行有利决战，避免不利决战，应慎重初战。发扬勇敢战斗、不怕牺牲、不怕疲劳、连续作战、勇于近战夜战的优良战斗作风。

第三，立足现有装备战胜敌人，同时注重从作战缴获中不断充实和改善自己的装备。要把对敌军的军事打击与政治瓦解结合起来，在军事打击的强大压力下开展有力的政治攻势，利用多种方式解决敌人。要大力组织人力、物力支援前线，做好后勤保障。

5. 国防建设思想

中华人民共和国成立后，中国共产党的军事工作中心随之转到巩固国防和建设现代化国防上来。为此，毛泽东提出了一系列相应的指导思想和原则。第一，实行积极防御的战略方针，对外永远不称霸，决不侵犯别人，也决不允许别人侵犯中国。第二，必须建立强大的国防，要在中国共产党的统一领导下，动员和依靠广大军民共建国防。国防斗争要综合运用军事、政治、经济、外交、文化等多种方式，实行有理、有利、有节的方针，以保卫国家主权、领土完整和合法权益不受侵犯，保卫人民民主专政，维护世界和平与地区和平，为国内进行社会主义建设提供安全保障。第三，普遍实行民兵制度，完善国防动员体制，加强国防后备力量建设。对付外敌入侵，仍要坚持人民战争的路线，保持以现有装备战胜优势装备之敌的优良传统。

四、毛泽东军事思想的历史地位和现实意义

毛泽东军事思想是马克思主义军事理论宝库中极其光彩夺目的瑰宝，在中国军事思想发展史上具有划时代的意义，在世界军事思想发展史上独树一帜，具有重要的历史地位和现实意义。

（一）毛泽东军事思想是马克思主义军事理论发展进程中新的里程碑

毛泽东军事思想是中国化马克思主义军事理论，是马克思主义军事理论发展进程中新的里程碑。毛泽东创造性地运用了马列主义的军事理论，并将其发展到一个新的高度，极大地丰富了马列主义军事科学的理论宝库。毛泽东开创了一条农村包围城市、武装夺取政权的革命道路；创建了一支新型的人民军队；发展了马克思主义人民战争思想，创造了适合中国特点的人民战争的战略技术；科学地阐明了关于研究和指导战争的战争观和方法论。毛泽东创新了马克思主义军事理论，指导了中国革命战争的胜利，缔造了新中国，使中华民族重新屹立于世界民族之林。

（二）毛泽东军事思想在世界上具有广泛而深刻的影响

毛泽东军事思想对世界历史进程产生了深刻的影响。在中国革命战争取得胜利后，毛泽东军事思想受到世界各国的普遍重视，特别是到了 20 世纪 50 年代，在世界范围内逐渐形成了一个研究毛泽东军事思想的热潮。在许多争取民族独立和民族解放的国家中，毛泽东军事思想更是产生了广泛影响，受到了普遍欢迎，如在越南、莫桑比克、津巴布韦、安哥拉等国的民族解放斗争中，毛泽东军事思想发挥了巨大的作用，促进了世界民族解放事业的发展，推动了人类历史的进步。毛泽东军事思想的理论和实用价值举世公认。尼克松访华时说："主席的著作推动了一个民族，改变了整个世界。"

（三）毛泽东军事思想是我军克敌制胜的法宝

毛泽东军事思想运用辩证唯物主义和历史唯物主义的原理，批判性地吸收了古今中外优秀的军事思想遗产，是马克思主义军事理论宝库中的一颗璀璨明珠。毛泽东军事思想既揭示了中国革命战争的规律，也反映了现代战争的诸多原理。毛泽东军事思想强调理论要与特殊战争环境相结合，具有与时俱进的宝贵理论品质。在科学技术发展日新月异，国际格局和战争形态发生了巨大变化的今天，它与时俱进的理论品质，对我国军事理论创新，对指导我军打赢信息化战争具有重要的理论意义和实践意义。无论过去、现在还是将来，毛泽东军事思想都是我军克敌制胜的法宝。

第四节 我国国防和军队建设思想的发展

一、邓小平新时期军队建设思想

把我军建设成为一支强大的现代化、正规化的革命军队。

——邓小平

邓小平新时期军队建设思想是邓小平同志在中国社会主义建设新时期，为指导中国军队建设和国防建设而提出的系统理论，是对毛泽东军事思想尤其是建军思想的继承和发展，是新的历史条件下军队建设和改革的依据，是邓小平建设有中国特色社会主义理论的重要组成部分。

（一）邓小平新时期军队建设思想提出的背景

1. 世界大战可以避免

第一，20 世纪 80 年代苏美争霸，在以核武器为代表的军备竞赛上旗鼓相当，谁也不敢贸然发动战争。进入 90 年代，东欧剧变，苏联解体，冷战结束，有资格打世界大战的一方不存在了，一时还形不成新的打世界大战的对立面。第二，世界和平力量的增长超过了战争力量的增长，和平与发展成为主流。第三，经济、科技日益成为世界各国竞争的重点。

2. 我国周边安全环境发生了根本性好转

中华人民共和国成立以后，西方资本主义国家对我国实行全面封锁，20 世纪 60 年代后苏联又在我国北方边界陈兵百万，随时准备对我国进行大规模突然袭击，防备战争、抵抗侵略成为我国国防的基本着眼点，最严重时我们甚至要准备同时对付两个超级大国的入侵。20 世纪 80 年代我国安全形势逐渐改善，尤其是 80 年代中期以后发生了根本性好转，不仅与两个超级大国关系改善，全面入侵的军事威胁消除，还与周边国家关系全面改善，我国的国家安全环境全面好转。

3. 和平与发展是时代主题

进入 20 世纪 80 年代后，国际形势发生了转变。一是资本主义国家之间经济上相互依存度越来越高，合作和协作得到加强；二是以美苏为首的两大集团之间军事力量大体平衡，虽然军事和意识形态对抗激烈，但谁也不敢发动世界大战；三是国际竞争的重点已经由军事竞争转向经济和科技竞争；四是随着苏联的解体，以美苏对抗为特征的两极格局转向了多极格局。邓小平以其大战略家的眼光，及时洞察了这些重大变化，提出了和平与发展是时代主流的科学论断。

基于以上三点，邓小平同志果断地提出军队和国防建设指导思想实行战略性转变，即“从立足于准备早打、大打、打核战争”的临战状态，转变到和平时期的建设轨道上来，充分利用今后相当长的时间，在大仗打不起来的情况下，在优先发展经济建设的同时，加强我军的现代化建设。

（二）邓小平新时期军队建设思想的形成和发展

任何一种理论都是因为实践需要而产生的，又随着实践的发展而发展。邓小平新时期军队建设思想的形成和发展大体经过了以下几个阶段。

1. 初步形成阶段（1975—1978 年党的十一届三中全会前）

1975 年 1 月 6 日，邓小平任党中央副主席、国务院副总理、军委副主席兼总参谋长。

1975 年 1 月 25 日，邓小平在总参团以上干部会上发表了题为“军队要整顿”的重要讲话。邓小平说：“我们这个军队有好传统，从井冈山起，毛泽东同志就为我军建立了非常好的制度，树立了非常好的作风。我们这个军队是党指挥枪，不是枪指挥党……可是从 1959 年林彪主管军队工作起，特别是在他主管的后期，军队被搞得相当乱。现在，好多优良传统丢掉了，军队臃肿不堪。”针对这种情况，邓小平强调，要按照毛泽东提出的“军队要整顿”的要求对军队加以整顿，“要按照毛泽东制定的军事路线、建军原则，好好地清理一下”。上述的实质，就是邓小平要恢复我军优良传统，使军队的各项工作重新回到毛泽东军事思想的正确轨道上来。这次整顿在短时间内就收到了明显效果，但由于受到“四人帮”的破坏与干扰，被迫中止。

1976 年 10 月，一举粉碎了“四人帮”反革命集团。

1977 年 7 月，党的十届三中全会决定恢复邓小平 1975 年初担任的全部职务。邓小平恢复工作后，首先抓住决定性环节，从端正思想路线入手进行拨乱反正。邓小平指出，“两个凡是”不符合马列主义，一定要坚持实事求是的正确路线。

1977 年 8 月 28 日，邓小平在军委座谈会上提出了解决林彪和“四人帮”对军队的破坏问题的思路，首先调整各级领导班子，然后抓教育训练，接着学习现代战争知识，通过办院校，解决干部指挥现代化战争能力不够的问题。这本身就是在坚持恢复毛泽东军事思想的前提下，着眼于发展了。1977 年 12 月 28 日，邓小平又向全军提出了十项任务，即：揭批“四人帮”；做好战争准备；加强干部队伍建设；加强党的建设；把教育训练提到战略地位的高度；大抓国防科技；继续精简整编；加强后勤建设；坚持三结合武装力量体制；恢复和发扬我军的优良传统。同时，通过了《关于加强部队教育训练的决定》等九个决定和条例。

1978 年 9 月，邓小平提出：“理论要通过实践来检验。”同时，邓小平还说：“世界天天发生变化，新的事物不断出现，新的问题不断出现，我们关起门来不行，不动脑筋永远陷于落后不行。”邓小平在这一时期先后发表了《军队要整顿》《军队要把教育训练提高到战略地位》等一系列重要讲话，就新时期军队建设问题提出了许多重要的观点和方针，为在新的历史条件下研究新情况，解决新问题，全面推进军队和国防现代化建设铺平了道路。

2. 全面成熟阶段（1978年12月党的十一届三中全会至1985年6月军委扩大会议召开）

1978年12月，党的十一届三中全会召开，这是我党历史上的又一个伟大转折。在这次大会上，邓小平发表了《解放思想，实事求是，团结一致向前看》的重要讲话。其主要观点包括：全党工作的重心要转到四化建设上来，这是一场新的长征。实现四化是一场伟大的革命，革命的阻力就是干部中间有不少人的思想处于僵化、半僵化状态。因此，首要的任务是解放思想，坚持实践是检验真理的唯一标准。如果一切从本本出发，思想僵化，迷信盛行，那它就不能前进，事物的生机就停止了，这就要亡党亡国。所以，实事求是是无产阶级世界观的基础。

1979年7月，邓小平又指出："思想路线政治路线的实现要靠组织路线来保证。"要求中央党政机关要选好接班人，军队高级机关也要进一些比较年轻的干部。

1980年1月，邓小平提出了20世纪80年代的三件事：在国际事务中反对霸权主义，维护世界和平；台湾回归祖国，实现祖国统一；加紧经济建设，实现四个现代化。核心是现代化建设，并再次要求军队"要消肿"。

1981年6月，在十一届六中全会上，邓小平当选为中央军委主席。

1981年9月19日，邓小平发表了《建设强大的现代化正规化的革命军队》的讲话，提出了一系列重大决策和重要理论原则：实现我军装备现代化的途径和方法；军队调整的方针；第三世界是维护和平，反对霸权主义的主力；我国80年代的三大任务；台湾回归祖国，"一国两制"；我国的对外政策；加强国防建设等。邓小平在这一时期对毛泽东军事思想的发展，作了提纲挈领的概括和归纳。

邓小平在这一时期发表的《建设强大的现代化正规化的革命军队》《中国必须在世界高科技领域占有一席之地》等一系列重要讲话中，从国家发展战略的高度，在党和国家工作重心转移后，就新时期军队建设进行了总体设计，提出了军队建设的总目标和总任务以及基本指导思想，使邓小平新时期军队建设思想形成了一个完整的科学理论体系。

3. 丰富和发展阶段（1985年6月军委扩大会议以后）

这一时期，邓小平新时期军队建设思想得到了进一步深化和完善。主要表现在以下几个方面：进一步辩证地论述了战争与和平；重申了解决两种社会制度矛盾的"一国两制"；谁搞霸权主义就反对谁；国际关系中，关心的是和平与发展；一要改革开放，二要坚持四项基本原则；为建设现代化、正规化、革命化的军队而奋斗；建立国际政治新秩序；等等。

在这一阶段，邓小平提出了关于军队建设的一些重大理论原则，进一步明确了军队的性质、任务和地位、作用。以江泽民为核心的中央军委组成后，全面贯彻了邓小平新时期军队建设思想，在1992年10月召开的党的十四大上，正式提出"邓小平新时期军队建设思想"的概念，并要求按照这一思想指导新时期的军队建设和国防建设。

邓小平新时期军队建设思想是邓小平关于新时期中国革命战争、军队建设和国防建设问题的科学理论体系，是发展了的毛泽东军事思想。

（三）邓小平新时期军队建设思想的主要内容

邓小平新时期军队建设思想是一个内容丰富的完整的科学体系。邓小平新时期军队建设思想的主要内容：军队和国防建设指导思想要实行战略性转变；军队建设要服从于整个国家建设的大局；军队要担当起维护国家主权和安全的历史责任；实行积极防御的军事战略方针；建设一支强大的现代化正规化的革命军队；始终不渝地坚持人民军队的性质；中心是解决现代化的问题；提高军队建设的正规化水平；要把教育训练提高到战略地位；坚定不移地走有中国特色的精兵之路；军队和国防建设是全党和全国人民的事业。这一科学体系的精髓，主要体现在以下方面。

1. 军队和国防建设指导思想要实行战略性转变

邓小平认为，和平和发展是时代的主题，战争的威胁依然存在，但推迟或制止世界战争的爆发已成为可能，世界大战在一定条件下可以避免，但霸权主义仍然是对世界和平的最大威胁，局部战争已成为主要战争形态；我国周边安全环境发生了根本性好转，但仍然存在着各种现实的和潜在的威胁。稳定世界局势，实现和平与发展，要有新的途径和新的方法，即用“和平方式”和“共同开发”的办法解决国际争端。

2. 军队建设要服从于国家建设的大局

军队建设以国民经济为基础，军队和国防建设要与国家经济建设协调发展。一是国防建设指导思想要从长期以来立足于“早打、大打、打核战争”的临战状态，转变到和平时期现代化建设的轨道上来；二是要实现国防建设与国家经济建设的协调发展。

3. 实行积极防御的军事战略方针

贯彻积极防御的战略方针是维护国家主权和安全的需要，也是由我国的社会制度决定的。邓小平指出：“我们未来反侵略战争，究竟采取什么样的战略方针？我赞成就是‘积极防御’四个字。”我国对战争问题的基本原则：“人不犯我，我不犯人；人若犯我，我必犯人。”实行积极防御的战略方针，要把立足点放在遏制战争的爆发上，注重研究现代战争，把着眼点放在打赢现代高技术条件下的局部战争上，军事战略要从维护国家安全利益出发，用和平方式解决对抗性争端和矛盾，注重发展综合国力，从根本上增强军事实力，提高威慑能力。

4. 建设一支强大的现代化正规化的革命军队

军队建设要以革命化为前提、现代化为中心、正规化为重点，全面建设现代化、正规化、革命化的军队；要把教育训练摆到战略地位，努力提高部队战斗力；要做好体制改革和精简整编，建立科学的体制编制；实现军队正规化，要依法治军，科学管理；要加强和改进新时期军队政治工作，保证党对军队的绝对领导，保证军队的高度稳定和集中统一。

5. 现代战争条件下要坚持和发展人民战争思想

邓小平根据现代战争的特点和规律，结合我国的实际情况，在继承毛泽东“人民战争”思想的基础上，提出了“现代条件下人民战争”的思想。围绕这一思想，邓小平特别强调：人民战争的形式要与现代战争的特点相吻合；现代条件下从事人民战争的人必须具有很高的素质；在军队精简的情况下，尤其要做好民兵和预备役建设；要研究现代战争条件下人民战争的战略战术；要保持和发扬我党我军的优良传统，发挥人民战争的政治优势。

（四）邓小平新时期军队建设思想的地位和作用

1. 邓小平新时期军队建设思想是继承和发展毛泽东军事思想的典范

在新的历史条件下，邓小平新时期军队建设思想为毛泽东军事思想做出了历史性贡献。邓小平作为我党我军的第二代领导核心和统帅，不仅是毛泽东军事思想的创建者之一，也是毛泽东军事思想在新的历史条件下的主要坚持者和发展者。邓小平强调：对待毛泽东军事思想，要自觉抵制和批判毛泽东军事思想不需要发展的“顶峰论”、不允许发展的“凡是论”和反对发展的“过时论”，必须把毛泽东军事思想看作一个科学体系；在新的历史条件下运用毛泽东军事思想，必须在坚持中发展，在发展中坚持；必须运用毛泽东军事思想的立场、观点和方法，在实践中不断认识新情况和解决新问题。邓小平新时期军队建设思想，是新时期继承和发展毛泽东军事思想的典范，或者说，是新时期发展了的毛泽东军事思想。

2. 邓小平新时期军队建设思想是新时期我军军事理论的集中体现

在新的历史条件下，我军建设和军事斗争出现了许多新情况、新问题，照搬过去的经验是难以解决的，必须有我们自己的军事理论和指导方针。邓小平对新时期军队建设和军事斗争中许多重大问题的研究和探讨，是以新的认识、新的理论深度总结我军历史经验，探索新的建军经验。邓小平继承和发展了毛泽东军事思想，比较系统地回答了在当代中国如何建设一支现代化革命军队的重大问题，提出了新时期我军建设中一系列重大方针和原则，形成了新时期我军军事理论的主体，是具有中国特色的当代马克思主义军事理论。

3. 邓小平新时期军队建设思想是新时期我军建设的强大思想武器

伟大的实践需要科学理论的指导，科学的理论只有在指导实践中才能发挥巨大的作用。应该说，新的历史条件下，坚持运用科学的军事理论去指导新时期的军事实践，不仅关系到军队建设和国防建设的前途和命运，而且关系到整个国家的盛衰和兴亡。今天，我军与过去相比，有了令人瞩目的变化。然而，逐步实现现代化、正规化革命军队的建设目标，势必对军队全面建设提出新的要求，需要我们不断地实践和探索。邓小平新时期军队建设思想为我们完成这个伟大的实践和探索提供了世界观和方法论的指导，它将有效地保证我军沿着健康发展的轨道前进，使我军战斗力的提高与国家社会主义现代化的进程同步发展。

二、江泽民国防和军队建设思想

部队要做到政治合格、军事过硬、作风优良、纪律严明、保障有力。

——江泽民

（一）江泽民国防和军队建设思想的主要内容

江泽民国防和军队建设思想，是江泽民关于新时期军事战略、军队建设和国防建设等基本问题的科学理论体系，是新形势下对毛泽东军事思想、邓小平新时期军队建设思想的继承和发展。江泽民国防和军队建设思想的理论体系包括以下内容：从国际战略全局和国家发展大局谋划国防和军队建设；解决好打得赢、不变质两个历史性课题：党对军队的领导是我军永远不变的军魂；积极推进中国特色的军事变革；用新时期军事战略方针统揽军队建设全局；按照“政治合格、军事过硬、作风优良、纪律严明、保障有力”的总要求全面加强军队建设；始终把思想政治建设摆在军队各项建设的首位；实施科技强军战略，加强军队质量建设；培养和造就大批高素质的新型军事人才；加快我军武器装备现代化建设的步伐；走出一条投入较少、效益较高的国防和军队现代化建设路子；坚持依法治军、从严治军；军队现代化建设的动力在于改革；依靠人民建设军队、建设国防。

（二）江泽民国防和军队建设思想的地位和作用

江泽民国防和军队建设思想是对毛泽东军事思想、邓小平新时期军队建设思想在新形势下的继承和发展，在马克思主义军事理论的发展史上具有重要的地位，深刻揭示了和平时期建军治军的特点和规律，是国防和军队建设实践的科学指南。

三、胡锦涛国防和军队建设思想

我们必须统筹经济建设和国防建设，走中国特色军民融合式发展路子，在全面建设小康社会进程中实现富国和强军的统一。

——胡锦涛

（一）胡锦涛国防和军队建设思想的主要内容

胡锦涛国防和军队建设思想，是新世纪、新阶段用科学发展观统筹国防和军队现代化建设，打赢信息化战争的军事指导理论，是毛泽东、邓小平和江泽民国防与军队建设思想的丰富和发展，是科学发展观在国防和军事领域的展开和延伸，是当代中国马克思主义的创新军事理论。胡锦涛国防和军队建设思想的主要内容包括：科学确立新世纪、新阶段军队历史使命；把科学发展观确立为加强国防和军队建设的重要指导方针；创新发展新形势下的思想政治建设；全面提高军队有效履行使命任务的能力；积极推进国防和军队建设各领域改革；把以人为本作为重要的建军治军原则；走中国特色军民融合式发展的路子。

（二）胡锦涛国防和军队建设思想的地位和作用

胡锦涛国防和军队建设思想科学回答了在世界大发展、大变革、大调整和我国全面建设小康社会的历史条件下，推进国防和军队建设科学发展，全面履行新世纪、新阶段我军历史使命的重大课题，开辟了党的军事指导理论创新发展新境界。胡锦涛国防和军队建设思想作为科学发展观的重要组成部分，是科学发展观在军事领域的运用和展开，是新形势下推进国防和军队建设的科学指南。

四、习近平关于国防和军队建设的重要论述

实现中华民族伟大复兴，是中华民族近代以来最伟大的梦想。可以说，这个梦想是强国梦，对军队来说，也是强军梦。我们要实现中华民族伟大复兴，必须坚持富国和强军相统一，努力建设巩固国防和强大军队。

——习近平

党的十八大以来，中共中央总书记、中央军委主席习近平着眼于坚持和发展中国特色社会主义，实现中华民族伟大复兴的中国梦，围绕强军兴军提出了一系列重大战略思想、重大理论观点、重大决策部署，鲜明地提出“建设一支听党指挥、能打胜仗、作风优良的人民军队”这一党在新形势下的强军目标，引领国防和军队建设迈上新的征程。习近平同志关于国防和军队建设的重要论述，深刻阐述了国防和军队建设带有根本性、方向性、全局性的重大问题，丰富和发展了党的军事指导理论，是新形势下加快推进国防和军队现代化建设的科学指南。

（一）习近平国防和军队建设重要论述的科学含义和历史背景

习近平关于国防与军队建设的重要论述，是习近平同志任中共中央总书记、中央军委主席之后，根据党和国家建设的发展需要，着眼于国际战略和国家安全环境的发展变化，对毛泽东、邓小平、江泽民、胡锦涛军事与国防理论的继承与丰富，是当代中国马克思主义军事理论的创新与发展，是当今中国军队建设、国防建设和未来反侵略战争的理论基础和行动指南。

党的十八大以来，围绕国防和军队改革，军委主席习近平主持召开了多次军队会议，多次深入解放军、军队院校和武警部队进行视察，系统总结了我们党建军治军的成功经验，提出“建设一支听党指挥、打胜仗、作风优良的人民军队”的强军目标，考量国际战略形势和国家安全环境的发展变化，积极开创军事外交实践，为构建中国特色现代军事力量体系，实现中华民族伟大复兴的中国梦提供安全保障。

（二）习近平国防和军队建设重要论述的主要内容

建设一支听党指挥、能打胜仗、作风优良的人民军队，是党在新形势下的强军目标。听党指挥是灵魂，决定军队建设的政治方向；能打胜仗是核心，反映军队的根本职能和军队建设的根本方向；作风优良是保证，关系军队的性质、宗旨、本

色。全军要准确把握这一强军目标，用以统领军队建设、改革和军事斗争准备，努力把国防和军队建设提高到一个新水平。

1. 加强思想政治建设，确保部队坚决听党指挥，这是强军之魂

习近平指出：我军作为执行党的政治任务的武装集团，必须把听党指挥作为军队建设的首要，确保部队绝对忠诚、绝对纯洁、绝对可靠。毫不动摇地坚持党对军队的绝对领导关系我军的性质和宗旨，关系社会主义的前途命运，关系党和国家的长治久安，是我军的立军之本、建军之魂，是我军生命所系、力量所在。坚持党对军队的绝对领导绝不是一句空洞的口号，必须落实在行动上。要将思想政治建设摆在国防和军队各项改革建设的首位，着力打牢部队听党指挥的思想根基，增进信党爱党的思想情感，锤炼忠诚于党的政治品格。确保部队绝对忠诚、绝对纯洁、绝对可靠，始终忠于党、忠于社会主义、忠于祖国、忠于人民，为实现中华民族的伟大复兴提供安全保障。

2. 打造一支能打仗、打胜仗的军队，这是强军之要

习近平指出：军队首先是一个战斗队，必须坚持一切建设和工作向能打胜仗聚焦。军队的使命任务是准备战争、遏制战争、打赢战争。“能打仗、打胜仗”这个强军之要，是人民军队经过历史检验总结出来的。战斗力是检验部队一切建设和工作的试金石。在战斗力这个唯一的根本的标准要求下，破除阻力，打破藩篱，理清制约部队建设发展的突出矛盾、瓶颈短板和主要症结，推动军队建设的所有资源向提高战斗力聚焦。按照打仗的要求搞建设、抓准备，军队建设必须把提高战斗力作为出发点和落脚点，一切工作都要向“能打仗、打胜仗”的要求聚焦。增强忧患意识、危机意识、使命意识，确保部队召之即来、来之能战、战之必胜。坚决纠正军事训练中存在的问题，强化官兵实战演练意识，注重平时训练考核，求真求实，提高部队实战化训练水平。

2014 年 8 月 29 日，中央政治局组织第十七次集体学习。在这次专门组织的针对军事问题的学习中，习近平发表了重要讲话，强调了“军事创新”的重要性，并首次提出了军事理念的四个转变。习近平指出，中国军队必须适应世界军事变革大潮流，军队在维护国家安全中的作用要加强，要有联合作战观念，树立全军一盘棋、全国一盘棋的思想观念。

第一，习近平提出要“改变机械化战争的思维定势，树立信息化战争的思想观念”。这个思想转变，是从世界发展趋势的角度着眼的。

机械虽然仍是军事的基础，但当前“信息化”已成为军事创新和变革的核心，也是中国军队必须适应的世界军事变革大潮流。眼下，网络和空天都已经成为新的边疆，最近中美就所谓“解放军黑客”攻击问题频频过招，其实就是一种信息战的战争形态。在这个看不见硝烟的战场，弱势一方的损失可能比机械化战争的损失还要大。习近平提到的这个思想转变，其实具有相当的紧迫性。

第二，习近平提出要“改变维护传统安全的思维定势，树立维护国家综合安全

和战略利益拓展的思想观念”。这个思想转变是从维护国家利益的角度阐述的。

党的十八大以来，新一届中央领导集体高度重视国家安全，一个表征就是“国家安全委员会”的设立。习近平提到的这个思想观念转变，与设立“国家安全委员会”来统筹国内、国际两个安全一脉相承。传统安全主要是维护国土安全、主权安全，这是军队的基本职责；而综合安全则更加重视网络安全和海外利益，这是现代化军队的重要使命。目前中国面临的国际环境日趋复杂，国土安全等传统安全领域面临严峻挑战；同时，随着中国海外政治、经济活动的深入，维护海外必要的战略高地也成为中国利益的合理延伸。在此背景下，军队在维护国家安全中的作用不是减弱了，而是增强了，军队任务的改变也就成了题中之意。这种转变必然首先是思想的转变，其次才是走出去。军队只有适应这种变化，才能更好地维护国家安全，争取更加有利的外部环境。

第三，习近平提出“改变单一军种作战的思维定势，树立诸军兵种一体化联合作战的思想观念”。这一转变是从实战着眼和布局的。

由于中国安全问题的多样性与复杂性，未来面临的威胁不可能是单一的，而是多方向的，各个战略方向之间存在明显的战略对应关系，因而多兵种联合作战的必要性凸显。

事实上我军已经开始这方面的探索。例如，针对外媒传播的中国设立东海联合作战指挥中心的消息，国防部发言人 2014 年 8 月 1 日回应时称，建立联合作战指挥体制，是信息化条件下联合作战的必然要求。我军在这方面进行了积极探索。根据党的十八届三中全会作出的决定，下一步我们要在充分研究论证的基础上，适时深化改革，走出一条具有中国特色的联合作战指挥体系改革之路。

第四，习近平提出“改变固守部门利益的思维定势，树立全军一盘棋、全国一盘棋的思想观念”。这个思想转变是从宏观协作与统筹保障的角度来考量的。2014 年春夏，解放军在渤海、黄海、东海、南海四大海域分别进行了海上演习，在东南沿海的军区也进行了陆空演习。特别是 2014 年七、八月间在北京军区朱日和训练基地进行的军事演习，打破了“红军必胜、蓝军必败”的思维定势，以军事斗争现实为出发点的实事求是精神，抵消了既有利益模式的干扰和侵袭，是军事思想领域变革的重要一步。

3. 大力弘扬我军优良作风，推进军队组织形态优化，这是强军之基

习近平指出：“作风优良是我军的鲜明特色和政治优势，必须把作风建设作为一项基础性长期性工作抓紧抓实，永葆人民军队政治本色。”依法治军、从严治军是强军之基，必须保持严明的作风和铁的纪律，确保部队高度集中统一和安全稳定。发挥军队领导干部表率作用，廉洁自律，带头遵守各项规定，弘扬优良作风，为实干强军营造风清气正的良好环境。在国防和军队深化改革中，军队领导干部能跳出个人得失的利益小圈子，着眼于国防和军队改革大局，敢于“啃硬骨头”，敢于“涉险滩”，钻研新形势下战争的制胜机理和决胜之道，营造实干强军、实干兴

军的浓厚氛围。同时，推进军队组织形态现代化，建立健全联合作战指挥体制、联合训练体制、联合保障体制，优化作战力量结构，构建中国特色现代军事力量体系，为建设巩固国防和强大军队提供体制机制保障。

建设强大的现代化军队，一刻也离不开优良作风的支撑。因此，部队各级要紧紧围绕实现强军目标想问题、作决策、抓建设，把说的和做的真正一致起来，把对上负责和对下负责真正一致起来，切实增强工作的事业心和责任感，以正确的权力观、利益观、政绩观，以对党和人民负责的精神，在求实、务实、落实上下功夫，坚决防止和克服官僚主义、形式主义、享乐主义和奢靡之风等不良风气，促使部队作风建设始终走在全社会的前列。

随着军事斗争准备的不断拓展、深化，国防和军队建设各项投入不断加大，确保经费使用廉洁高效是对各级领导干部的更大考验。因此，各级领导干部要自重、自省、自警、自励，带头遵守廉洁自律各项规定，坚决不搞特殊化，坚决不搞特权，坚决不搞不正之风，坚决不搞腐败，守住做人做官的底线，恪尽职守，廉洁自律，用清风正气凝聚军心士气，调动广大官兵投身部队建设改革的积极性和创造性，推动军队建设科学发展。

（三）习近平新形势下国防与军队建设重要论述的意义

1. 习近平新形势下国防与军队建设重要论述是对马克思主义军事理论的继承与发展

习近平关于党在新形势下国防与军队建设的重要论述，从坚持和发展中国特色社会主义，实现中华民族伟大复兴的战略高度，科学地总结了我党建军治军成功经验，着眼于军队建设发展全局和新的时代条件，鲜明地回答了国防和军队建设面临的重大时代课题。这与毛泽东建设人民军队和强大国防的思想，与邓小平提出的建设一支强大的现代化、正规化、革命化军队的理论，与江泽民提出的政治合格、军事过硬、作风优良、纪律严明、保障有力的总要求，与胡锦涛集中概括的听党指挥、服务人民、英勇善战的优良传统一脉相承，是对马克思主义军事理论的继承与发展。

2. 习近平新形势下国防与军队建设重要论述是实现中国梦、强军梦的重大战略思想

2012 年 12 月，习近平同志在广州战区考察工作时指出，实现中华民族伟大复兴，是中华民族近代以来最伟大的梦想。可以说，这个梦想是强国梦，对军队来说，也是强军梦。这一重要论述，体现了肩负民族复兴重任的历史担当和统筹推进强国强军的战略眼光，具有鲜明的时代特色、深远的战略意蕴和重大的历史意义，为推动实现中国梦、强军梦指明了前进方向，提供了根本遵循。

富国与强军是发展中国特色社会主义，实现民族复兴的两大基石。两者相互依存，不可或缺。没有富国，衣食尚忧，难以强军；没有强军，国家失去安全护佑，也不可能实现真正的富国。军不强最多是一个富国，而永远成不了一个强国。古今

中外，概莫能外。强军是历史的警示。清帝国，白银储备世界第一，GDP 占世界的三分之一，但由于军力不强，准确地说是大而不强，或者说是腐而不强，中日甲午一战，割地赔款，丧权辱国，钓鱼岛就是那段国耻的历史印记。科威特不可谓不富，人均 GDP 曾排名世界前十，但由于没有一个强大的国防，一夜之间就被伊拉克侵占。由此可见，在国际角斗场上比拼的不仅是重量，更重要的是力量。

强军是时代的呼唤。信息化时代需要一支信息化军队，存在“代差”的军队，在起跑线上就输人一筹。同样是作战师，就作战效能而言，信息化师是机械化师的 3~5 倍。中国军队尚处于机械化、半机械化阶段，在武器装备方面与世界发达国家军队相比存有 10~20 年的差距，必须要有紧迫感，奋起直追，赶上世界新军事变革的步伐；否则，落后就意味着挨打。

强军是形势所迫。环视四周，我们的周边并不是太平无事，岛礁被侵占，资源被掠夺，战略空间被挤压。虽然我们一再声明力主以和平方式解决国际争端，但有些国家把我们的和平诚意误认为是软弱可欺，把我们倡导的和平崛起错判为挂上了“免战牌”，一再挑衅我们的和平底线。如果没有巩固的国防和强大的军队，和平就是虚无缥缈的乌托邦，是“水中月，镜中花”，不仅失地收不回来，而且还会丧失更多的利益。

强军是军队的使命所在。《中华人民共和国宪法》规定，军队的职责是“巩固国防，抵抗侵略，保卫祖国，保卫人民的和平劳动，参加国家建设事业，努力为人民服务”。军不强就难以履行使命。强军之基是要立足于能打仗、打胜仗，具备了核心战斗力，弘扬了子弟兵的光荣传统，其他问题都会迎刃而解。

能打仗、打胜仗的能力是成就梦想的最好支点。一个伟大的民族，总是和一支强大的军队联系在一起的。能打仗、打胜仗是强军之要。战场打不赢，一切等于零。“诚既勇兮又以武，终刚强兮不可凌。”能打仗、打胜仗，体现的是一种实战效能。核心军事能力过硬，才能慑有效果、谈有筹码、打有本钱。核心军事能力建设是军队的基本建设。打仗思想的弱化，必然导致打仗能力的弱化。必须强化党的创新理论武装，强化官兵当兵打仗、带兵打仗、练兵打仗的思想，抓住核心军事能力建设不放松，坚持不懈地拓展和深化军事斗争准备，深入开展信息化条件下的军事训练，加快发展新型作战力量，提高信息化条件下的威慑和实战能力。军队工作中，一切有悖于战斗力提高的花拳绣腿都必须丢掉，任何形式主义、表面文章都必须废止，真正做到为了维护国家主权和安全、发展利益，召之即来，来之能战，战之必胜。

3. 习近平新形势下国防与军队建设重要论述是党在新形势下强军兴军的总方向

习近平关于国防和军队建设的重要论述，深刻揭示了新形势下军队建设的特点和规律，进一步明确了建军、治军指导思想和方针原则，是新形势下加快推进国防和军队现代化的根本遵循。

2013年11月，党的十八届三中全会在北京举行。全会通过的《中共中央关于全面深化改革若干重大问题的决定》（以下简称《决定》），把国防和军队改革纳入国家改革全局，作为一个重要部分进行部署。《决定》指出，要紧紧围绕建设一支听党指挥、能打胜仗、作风优良的人民军队这一党在新形势下的强军目标，着力解决制约国防和军队建设发展的突出矛盾和问题，创新发展军事理论，加强军事战略指导，完善新时期军事战略方针，构建中国特色现代军事力量体系。

《决定》关于深化国防和军队改革的战略部署，展示了以习近平同志为核心的党中央建设巩固国防和强大军队的决心和意志。“建设一支听党指挥、能打胜仗、作风优良的人民军队”这言简意赅的21个字，蕴含着对实现中国梦强军梦的深邃战略思考，实现了党的军事指导理论的与时俱进，为新形势下加强国防和军队建设提供了根本遵循，指明了前进方向。国防和军队建设，必须放在中华民族伟大复兴这个大目标下来认识，服从和服务于国家和民族最高利益，为实现中国梦提供坚强的力量保证。

要铸牢听党指挥这个强军之魂，扭住能打仗、打胜仗这个强军之要，夯实依法治军、从严治军这个强军之基，把实现强军目标贯穿于部队建设全过程和各领域。

思想政治建设是我军的根本性建设，必须始终摆在部队各项建设首位。要毫不动摇地坚持党对军队的绝对领导。军队思想政治建设必须围绕强军目标，为全面加强我军革命化、现代化、正规化建设提供可靠的政治保证、强大的精神动力、有力的人才支持，确保部队绝对忠诚、绝对纯洁、绝对可靠。

军队首先是一个战斗队，必须坚持一切建设和工作向能打胜仗聚焦，牢固树立战斗力这个唯一的根本的标准。要与时俱进地加强军事战略指导，坚持不懈地拓展和深化军事斗争准备，坚定不移地把信息化作为军队现代化建设发展方向，全面建设现代后勤，大力发展信息化武器装备，着力提高军事训练实战化水平，确保部队召之即来，来之能战，战之必胜。

加强作风建设，直接关系到军队形象和战斗力建设。要把改进作风工作引向深入，贯彻到军队建设和管理每个环节，真正在求实、务实、落实上下功夫，始终保持我军的光荣传统和优良作风。

加强高素质干部队伍建设，大规模培养高素质新型军事人才，是实现强军目标的战略性要求。大力实施人才战略工程，把联合作战指挥人才、新型作战力量人才培养作为重中之重，努力推动人才队伍建设整体水平有一个大的跃升。

实现强军目标的基础在基层，活力在基层。要抓住基层这个大头，推动贯彻落实强军目标向基层拓展，向末端延伸，发挥广大官兵为实现强军目标而奋斗的积极性、主动性、创造性。

要充分认清深化国防和军队改革的重要性和紧迫性，准确把握改革的目标和任务，牢固树立进取意识、机遇意识、责任意识，着力解决制约国防和军队建设发展的突出矛盾和问题，为实现强军目标提供强大动力和体制机制保证。

搞好军队党的建设，是军队建设和发展的核心问题，是军队全部工作的关键，关系到党的执政地位，关系到我军的性质、宗旨，关系到部队战斗力。

思考题：

1. 军事思想的含义是什么？
2. 毛泽东军事思想的科学含义和基本特征是什么？
3. 毛泽东军事思想的主要内容是什么？
4. 毛泽东军事思想的核心是什么？
5. 毛泽东国防建设理论的主要内容是什么？
6. 邓小平新时期军队建设思想的主要精神是什么？
7. 江泽民国防和军队建设思想的主要内容是什么？
8. 胡锦涛关于加强新形势下国防和军队建设的重要论述包括哪些内容？
9. 习近平关于国防和军队建设重要论述的主要内容是什么？

延伸阅读

习近平谈军队建设

——关于军队建设的论述摘编

自2012年11月15日就任中央军委主席至今，习近平已主持召开多次军队会议，12次深入解放军、军队院校和武警部队，足迹遍及全军。

在历次会议及视察中，习近平从强军目标、国防和军队改革、军队党的建设、思想政治建设、军事斗争准备等多个方面，阐述了中国军队建设发展战略目标及方向。

谈强军目标

建设一支听党指挥、能打胜仗、作风优良的人民军队，是党在新形势下的强军目标。听党指挥是灵魂；能打胜仗是核心；作风优良是保证。

——2013年3月11日，习近平在出席十二届全国人大一次会议解放军代表团全体会议时强调

实现强军目标是一项具有很强开拓性的事业，面临大量新情况新问题，必须勇于探索、大胆创新、锐意改革。要以逢山开路、遇河架桥的精神，坚决推进军队各项改革。

——2013年7月7日至8日，习近平主持召开中央军委党的群众路线教育实践活动专题民主生活会时表示

谈国防和军队改革

国防和军队改革是全面改革的重要组成部分，也是全面深化改革的重要标志。

要牢牢把握积极稳妥这个总要求。该改的就要抓紧改、大胆改、坚决改。

——2014 年 3 月 15 日，习近平主持召开中央军委深化国防和军队改革领导小组第一次全体会议时表示

要强化改革创新，认清深化国防和军队改革的重大意义，统一思想，凝聚共识，自觉拥护改革、支持改革、投身改革，坚决完成好担负的改革任务，为空军建设发展注入强大动力。

——2014 年 4 月 14 日，习近平到空军机关调研时强调

谈军队党的建设

搞好军队党的建设，是军队建设发展的核心问题，是军队全部工作的关键，关系到党的执政地位，关系到我军性质宗旨，关系到部队战斗力。军队党的建设必须紧紧围绕能打仗、打胜仗来开展。

我军是执行党的政治任务的武装集团，军队党的建设必须高标准、严要求，努力走在全党前列。要坚持贯彻民主集中制，用好批评和自我批评这个有力武器。

——2013 年 11 月 6 日，习近平在接见全军党的建设工作会议代表时强调

谈思想政治建设

当前和今后一个时期，部队思想政治建设的一项重大任务，就是要教育引导广大官兵牢记强军目标，努力把个人理想抱负融入强军梦，强化使命担当，矢志扎根军营、建功军营。

——2013 年 4 月 9 日，习近平到海军驻三亚部队视察听取工作汇报后表示

要始终坚持战斗力这个唯一的根本的标准，全部心思向打仗聚焦，各项工作向打仗用劲。要深入开展我军根本职能教育，真正使战斗队意识在官兵头脑中深深扎根。

——2013 年 7 月 29 日，习近平来到北京军区视察听取工作汇报后强调

谈作风纪律建设

要着力加强作风纪律建设，抓好依法治军、从严治军方针落实。要坚持和发扬艰苦奋斗精神，使厉行节约、反对浪费在部队蔚然成风。要严肃各项纪律，确保政令军令畅通。

——2013 年 2 月 4 日，习近平到原兰州军区机关听取工作汇报后表示

全军和武警部队团以上领导和机关干部下连当兵、蹲连住班，对于弘扬我军光荣传统、改进工作作风、密切官兵关系、加强基层建设都起到了重要促进作用。

——2013 年 7 月，习近平就领导和机关干部“当兵蹲连”作出重要指示

谈军事斗争准备

要坚持用打仗的标准推进军事斗争准备，不断强化官兵当兵打仗、带兵打仗、练兵打仗思想，坚持从实战需要出发从难从严训练部队。

——2012 年 12 月 8 日至 10 日，习近平在原广州战区考察时强调

要强化实战准备，牢固树立练兵打仗、带兵打仗思想，牢固树立随时准备打仗的思想，牢固树立立足现有条件打胜仗的思想，狠抓各项战备制度落实，保持常备不懈的战备状态。

——2014 年 4 月 14 日，习近平到空军机关调研时强调

谈军事人才建设

要牢牢扭住培养高素质新型军事人才这个中心任务，深入研究现代军事教育特点和规律，坚持走以提高质量为核心的内涵式发展道路，努力培养造就能够担当强军重任的优秀军事人才。

——2013 年 11 月 5 日，习近平在国防科学技术大学视察时表示

要在健全人力资源政策制度上下功夫，大力吸引、培养、保留、使用好各类人才。要坚持依法治军、从严治军，推进管理理念、机制、方法手段创新，提高管理科学化、规范化、法制化水平。

——2014 年 4 月 14 日，习近平到空军机关调研时强调

谈武警部队建设

武警部队官兵天天在一线，时时接受考验，必须加强战斗精神培育，教育引导广大官兵继承和发扬我军大无畏的英雄气概和英勇顽强的战斗作风，保持旺盛的革命热情和高昂的战斗意志。

武警部队首先是一个战斗队，各项建设都必须向提高战斗力聚焦用力。要把依法治警、从严治警作为全局性、基础性、长期性工作抓紧抓实，真正使武警部队既成为能打胜仗的威武之师，又成为人民群众爱戴的文明之师。

——2013 年 1 月 29 日，习近平到武警部队视察时指出

第二章　中国的国防建设

古今中外，国必有防。有则立，无则废。国防是一个国家生存与发展的安全保障，尤其是在21世纪的今天，在以信息化战争为标志的新军事变革浪潮中，各国都十分重视以维护国家安全为本质特征的国防建设，以确保国家发展所需的稳定的内外环境。新时代更要求我们运用马克思主义基本原理，客观探讨中国国防及其在社会发展进程中的特殊地位和作用，是为了更好地把握和平与发展的时代主题，适应国际形势发展的基本趋势，研究、揭示和遵循国防发展的特殊规律，建设强大的现代国防，以维护国家生存安全与发展安全的根本利益，促进世界和平稳定、和谐发展。

第一节　国防概述

一、国防的含义及类别

（一）国防的含义

国防，是国家防务的简称，是指国家为防备和抵抗外敌侵略，防止武装颠覆，保卫国家的领土、主权完整和安全所进行的军事及有关的政治、经济、外交、科技、教育等方面的事务与活动。

国防是一个历史概念，它与国家的存亡息息相关。国家存则国防建，国家亡则国防废。人类国家的历史悠久，与此同时，人类国防的历史源远流长。以我国为例，我国国防早在公元前21世纪就产生了。

（二）国防的类别

国防的内涵丰富，然因时代不同、时代内容各异，国防存在差异，由此就存在古代国防、近代国防和现代国防等不同类型。

衡量一个国家国防力量的强弱，军事力量不是唯一标准，还涉及这个国家的政治、经济、文化、科技、外交等方面。现代国防主要有以下类型。

1. 扩张型

采取扩张型国防的国家通常是那些经济发达的大国，它们为了维护本国在世界许多地区的利益，实行霸权主义侵略扩张政策，打着防卫的幌子，对别国进行侵略、渗透和颠覆。这些国家的国防类型属于扩张型，其特点是把本国的“安全”建立在别国屈服的基础上，把“国防”作为侵犯别国主权和领土、干涉他国内政的代名词。美国是一个典型的扩张型军事大国，自第二次世界大战以来，曾先后发动过朝鲜战争、越南战争、海湾战争、科索沃战争、阿富汗战争、伊拉克战争等诸多战争。

2. 自卫型

采取自卫型国防的国家在国防建设上以防止外敌入侵为目的，主要依靠本国的力量，广泛争取国际上的同情和支持，以达到维护本国安全、周边地区和世界的和平与稳定。中国是社会主义国家，中国政府坚定不移地奉行防御性的国防政策，国家独立自主、自力更生地建设和巩固国防，实行积极防御战略，坚持自卫原则。在国防力量的运用上，坚持自卫立场，实行积极防御的战略方针。在处理国际事务中，与各国友好合作，不依附任何大国，不同别国结盟。

3. 联盟型

联盟型国防即以结盟形式，联合一部分国家来弥补自身力量的不足。联盟型国防又可按军事战略的不同分为联盟扩张型和联盟自卫型两种。按联盟国之间的关系可分为一元体系联盟和多元体系联盟。前者有一个大国处于盟主地位，其余国家处于从属地位，如美日同盟、美韩同盟等；后者各成员国属于伙伴关系，共同协商防卫大计，如北大西洋公约组织。

4. 中立型

一些中小发达国家，为了保障本国的繁荣和安全，严守和平中立的国防政策，制定了总体防御战略和寓兵于民的防御体系，如瑞士、奥地利和哥斯达黎加等国，它们采取的都是中立型国防。中立型国家除自身明确宣示采用中立型国防外，还必须获得国际社会承认。

当今世界，和平与发展是时代的主题，要和平、促合作、谋发展已经成为不可抗拒的历史潮流。但是，在世界和某些地区范围内仍存在一些不安定因素。霸权主义和强权政治仍然是威胁世界和谐稳定的主要根源；冷战思维及其影响还有一定市场，扩大军事集团、强化军事同盟给国际安全增加了不稳定因素；有的国家依仗军事优势对他国进行军事威胁，甚至武装干涉；不公正、不合理的国际经济旧秩序仍在损害着发展中国家的利益；因民族、宗教、领土、资源等原因而引发的局部冲突不断，国与国之间的一些历史遗留问题仍待解决；等等。因此，在新形势下，我们必须居安思危，既要加速发展，也要确保国家安全。发展需要搞好经济建设，安全需要加强国防建设。强盛的经济，强大的国防，是我国立于世界民族之林的两大支柱，二者反映了国家的根本利益。我国的国防是全民的国防，需要全国人民共同关心、参与和支持。

二、现代国防的特征

现代国防是对传统国防的继承和发展，是一种全新的国防观念和国防实践活动。它具有不同于传统国防的基本特征。

1. 国防的含义更新、更深、更广

按照传统的说法，国防就是为了保卫国家的主权、领土完整和安全，防御外来的武装侵略和颠覆所采取的一切措施。这是毫无疑义的。但是，随着世界各国交往日益频繁，在经济上各国相互渗透和相互依赖的程度大大加强，海外利益已在本国占有相当重要的地位，尤其是对需要和依靠外来资源以维持本国经济命脉的国家而言，一旦外来的海上通道或空中通道遭到堵截或封锁，国家就有瘫痪的危险。正因为这样，海上的护航，世界公有通道的维持，世界公海和公共区域的探测或考察，大气层空间和外层空间的安全和利用等，都成了国防的重要任务。因此，现代国防不仅要保卫国家领土、领海、领空的安全，而且要保卫与这些有关的国家权益的安全。同传统国防相比，现代国防含义更新，内容更广，意义更深远，作用更重要。它的视角不仅是横向的平面状态，而且是纵向的立体状态，除了具有国内意义之外，还具有国际意义或者说全球意义。

2. 现代国防是综合国力的体现

现代国防是综合国力的体现。综合国力主要由人力、自然力、政治力、经济力、科技力、精神力和国防力等组成。其中，经济实力、国防实力和民族凝聚力是综合国力的基本要素。经济实力是基础，国防实力是支柱，民族凝聚力是灵魂。现代国防与国家的综合国力有着密切的联系，国家的发展水平制约着武器装备的发展水平和国防力量的总规模。没有强大的综合国力，国防建设只能是空中楼阁。美国学者克莱因博士曾在其所著《世界各国国力评估》（1975 年）、《1977 年世界国力评估——列强策略游动演算书》（1977 年）和《80 年代的世界权力趋势及美国对外政策》（1981 年）三本书中提出了一个评估国力的公式“国力方程”，并对世界各国国力与国防力等进行了定量分析和比较。

综合国力 1000 分=（基本实力 100 分+经济实力 200 分+军事实力 200 分）×（战略目的 1 分+追求国家战略的意志 1 分）

总之，国力强则国防强。

我国领导人高度重视国力与国防力建设。毛泽东曾郑重指出：“中国必须建立强大的国防军，必须建立强大的经济力量，这是两件大事。这两件事都有赖于同志们和全体人民解放军的指挥员、战斗员一道，和全国工人、农民及其他人民一道，团结一致，协同努力，方能达到目的。”邓小平曾指出：“衡量一个国家的国力，要综合地看，全面地看。”江泽民曾指出：“现代国际间的竞争，说到底是综合国力的竞争，关键是科学技术的竞争。”胡锦涛曾强调：“经济建设是国防建设的基本依托，国防实力是综合国力的重要体现。”习近平主席曾说：“空间技术领域是高技术集中的领域，空间技术水平是一个国家科技实力的重要标志，也是一个国家经济实力、综合国力、国防实力的重要标志。”同时表示：“现在国家国力增强了，强军步伐也有条件逐步加快。”他在党的十九大报告中指出：我们的军队是人民军队，我们的国防是全民国防。我们要加强全民国防教育，巩固军政军民团结，为实现中国梦强军梦凝聚强大力量！

3. 现代国防是多种斗争手段的较量

现代国防斗争，不仅仍然以敌对双方在战场上进行武力的较量为基本形式，而且经常通过多种非武力斗争的形式进行较量，如经济斗争、政治斗争、科学技术方面的斗争和外交斗争等，以达到限制和削弱对手的目的。由于社会经济和科学技术的发展，不仅原子弹、氢弹杀伤破坏力巨大，而且高、精、尖的常规武器也有很大的杀伤破坏力，这就可能超过人类所能够忍受的限度，使武力发动者不得不有所顾忌。而各种非军事斗争形式，不仅有利于实现各方的战略企图，而且也容易被大多数人接受，其重要性和运用范围大有逐步增强的趋势。当前西方有的国家宣传“以小的风险取得大的利益”的理论，继续推行“冷战”政策，就是尽量以非武力的斗争形式来达到它的目的。另外，以武力为后盾，主要通过非武力手段进行较量，武力和非武力结合运用的威慑形式也越来越多地被一些国家所采用。所谓“威慑”，不是要进行武力和流血的战争，而是运用现有的武装力量和各种手段，发挥最大的影响力，给对方造成巨大的心理压力，使其不敢贸然动用武力。威慑形式主要是显示国防实力，这比使用武力有更大的意义。

4. 现代国防呈“消耗型”国防向“增值型”国防转变的趋势

所谓“增值型”国防，是相对传统意义上单纯消费型的社会部门而言的。国家在利用国防系统的整体发展过程中，除了完善保卫国家安全、维护国家利益的第一职能，并产生第一社会效益外，还能在较大范围内，在各个层次上对国防经济、政治、科技等方面的发展产生巨大的直接或间接的其他效益，从而实现“消耗型”国防向“增值型”国防转变。

以往的国防系统，在指导思想和战略上，强调的是迅速将经济力量转化成国防实力，致力于建立几乎封闭的国防系统。造成的结果是，国防系统是高投入、高消耗和低效益；国防投入只形成单一的战斗力，而不能转化成社会再生产的经济要素；国防经济与国民经济几乎脱节。在某种程度上讲，国防经济阻碍了国民经济的发展步伐。2015 年 3 月以来，军民融合发展上升为国家战略，要深入实施军民融合发展战略，努力开创强军兴军新局面。要把国防和军队现代化建设深深融入经济社会发展体系之中，全面推进经济、科技、教育、人才等各个领域的军民融合，在更广范围、更高层次、更深程度上把国防和军队现代化建设与经济社会发展结合起来，为实现国防和军队现代化提供丰厚的资源和可持续发展的后劲。要把国防和军队建设与改革规划纳入国家经济社会改革和发展总体规划，把国防科技和武器装备发展纳入国家科技创新体系，把重大国防设施和战场建设纳入国家基本建设体系，把军队人才基础知识素质培养纳入国民教育体系，把军队生活服务保障纳入社会服务保障体系，把国防动员纳入国家应急管理体系。这样才能使国防建设与经济社会建设同步设计、同步运筹、同步落实、同步推进，努力形成二者互为一体、相得益彰的融合格局。

三、当代中国国防精神

国防精神是一个国家或民族对待国防问题的观念、意志、精神状态以及心理活动诸因素的总和。它的内涵具有很强的历史性和时代性，它是社会发展的反映，它是阶级斗争的产物，它必须反映统治阶级的意志。国防精神是一个国家公民抵抗外侮，捍卫祖国独立和主权，维护国家尊严和安全的强烈意识。它是衡量一个民族生存能力的重要标志，也是构成一个国家综合国防实力的重要因素。在群雄并立、多极竞争的当今世界，一个国家和民族要真正在国际舞台上拥有更多的话语权和事务参与权，就必须通过强化全民国防观念来振奋民族精神，激发生存意识，增强国防的竞争实力，筑起牢不可破的国防精神防线。伟大革命先驱孙中山先生指出：“所谓固国家不以山溪之险，威天下不以兵革之利者，其道安在？精神为也。”

当代中国国防精神的主要内容如下：

1. 爱国主义精神

爱国主义是人民对祖国的一种浓厚的感情。它的基本内容是：具有强烈的民族自尊心、自豪感和自信心，坚定的共产主义信念，热爱社会主义制度，积极维护党的领导和人民民主专政，坚持国家利益高于一切，自觉地将个人的聪明才智无私地奉献给祖国，并在必要时做出包括生命在内的自我牺牲。这是当代中国爱国主义精神的最高境界。爱国主义是一种深厚的感情，一种对于自己生长的国土和民族所怀有的深切的依恋之情。这种感情在历史的长河中，经过千百年的凝聚，无数次的激发，最终被整个民族的社会心理所认同，升华为爱国意识，因而它又是一种道德力量，它对国家、民族的生存和发展具有不可估量的作用。

五大国防精神中，核心是爱国主义精神，其功能是维护国家安全、稳定，促进国家发展。爱国主义精神作为国防精神的核心，是广大民众爱国、护国、强国的意识和思想的体现，其功能正是使广大民众产生爱国、护国、强国的意识和思想，并将这种爱国、护国、强国的精神力量化为实际行动，从而维护国家安全、稳定，促进国家发展。

在近现代历史上，当中国遭到帝国主义列强的疯狂侵略，出现了亡国灭种的危机时，中华儿女的爱国主义精神越发激昂而不可动摇，越发显示出它的战斗锋芒和精神力量。从孙中山、黄兴、何子渊、邹容、秋瑾等资产阶级革命家到李大钊、毛泽东、周恩来、刘少奇、朱德、彭德怀、董必武等无产阶级革命家，都继承了中华民族“以天下为己任”的爱国主义优良传统，将振兴中华的责任置于肩上。

2. 崇勇尚武精神

崇勇尚武精神是民族对军事重视和推崇的一种积极的心理现象。它是国防精神的主要特征。其基本内容：一是军队平时要坚持以训练为中心，练就过硬的军事技能；战时奋勇杀敌，敢打必胜。二是无论在平时还是在战时，各级政府和人民都要积极支持军队完成各项任务，维护军威，优待军属，做好安置复退军人的工作。爱国拥军是中国人民在革命斗争中形成的光荣传统。人民军队永远不会忘记抗美援朝时常香玉为志愿军捐献战斗机的惊人之举，今天的燕赵大地又出现了“刘金鱼现象”。三是全体公民要自觉按照宪法和有关法规履行服兵役、参加军训、保护国防设施等国防义务，积极参加国防建设和斗争。四是广大军民要发扬革命英雄主义精神。这是尚武精神的最高境界。它的实质就是为了祖国的利益不怕苦、不怕死，赴汤蹈火、勇往直前的忘我的牺牲精神。飞夺泸定桥的勇士、狼牙山五壮士、董存瑞的英雄事迹等都树立了发扬革命英雄主义精神的光辉榜样。

3. 艰苦奋斗精神

艰苦奋斗精神既是无产阶级的本色，也是国防精神不可或缺的组成部分。无论是进行国防建设还是进行国防斗争，都要发扬艰苦奋斗的精神。首先要树立无产阶级的苦乐生死观。无产阶级的苦乐生死观是：为了祖国和人民的利益而吃苦乃至献身，是一种高尚的行为，苦得其所，死得光荣。“亏了我一个，幸福亿万人”就是对无产阶级苦乐生死观的生动概括。其次要有吃苦耐劳的作风。发扬艰苦奋斗的精神，不仅要有正确的苦乐生死观，而且要有真正能吃大苦耐大劳的硬骨头作风。国防领域特别是国防斗争充满着艰难困苦与险阻，没有吃苦耐劳的作风是不可能取得胜利的，甚至会造成无谓的牺牲。中国工农红军能够长征到达陕北，与其特别能吃苦的作风是分不开的。“南京路上好八连”“鼓浪屿好八连”等是发扬红军吃苦耐劳作风的典范。第三要有革命的乐观主义精神。所谓革命的乐观主义精神，就是在建设祖国和保卫祖国的征途上，不管遇到什么困难和危险，始终对正义的事业抱着必胜的信心。革命烈士夏明翰面对敌人的屠刀，英勇不屈，视死如归，毅然写下了《就义诗》：“砍头不要紧，只要主义真。杀了夏明翰，还有后来人。”

4. 革命英雄主义

革命英雄主义是无产阶级和劳动人民在改造自然、改造社会的长期革命斗争实践中产生的，为人类生存发展和正义事业而奋斗的思想意识。它是国防精神的重要内容，是爱国主义与崇勇尚武精神相结合的必然产物和集中体现。主要体现为：勇于献身的高尚品质，战胜困难的坚强意志，宁死不屈的民族气节，勇敢顽强的革命气概，争先创优的进取精神，朝气蓬勃的革命乐观主义精神。

中华民族历来有“位卑未敢忘忧国”的爱国主义传统。在新的历史时期，我党要求全民族积极加强以爱国主义为核心的国防教育，弘扬和强化全民国防精神意识。这是治国安邦、振兴中华的重大战略举措。

5. 国际主义精神

“国际主义”这个概念和思想最早是由科学社会主义的创始人马克思和恩格斯提出来的。“工人没有祖国”“全世界无产者联合起来”这两个著名的论断就集中地体现了国际主义的思想。国际无产阶级团结起来反对国际资本主义，建立无产阶级专政，实现共产主义，这就是国际主义的核心内容。国际主义精神更是一种和平的精神，是一种有针对性的、理智的精神。它能使人明辨是非，使人明白该如何宽容他人，该宽容怎样的人。在新的历史时期，我国坚持的国际主义精神主要是通过各种渠道的联系，同一切致力于和平与发展的力量一起，支持一切维护世界和平和争取社会进步的事业，以利于争取较长时间的和平国际环境，建立国际经济、政治新秩序。这是当代世界要求我们必须具有的认识境界，必须具有的责任和义务。

第二节　中国国防

中国作为人类文明古国之一，国防历史悠久，源远流长，早在公元前 21 世纪就产生了，至今已有五千多年的历史。由于时代性、历史性、社会性的差异，中国的国防可以分为古代国防、近代国防和现代国防几个时期，也可以分为奴隶社会国防、封建社会国防、半殖民地半封建社会国防和中华人民共和国成立后的国防等几个时期。不同时期，国防的内涵不同。

一、古代国防

我国古代国防是指从公元前 21 世纪夏王朝的建立到 1840 年鸦片战争爆发，共经历了近四千年的漫长历史时期。其间，中华民族经历了无数次战争的锤炼，形成了强大的民族凝聚力，培育出了自强不息、前仆后继、不畏强暴、卫国御敌的尚武精神，最终成为一个多民族的大疆域国家。

1. 古代的国防政策和国防理论

大约在公元前 21 世纪，中国古代社会开始由原始氏族公社制社会进入奴隶制社会，出现了国家。从此，作为抵御外来侵犯和征伐别国的武备——国防的雏形便产生了。在随后的几千年征战中，为保家卫国，逐渐形成了我国古代的国防政策和国防理论。

春秋战国时期，由于各诸侯国之间连年征战，国防观念迅速得到强化。虽然当时的诸子百家在政治和哲学主张方面各呈异彩，但在国防方面却达成一致，形成了诸如“义战却不非战”“非攻兼爱却不非诛”“足食足兵”“以正治国，以奇用兵”“富国强兵”“文武相济”“尚战、善战、慎战”“不战而屈人之兵”等思想，表明春秋战国时期各国对武装和国防的重视，而且国防思想已经上升到理论的高度，全面奠定了古代军事思想的基础，标志着我国古代军事思想在这个时期已经基本成熟。主要体现在以下几个方面：军事学术极为活跃。现存最早、影响最深的奠基之作《孙子兵法》，就是这个时期的杰出代表作。其他影响较大的还有《吴子兵法》《孙膑兵法》《司马法》《尉缭子》《六韬》等十多部军事理论著作。在几千年的军事历史中一直被视为兵学经典的七部著作中，就有五部产生于这个时期。诸子百家的大量军事论述，共同形成了我国军事学术史上的第一个高峰，为我国国防理论建设打下了坚实的基础。在此基础上也形成了较为完整的战争观，并提出了普遍的战争指导原则，如孙子的“知彼知己，百战不殆”“示战先算”“伐谋伐交，不战而胜”“以智使力”等。这些指导原则概括精辟，现在仍具有极为重要的指导意义。同时，总结出了一整套治军方法，形成了比较合理的军队编制结构；重视改善武器装备，研制出了种类繁多的兵器装备；明确提出把军队的教育训练当作治军的首要任务，以此来提高军队的素质。

历史进入秦、汉、隋、唐、五代时期，中国国防建设有了进一步的发展。公元前230年至前221年，秦国经过十年的统一战争，先后兼并六国，结束了历史上的长期分裂局面，第一次建立起中央集权的封建国家，标志着中国封建社会进入一个新的历史阶段。随后的汉、唐两代是中国封建社会的盛世，军事上也处于开疆拓土的鼎盛时期。至公元10世纪中叶的近1300年间，中国古代国防政策和国防理论得到进一步的丰富和发展。主要表现在以下几个方面：开始全面整理兵书，初步形成古代军事学术体系。通过三次大规模的整理，形成了研究军事战略的“兵权谋”，研究战役、战术的“兵形势”，研究军事天文、气象的“兵阴阳”，研究兵器、装备的制造和运用技巧的“兵技巧”，共四大类，构成一个较为完整的军事学术体系。另外，战略思想趋于成熟，战略防御思想得到进一步完善。

宋朝至清朝前期，是中国封建地主阶级没落时期，军事上则进入冷、热兵器并用时代，因此，国防政策和国防理论上也有了相当的发展。武学开始纳入国家教育体系。北宋初期采用了以文制武，将中从御，结果导致重文轻武，国防衰落。宋仁宗时期，开办了“武学”，后又设武举，为军队培养、选拔了大批军事人才，同时也繁荣了军事学术。明清两朝将武举推向更深层次，甚至出现了文人谈兵、武人弄文的局面，大量军事著作面世，军事思想研究向体系化发展。

从总体上说，我国古代国防理论主要有“以民为体”“居安思危”的国防指导思想，“富国强兵”“寓兵于农”的国防建设思想，“爱国教战”“崇尚武德”的国防教育思想，“不战而胜”“安国全军”的国防斗争策略等。在这些思想和策略的指导下，华夏大地消除了无数次外敌入侵带来的战祸，为中华民族的繁衍生息和国家的发展提供了基本的生存条件，甚至在国防上曾出现过“中国既安，四夷自服”的辉煌。

2. 古代的兵制建设

兵制即我们常说的军事制度，也称军制，是国家或政治集团组织、管理、维持、储备和发展军事力量的制度。我国古代的兵制建设主要包括军事领导体制、武装力量体制和兵役制度等内容。

在军事领导体制上，夏、商、西周时期，一般由国王亲自掌握和指挥军队，没有形成专门的军事领导机构。春秋末期，实现将相分权治国，以将（将军）为主组成军事指挥机构。战国时期，将军开始独立统兵作战。秦国一统天下之后，设立了专门管理军事的机构，太尉为最高的军事行政长官。隋朝设立了三省六部制，设兵部专门主管军事。宋朝则设置枢密院作为军事领导的最高机构，主官由文官担任，主要目的是防止“权将”拥兵自重。枢密院有权调兵却无权指挥，将军有权指挥却无权调兵，形成枢密院和将军相互牵制的局面。各朝代在军事领导体制方面的做法虽各有千秋，但皇权至上，军队的最终调拨使用大权始终是掌握在皇帝手中的。

在武装力量体制上，秦朝之前武装力量结构单一，一个国家通常只有一支军队。从秦朝开始，国家的政治制度逐渐完善，生产力不断发展，各个朝代根据国家的状况和国防的需要以及驻防地区和担负任务的具体情况，将军队区分为中央军、地方军和边防军三种，并对军队的编制体制、屯田戍边、兵役军赋、军队调动、军需补给、驿站通道、军械制造和配发等都做了具体的规定，且以法律的形式颁布执行，如唐代的《卫禁律》和《军防令》等。

在兵役制度上，随着各个历史时期的政治、经济、人口状况和军事需要而发展变化。奴隶社会时期，生产力低下，人口稀少，战争规模小，主要实行兵民合一的民军制度。封建社会时期，民军制度逐渐演变为与当时历史条件相适应的兵役制度，如秦汉时期的征兵制、三国两晋南北朝时期的世兵制、隋唐时期的府兵制、宋朝的募兵制、明朝的卫所兵役制等。

3. 古代的国防工程建设

我国古代为抵御外敌的侵犯，巩固边海防，修筑了数量众多、规模庞大的国防工程，如城池、长城、京杭运河以及海防要塞等。

我国古代国防工程建设中，城池的建设时间最早、数量最多。城池建设最早始于商代，随后，城池建设规模不断扩大，结构日益完善，一直延续到近代。因此，在我国古代战争中，城池的攻守作战成为主要的样式之一。

长城是城池建设的延伸和发展。春秋战国时期长城的建筑已经开始，秦始皇统一六国之后，为了巩固国防，防御北方匈奴的南侵，于公元前 214 年开始将秦、赵、燕三国北部的长城连为一个整体，形成西起临洮（今甘肃岷县），北傍阴山，东至辽东的宏伟工程。后经各朝代多次修建连接，至明代形成了西起嘉峪关，东至山海关，全长 12700 余里的万里长城。

京杭大运河是我国古代兴建的伟大水利工程。隋炀帝时期，征调大量人力、物力，将原有的河道拓宽并连贯，形成北起通州（今北京通州区），南至杭州，全长 1794 公里的大运河，把南北许多州县连成一线，成为军事交通和“南粮北运”的大动脉，具有重大的军事和经济作用。

古代海防建设是从明朝开始的。14 世纪，倭寇频繁袭扰我沿海地区，明朝在沿海重要地段陆续修建了以卫城、新城为骨干，水陆寨、营堡、墩、台、烽堠等相结合的海防工程体系，对抗击倭寇的入侵起到了重要作用。

4. 古代国防的兴衰

古代国防的兴衰是与各朝代的政治、经济、军事状况密切相关的。纵观我国几千年的国防史，我们不难发现，当统治阶级处于上升时期，政治开明，经济繁荣，军事强大，民族团结，国家统一的时候，国防就强盛；当统治阶级走下坡路，政治腐败，经济衰落，军事孱弱，民族分裂，国内混乱的时候，国防就削弱，甚至崩溃。从整个历史来看，我国古代前期，即从春秋战国到秦汉，再到盛唐，国防日益发展，不断强盛。其后期，即从中唐到两宋，再到晚清，国防日趋衰败，以至于一触即溃，不可收拾。其间，虽然盛唐之前有两晋的糜烂，中唐以后有明清中前期的振作，但从整体上看，我国古代国防事业的基本发展趋势是由弱到强，再从强盛走向衰落。

从汉、唐、明、清等几个大的历史朝代看，国防事业也都是由兴而盛，由盛及衰。其间固然不乏极盛之前的短暂衰落，衰败之后的一时复兴，但终其一朝，由盛及衰的基本趋势没有改变。

二、近代国防

我国近代的国防是孱弱、衰败和屈辱的。1840 年西方殖民主义者凭借船坚炮利的优势，攻破了清王朝紧锁的厚重国门，对中华民族实行残酷的殖民统治。在西方殖民主义者的侵略面前，腐朽的统治者奉行的国防指导思想却是“居安思奢”“卖国求荣”；执行的国防建设思想乃是“以军压民”“贫国臃兵”；倡导的国防教育思想却是“愚兵牧民”“莫谈国事”；制定的国防斗争策略甚至是“不战而败”“攘外必先安内”。其结果是有国无防，国家沦为半殖民地半封建社会，人民惨遭蹂躏和屠杀。

1. 清朝后期的国防

1644 年，清军大举入关，问鼎中原，最终建立清王朝。从顺治开始，经康熙、雍正、乾隆和嘉庆五代，前后近两百年是清朝的兴盛时期。但是经过“康乾盛世”之后，政治日趋腐败，国防日益疲弱。1840 年鸦片战争爆发，西方殖民主义者大举入侵，从此清王朝一蹶不振，江河日下，有国无防，内乱丛生，外患不息，逐步沦为半殖民地半封建社会。

（1）清朝的武备

清朝的武备包括军事领导体制、武装力量体制和兵役制度等方面。

在军事领导体制方面，1840 年以前，清王朝先后设立了议政王大臣会议、兵部和军机处，作为高层军事决策和统率机构。鸦片战争后，开始实施“洋务新政”，成立了总理衙门。八国联军入侵中国后，清朝统治者深感军备落后，试图通过改革军制来强军安国，于是改总理衙门为外务部，撤销原有的兵部，成立陆军部。

在武装力量体制方面，清军入关之前，军队是八旗兵；入关后为弥补兵力的不足，将投降的明军和新招募的汉人单独编组，成立了绿营；1851 年以后，为了镇压太平天国运动，咸丰帝号召各地乡绅编练乡勇，湘军和淮军逐渐成为清军的主力；中日甲午战争之后，开始编练新军。

在兵役制度方面，八旗兵实行的是兵民合一的民军制。清王朝规定：所有十六岁以上的满族男子都是兵丁，不满十六岁的则编为养育兵，作为后备兵源。绿营兵虽是招募而来，但入伍后即编入兵籍，其家属随营居住，实际上是职业兵，直到年满五十岁才解除兵籍。湘军和淮军是由地方乡勇逐渐发展起来的。太平天国运动被镇压后，湘军和淮军取代八旗兵和绿营兵，成为清军的主力。中日甲午战争中，湘军和淮军大部分溃散，清王朝开始“仿用西法，编练新兵”。新军采用招募制，在入伍的年龄、体格及识字程度方面均有比较严格的要求。

（2）清朝的疆域和边海防建设

清朝初期重视边海防建设。在同国内割据势力的斗争中，制止了分裂，促进了国内各民族的团结，维护了国家的统一；在与外部侵略势力的斗争中，捍卫了国家的领土和主权。这一时期疆域西到今巴尔喀什湖，楚河、塔拉斯河流域，帕米尔高原；北到戈尔诺阿尔泰、萨彦岭；东北到外兴安岭、鄂霍次克海；东面到海，包括台湾及其附属岛屿；南到南海诸岛；西南到广西、云南、西藏，包括拉达克，建立了一个空前统一、疆域辽阔的多民族的封建专制国家。从道光年间开始，政治日益腐败，边海防逐渐废弛。清军的精锐北洋水师“日久玩生，弁兵于操驾事宜全不练习，遇敌之时雇佣舵工，名为舟师，不谙水务”(《清史稿》)。边防废弛，海防要塞火炮年久失修，技术性能落后，炮弹威力很小，而且射程相当近。西方殖民主义者乘虚而入，以坚船利炮打开了中国封闭的国门。19 世纪中叶以后，香港、澳门、台湾、澎湖被英、葡、日占领，东北乌苏里江以东、黑龙江以北及西北地区今国界以外的广大地域被沙俄侵占，帕米尔地区被俄、英瓜分，拉达克则被英属克什米尔吞并。

（3）五次对外战争

1840 年，英帝国主义以清王朝禁烟为由，对中国发动了战争，史称鸦片战争。1842 年，战败的清王朝被迫在英国的军舰上签订了中国历史上第一个丧权辱国的不平等条约——中英《南京条约》。中国的领土和主权遭到破坏，开始沦为半殖民地半封建社会。

1856—1860 年，英国不满足于已获得的利益，联合法国，分别以“亚罗号事件”和“西林教案”为借口，对中国发动了第二次鸦片战争。战败的清王朝被迫与英国签订了中英《天津条约》，与法国签订了中法《北京条约》。此时的沙俄趁火打劫，强迫清政府签订了中俄《瑷珲条约》。中国的领土和主权进一步遭到破坏，半殖民地程度加深。19 世纪 80 年代初，法国殖民主义者在完全占领越南后，开始觊觎我国西南地区。1884 年至 1885 年中法交战。爱国将领冯子材率领的清军奋勇杀敌，在刘永福黑旗军的配合下痛击法军，取得了镇南关大捷，由此导致法国茹费里内阁的倒台。但是腐败的清政府却一味苟且偷安，李鸿章认为法国船坚炮利，强大无敌，中国即便一时而胜，难保终久不败，不如趁胜议和。因此，清政府和法国签订了《中法新约》，将广西和云南两省的部分权益出卖给了法国，使中国不败而败，法国不胜而胜。清政府的腐败无能暴露无遗。

1895 年，日本以清朝出兵朝鲜为由发动了甲午战争。北洋水师全军覆没，清政府被迫与日本签订了《马关条约》。中国被进一步肢解，半殖民地程度加深，民族危机加剧。

1900 年，英国、美国、德国、法国、俄国、日本、意大利、奥匈帝国，以保护在华侨民“利益”为借口，组成联军，发动侵华战争。战败的清政府被迫与八国签订了《辛丑条约》。这个条约从政治、经济、军事各方面都扩大和加深了帝国主义对中国的统治，并表明清政府已完全成为帝国主义统治中国的工具。中国完全沦为半殖民地半封建社会。

从 1840 年鸦片战争到 1911 年辛亥革命这 70 多年间，清政府与列强签订了大大小小数百个不平等条约，割让领土近 160 万平方公里，共赔款 2700 万元，白银 7 亿多两（不含利息）。如把利息计算进去，仅《辛丑条约》中规定的“庚子赔款”本息就达九亿八千多万两。当时，在 18 万多公里的海岸线上，大清帝国竟找不到自己享有主权的港口。国家有海无防，有边不固，绝大部分中国领土成了帝国主义的势力范围：俄国在长城以北；英国在长江流域；日本在台湾、福建；德国在山东；法国在云南。中华民族美丽富饶的国土被蹂躏得支离破碎。

2. 民国时期的国防

1911 年爆发的辛亥革命，虽然推翻了清朝的统治，彻底废除了封建专制制度，建立了中华民国，但并没有改变中国任人宰割的历史。帝国主义通过扶植各派军阀作为自己的代理人，加紧对中国的控制和掠夺；各派军阀争权夺利，混战不已。中国依然是有边不固，有海无防，人民有家难安。

（1）军阀混战与中华民族的觉醒

1911 年的辛亥革命，终于推翻了几千年的封建统治，但由于革命的不彻底，仍没有使中国摆脱半殖民地半封建的状况，帝国主义依然在华夏大地上横行无忌，他们为维护其在华利益，纷纷扶植自己的代理人：先有袁世凯称帝，后是张勋复辟，各派军阀以帝国主义为靠山，割据称雄，混战不休。直、皖、奉三大派系军阀先后窃取中央政权，贿选国会议员和总统，出卖国家和民族利益。“二十一条”的签订和“巴黎和会”中国外交的失败，充分暴露出北洋政府的腐败无能，使中国面临被帝国主义进一步瓜分的命运，激起了中华民族同仇敌忾、共御外侮的决心和勇气。以五四运动为标志，中国反帝反封建的资产阶级民主革命发展到新阶段。1921 年 7 月，中国共产党的成立把中国人民的救亡图存斗争推向新的阶段，中国工人阶级开始以自觉的姿态登上了历史舞台。

（2）日本的入侵及中国人民的抗战

1931 年 9 月 18 日，日本悍然发动了“九一八事变”。面对日本帝国主义的野蛮侵略，蒋介石却奉行“攘外必先安内”的方针，一味奉行不抵抗政策，出卖民族利益，使东北大片国土迅速沦陷。1937 年 7 月 7 日，日本发动“卢沟桥事变”，进一步扩大了对中国的侵略，中华民族到了生死存亡的紧要关头。中国共产党高举团结抗日的旗帜，肩负起救民族于危难的神圣使命，领导全国各族人民进行了艰苦卓绝的十四年抗战，终于取得了中国近代历史上第一次抗击外敌侵略的完全胜利。

（3）解放战争及中华人民共和国的成立

抗日战争胜利后，中国人民迫切需要一个和平安全的休养生息的环境，中国共产党顺民心，从民愿，不计前嫌，准备与国民党第三次携手，合作建国，但蒋介石背信弃义，妄图消灭中国共产党及其领导的军队，经过四年的解放战争，中国人民终于推翻了国民党统治，结束了一百多年来中华民族有国无防的屈辱历史。

三、现代国防

新中国国防大体经历了四个发展阶段：

第一阶段，初创时期（1949 年年底至 1953 年）。

这一时期，新中国处在外御帝国主义侵略，内治战争创伤和恢复经济时期。国防建设主要完成了三个方面的任务：一是解放了全国大陆和大部分沿海岛屿，肃清了大陆上国民党的残余武装，平息了匪患，建立了边防和守备部队，加强了海边防的守卫。二是取得了抗美援朝战争的胜利。三是建立健全了统一的军事领导机构和军事制度，建立了全军的领导机关和各级领导机构，加强了对全国武装力量的领导；建立了一支初具规模的海军、空军和各兵种部队，逐步开始从单一陆军向诸军兵种全面建设过渡；建立了 100 余所军事院校，为国防建设培养了大批现代化建设人才；统一了军队编制体制；建立了各项规章制度。

第二阶段，全面建设时期（1953 年至 1966 年）。

这一阶段是我国国防现代化建设突飞猛进的重大时期。1953 年 12 月召开的全国军事系统党的高级干部会议是军队建设和国防建设的一个里程碑。这次会议确定了我国国防建设的主要任务：防御帝国主义侵略，保卫社会主义建设，保卫亚洲与世界和平。还制定了“积极防御”的战略方针，提出了实现国防现代化的重大战略措施，包括：精简军队，压缩国防开支，加速发展工业，为国防现代化打基础；加强国防工程建设，在沿海、边防和纵深要地建设防御工程体系；实行义务兵、军官薪金、军衔三大制度；大办军事院校，重新划分战区，完善战略、战役指挥体系；加强动员准备，建立各级动员机构和动员制度。这些重大措施有力地促进了我国国防现代化建设的全面发展，初步形成了具有中国特色的国防体系。经过十年艰苦努力，我国国防科技工业体系基本建立，常规武器基本实现国产化，某些领域已接近当时的世界先进水平，并成功地爆炸了第一颗原子弹。

第三阶段，曲折中发展时期（1966 年 5 月至 1978 年）。

“文化大革命”期间，国防和军队建设尽管遭到了严重干扰和破坏，但毛泽东、周恩来等国家主要领导人仍然警觉地注意维护我国的安全，保持了军队的稳定，顶住了国际霸权主义的压力。同时对发展国防尖端技术始终没有放松，成功地进行了地地导弹核武器试验和地下核试验，第一颗氢弹爆炸成功，第一颗人造卫星发射成功，极大地增强了国防实力。

第四阶段，现代化建设新时期（1978 年 12 月至今）。

在具有伟大历史意义的十一届三中全会上，邓小平同志根据国际形势的不断缓和，特别是世界和平力量的增长，提出了“和平与发展”是当今世界两大主题的观点，从而确定全党工作的重点和国防建设指导思想实行战略性转变。在这一正确指导思想的指引下，我军现代条件下的作战能力有了新的提高，军队建设和国防建设逐步走上了健康发展的轨道。江泽民同志主持中央军委工作后，继承毛泽东军事思想和邓小平新时期军队建设思想，着眼时代特点，根据历史条件和我国安全环境的发展变化，紧紧围绕“打得赢”和“不变质”这两个历史性任务，提出了把军事斗争准备的基点由应付一般条件下的局部战争转到打赢现代技术特别是高技术条件下的局部战争上来；实施科技强军战略，把加强质量建设作为实现我军现代化的基本指导方针，转变我军建设的发展模式，实现由数量规模型向质量效能型、人力密集型向科技密集型的根本转变；按照“五句话”（政治合格、军事过硬、作风优良、纪律严明、保障有力）的总要求，全面建设一支强大的现代化、正规化革命军队；国防建设与经济建设相互促进、协调发展；建设一个符合我国国情并反映时代特征的有中国特色的现代化国防。胡锦涛同志主持中央军委工作以来，针对新时期军队建设的历史任务进一步明确指出，军队要为巩固执政党的地位提供力量保证，为维护国家重要战略机遇期提供安全保证，为国家利益拓展提供强有力支撑，为维护世界和平、促进共同发展发挥重要作用。在全国人大十届五次会议上，胡锦涛同志进一步强调，按照科学发展观要求推动部队建设又好又快发展，积极为构建社会主义和谐社会贡献力量。党的十八大以来，强军兴军开创新局面，围绕国防和军队改革，军委主席习近平主持召开了多次军队会议，多次深入解放军、军队院校和武警部队进行视察，系统总结了我们党建军治军的成功经验，提出建设一支“听党指挥、能打胜仗、作风优良”的人民军队的强军目标，着眼于实现中国梦强军梦，制定新形势下军事战略方针，全力推进国防和军队现代化。召开古田全军政治工作会议，恢复和发扬我党我军光荣传统和优良作风，人民军队政治生态得到有效治理。国防和军队改革取得历史性突破，形成军委管总、战区主战、军种主建的新格局，人民军队的组织架构和力量体系实现革命性重塑。加强练兵备战，有效遂行海上维权、反恐维稳、抢险救灾、国际维和、亚丁湾护航、人道主义救援等重大任务，武器装备加快发展，军事斗争准备取得重大进展。人民军队在中国特色强军之路上迈出坚定步伐。

四、中国国防的历史启示

我国四千多年的国防历史，有过声威远播、天下归附的武功，有过遍体鳞伤、不堪回首的屈辱，也有过抗敌卫国的巨大胜利。在建设具有中国特色的社会主义征途中，重温这一漫长的国防历史可以从中得到有益的启示。

1. 经济发展是国防强大的基础

经济是国防的物质基础，国防强大依赖经济发展，这是我国国防历史给予我们的深刻启示。早在春秋战国时期，统治者就认识到国富才能兵强，自强方可自立，无不把发展经济作为巩固国防、争夺霸权的重要措施。春秋时期，晋国还是一个弱小的国家，晋文公执政后，通过整顿内政、发展经济、扩充军队等一系列的综合治理，使晋国实力急剧膨胀，有“晋国天下莫强”的声威，先后兼并二十余国，一跃而成为中原霸主。秦国重用商鞅进行变法，推行了“开阡陌”“废井田”等一系列土地改革措施，极大地解放了生产力，促进了经济的发展，对秦军南征百越、北逐匈奴，最终吞并六国、完成统一大业起到了重要作用。唐朝由“贞观之治”达到封建社会的鼎盛时期，更是当时统治者注重发展经济的结果。与此相反，各朝各代衰落、灭亡，遭受外敌的入侵而不能自保，几乎毫无例外是由于政治腐败与经济落后，结果动摇了国防的根基。由此可见，只有经济强盛，才能有强大的国防，才能有政权的稳固、国家的安全。

2. 政治昌明是国防巩固的根本

国家政策的正确与否，直接关系到国防的兴衰。只有政治昌明，才能有巩固的国防。这是国防历史给我们提供的又一深刻启示。早在春秋战国时期，各诸侯国就十分注意修明政治，变法图强，把尊贤厚士、举贤任能、选拔优秀人才治理国家作为强国的根本大计。汉高祖得天下后，实行“文武”政策，建立法制，修明政治。此后，文帝、景帝至武帝，都实行比较开明的治国之策。国力的昌盛为西汉长达两百多年的基本安定奠定了基础。相反，秦朝实行暴政，激起农民起义，终至推翻秦始皇梦想千秋万代、子孙相继的基业；宋朝由于机构臃肿，官员奢侈腐化，国力衰竭不堪，无力抵抗外侵，终为元兵所灭亡；明朝由于皇帝昏庸、宦官专政、结党营私，始被起义军所败，后又为清兵所亡。特别是近代中国，由于清政府政治日趋腐朽，国防日益虚弱，面对列强入侵屡战屡败，乞降求和，割地赔款，使国家遭受了奇耻大辱，将中国人民带进了苦难的深渊。

总之，王朝的更替、近代中国的百年国耻都深刻地告诉我们，政治昌明是国防巩固的基础，是国家长治久安的根本保证。

3. 科技进步是国防强大的保证

落后就要挨打，这是近代中国历史得出的深刻教训。近代以来，在世界范围内先后发生过几次军事革命，它们与中华民族的兴衰荣辱有着密切的联系。第一次军事革命发生在 16 世纪至 17 世纪的欧洲，从此宣告了火器时代的到来，步兵成为新的主角。18 世纪后期至 19 世纪初期，近代第二次军事革命在欧洲和北美风起云涌，火枪和火炮在战场上开始亮相并发挥出十分强大的威力。近代第三次军事革命发生在 19 世纪后半期至 20 世纪初的欧洲、北美和东亚，后装枪炮取代前装枪炮，无烟火药取代黑色火药，蒸汽舰船取代木制帆船。这几次军事革命都与中国擦肩而过。保守而高傲的中国封建帝王视新的军事技术和制度为“蛮夷小技”，宁愿谨守传统，而不愿进行积极的改革。随后，西方列强正是利用军事革命的成果——坚船利炮打开了中国的大门。在内忧外患下，中国被迫参与了第三次军事革命。但是，受观念和制度的限制，当时的变革只触及皮毛，不具备军事革命的本质属性，中国又一次成为军事革命的落伍者，并在与日本的竞争中败下阵来。

世界近代第四次军事革命发生在 20 世纪初至 20 世纪中叶，特别是以两次世界大战为中心，坦克、飞机、潜艇、航空母舰和化学武器等新兵器纷纷出现，战场从平面发展到立体，从二维发展到三维。而中国当时处在严重的内忧外患之中，中国的军事变革已很难跟着时代潮流做一种正规的运动。结果，中国人民走出了一条十分不寻常的道路，尽管最终取得了抗日战争的胜利，但中华民族所付出的牺牲也是巨大的。

近代以来的第五次军事革命，发生在 20 世纪中叶至 20 世纪 80 年代，又被称为“核时代”的军事革命。在这次军事革命中，新中国以一种积极的姿态，成为“弄潮儿”，在较短的时间里进入了核技术国家行列。

上述历史清晰地表明，一个国家科技是否进步，军事革命中是否有作为，将会对它的命运产生巨大的影响。在当前新技术革命和新军事变革中，中国别无选择，只有顺应潮流，奋起直追，积极创新，才能为民族复兴提供坚实的保障。

4. 国家的统一和民族的团结是国防强大的关键

我国国防史给我们的另一个重要启示，就是在外敌入侵、国家危亡的关头，只有国家统一、民族团结、共同抵抗，才能筑起一道坚固的国防长城，取得反侵略战争的胜利。

近代西方列强发动了对我国的一系列侵略战争，使中国逐渐沦为半殖民地半封建社会，山河破碎，有国无防。一个重要的原因是，清朝统治者不仅不发动和依靠广大人民进行反侵略的正义战争，反而认为“患不在外而在内”，甚至企图借外国侵略者之手消灭抗击侵略军的义和团。这样，尽管广大人民奋起反抗侵略者，但始终处于自发、分散的状态，缺乏统一指挥，没有形成一致对外的合力，无法改变战争的局面。

抗日战争时期，中国共产党主张全国军民团结起来，建立广泛的抗日民族统一战线，共同抵抗日寇侵略。同时，坚持人民战争的战略指导方针，放手发动群众，团结一切可以团结的力量共同抗击敌人。中国共产党领导的八路军、新四军挺进敌后，开辟了广阔的敌后抗日根据地，运用人民战争的战略战术，同全国军民一道有效地打击了日本侵略者，最后取得了抗日战争的全面胜利。

历史证明，国家的统一、民族的团结、全国军民一致抵抗侵略的精神和意志，才是国防真正的钢铁长城。

第三节 我国的国防法规

国防法规是为调整国防领域中各种社会关系而由国家制定或认可的法律规范的总称。国防法规对于人们的行为具有指引、评价、教育、预测、强制的功能，对于国防活动具有保证执政党和国家对国防的统一领导，保障国防现代化建设，巩固和提高武装力量战斗力，维护军队和军人合法权益等作用。在新形势下，在依法治国的大环境中，国防法规对于加强国防和武装力量建设，做好新时期军事斗争准备，发挥着越来越重要的作用。

一、国防法规概述

国防法规是国家法律体系的重要组成部分，是加强武装力量建设的基本法律依据，是调整国防领域中各种关系、依法治军、全面提高部队战斗力的重要保证，也是做好战争准备、赢得战争胜利的根本保障。

（一）国防法规的作用

1. 依法保证执政党对军队的绝对领导

军队是国家的柱石，是国防的骨干力量。党要对国防实行集中统一的领导，首先是确定对军队的绝对领导。保证党对军队的绝对领导，历来是我军组织领导和实施管理的最高原则。在我国，中国共产党是执政党，党对军队的领导和国家对军队的领导是一致的。

2. 有效地保障国防现代化建设

国防法规是规范和保障实现国防现代化的重要工具，是国家在人力、物力和财力方面加强国防建设的有效的调节器。因为国防现代化是一个涉及面广、体系庞大、内容完整的系统工程，它包括国防领导、国防管理、国防经济、国防科技、国防工业、国防教育、国防动员、国防资产、国防经费、全民防御等诸多方面的内容，而所有这些都需要国防法律规范进行调整。

3. 可以巩固和提高武装力量的战斗力

武装力量的战斗力是衡量国防建设的根本标准之一，通过依法管理的手段提高战斗力，已成为世界各个国家治军的大趋势。武装力量建设的法制程度，既是影响武装力量综合战斗力的内在因素，又是提高战斗力的保障因素。将武装力量的建设纳入法制轨道，有利于全面加强军事工作、政治工作、后勤工作、装备工作和作风纪律建设，使武装力量统一形成严密的组织、精干的指挥、高度的效能、严整的军容、严格的纪律和紧张活泼的作风。

4. 依法维护军队和军人的合法权益

国防法规可以从根本上解决军队和军人权益保护方面存在的问题，使军人权益保护工作走上制度化、规范化的轨道。依法维护军队和军人的合法权益，一是有利于军队革命化、现代化、正规化建设，增强军队的凝聚力和战斗力，激发广大官兵献身国防的热情；二是有利于增强全民的国防观念，提高全社会关心和爱护人民军队的意识，促进军民共建钢铁长城；三是有助于解除军人的后顾之忧，保持国家、军队和社会的稳定；四是适应社会主义市场经济发展的需要。

5. 有利于发展我国对外军事关系，提高国家和军队的国际地位

国防法规可以规范军队建设，提高军人素养，更有利于发展对外军事交往。对外军事交往有利于各国军队之间加深了解、增进友谊、加强合作和交流，对于消除误解、维护世界和平具有重要的意义。

（二）国防法规立法的权限

国防法规是由国家制定或认可的，并由国家强制力保证实施的行为规范。它是国家法律的重要组成部分，主要任务是调整和规范国家在国防领域中的各种社会关系。根据我国的立法体制，我国现行的国防法规可以分为五个层次：一是全国人民代表大会及其常务委员会制定颁布的法规；二是国务院、中央军委制定的行政法规；三是国务院各部委和中央军委、总部制定颁布的法规；四是各军兵种和战区制定的法规细则；五是各省、自治区、直辖市人大和政府制定的地方性规章。

（三）国防法规体系

国防法规体系是指由不同层次、不同门类的国防法律规范构成的相互联系、相互制约、和谐一致的有机整体。

1. 国防法规体系的层次

根据我国国防立法的权限和法律规范的效力等级，我国国防法规体系按纵向划分有五个层次。一是宪法中的国防条款。《中华人民共和国宪法》中的国防条款在国防法规体系中居于最高地位。它的主要内容包括：武装力量的领导体制、性质、任务、建设方针和活动的根本准则；军队在国家政治制度中的地位；公民在国防方面的基本权利和义务；国防建设的领导和管理体制；全国总动员、局部动员和宣布战争状态的制度；国家和社会对伤残军人及军人家属的优抚政策；军事审判机关和军事检察机关的设置；等等。二是基本国防法律。由全国人民代表大会制定，如《中华人民共和国国防法》《中华人民共和国兵役法》，以及《中华人民共和国刑法》分则中的第七章和第十章等。三是国防法律。由全国人民代表大会常务委员会制定，如《中华人民共和国国防教育法》《中华人民共和国人民防空法》《中华人民共和国军事设施保护法》等。四是国防法规。由中央军委制定的军事法规，如《中国

人民解放军内务条令》《中国人民解放军纪律条令》《中国人民解放军队列条令》等；由国务院单独制定或与中央军委联合制定的国防行政法规，如《中国人民解放军现役士兵服役条例》等。五是国防规章。包括中央军委各总部、各军兵种、各战区制定的军事规章，国务院各部委单独制定或与中央军委有关总部联合制定的国防行政规章，有立法权的地方权力机关和行政机关制定的地方性国防法规和规章。

2. 国防法规体系的内容

依据国防活动的领域，在横向关系上可以将国防法规体系划分为国防领导、武装力量建设、国防建设事业、军事刑事等方面的国防法律制度。

二、我国主要的国防法规

（一）《中华人民共和国国防法》

《中华人民共和国国防法》于 1997 年 3 月 14 日经第八届全国人民代表大会第五次会议通过，由 1997 年 3 月 14 日中华人民共和国主席令第八十四号公布施行，共 12 章 70 条。其主要内容包括：总则；国家机构的国防职权；武装力量；边防、海防和空防；国防科研生产和军事订货；国防经费和国防资产；国防教育；国防动员和战争状态；公民、组织的国防义务和权利；军人的义务和权益。《中华人民共和国国防法》是我国国防和军事领域的基本法律，是指导和规范国防和军队建设的基本依据。在制定《中华人民共和国国防法》的过程中，国务院、中央军委为起草《中华人民共和国国防法》提出了明确的指导思想。这就是：以毛泽东军事思想、邓小平同志建设中国特色社会主义理论和新时期军队建设的思想为指导方针，以《宪法》为依据，贯彻党中央、国务院、中央军委关于国防和军队建设的一系列指示精神，落实江泽民同志对新时期军队建设提出的“政治合格、军事过硬、作风优良、纪律严明、保障有力”的总要求，科学地总结我国国防建设的经验，充分体现社会主义市场经济条件下国防和军队建设的特点和规律，有选择地借鉴外国国防立法的经验和成果，立足现实，着眼发展。

《中华人民共和国国防法》的主要内容包括以下几方面：

（1）规定了国防建设的基本原则。如抵御外敌入侵，防止颠覆，维护国家安全；积极防御；独立自主；全民防卫；协调发展；统一领导等。

（2）规定了公民、国家机关、社会组织的国防义务和权利。如依法征兵；公民依法服兵役，自觉接受国防教育；相关企事业单位保质保量完成国防科研生产，接受国防军事订货等。

（3）规定了国防建设的基本制度。如兵役、人事、国防科技、国防动员、国防教育制度等。

（4）规定了国防领导体制及武装力量的构成、性质、宗旨、任务、建设目标等。

《中华人民共和国国防法》规范了我国国防建设的基本任务、基本方针和基本制度，反映了我国社会主义国防的性质和全民参与国防的特点，是一部具有中国特色、能够指导和规范国防和军队建设的重要法律。学习贯彻好《中华人民共和国国防法》，是各级组织和每个公民义不容辞的责任。

(二)《中华人民共和国兵役法》

《中华人民共和国兵役法》是国家关于公民参加军队和其他武装组织或在军队外接受军事训练的法律。《中华人民共和国兵役法》于1955年7月30日经全国人大一届二次会议通过并颁布实施。后来，《中华人民共和国兵役法》进行了几次修订。现行的《中华人民共和国兵役法》是2011年10月29日第十一届全国人民代表大会常务委员会第23次会议修订通过的，对我国现行的兵役制度，兵员的平时征集与战时动员，士兵与军官的现役和预备役，民兵、预备役人员的军事训练，高等院校和高级中学学生的军事训练，现役军人的优待和退出现役的安置，以及对违反兵役法规的惩处等，都做了明确规定。其主要内容包括以下几方面：

(1) 根据军队需要和本人自愿，可以征集当年12月31日以前年满17周岁未满18周岁的公民服现役。国家实行兵役登记制度。每年12月31日以前年满18周岁的男性公民都应当进行兵役登记。经兵役登记并初步审查合格的，称应征公民。

(2) 在征集期间，应征公民被征集服现役，同时被机关、团体、企业事业单位招收录用或者聘用的，应当优先履行服兵役义务。应征公民是维持家庭生活唯一劳动力的，可以缓征。

(3) 国家建立健全以扶持就业为主，自主就业、安排工作、退休、供养以及继续完成学业等多种方式相结合的士兵退出现役安置制度。义务兵退出现役，按照国家规定发给退役金，由安置地的县级以上地方人民政府接收，根据当地的实际情况，可以发给经济补助。

(4) 义务兵退出现役，报考公务员、应聘事业单位职位的，同等条件下应当优先录用或者聘用。机关、团体、企业事业单位有接收安置退出现役军人的义务，在招收录用工作人员或者聘用职工时，同等条件下应当优先招收录用退出现役军人。

《中华人民共和国兵役法》关于学生军事训练的具体规定："高等院校的学生在就学期间，必须接受基本的军事训练。根据国防建设的需要，对适合担任军官职务的学生，再进行短期集中训练，考核合格的经军事机关批准，服军官预备役。""高等院校设军事训练机构，配备军事教员，组织实施学生的军事训练。""高级中学和相当于高级中学的学校，配备军事教员，对学生实施军事训练。""高等院校和高级中学学生的军事训练，由教育部、国防部负责。教育部门和军事部门设学生军事训练的工作机构或者配备专人，承办学生军事训练工作。"

我国现行兵役法规定的兵役制度符合我国国情、民情、军情，它有利于部队兵员更新、保持兵员年轻化，有利于部队保留技术骨干、提高部队战斗力，有利于加强民兵建设，为在现代化条件下开展人民战争打下了基础，有利于健全预备役制度，提高战时快速动员能力。

（三）《中华人民共和国国防教育法》

《中华人民共和国国防教育法》于2001年4月28日由第九届全国人大常委会第二十一次会议通过。这是我国第一部全面调整和规范国防教育活动的法律。这部法律对普及和加强国防教育、增强公民的国防观念、激发人民群众的热情、促进国防建设和社会主义精神文明建设，具有十分重要的意义。它是我国进行国防教育活动的主要法律依据。

《中华人民共和国国防教育法》共有6章38条，主要内容包括以下几方面：

（1）总则。规定了国防教育的领导体制及国防教育的目的、意义和实施方针。

（2）学校国防教育。《中华人民共和国国防教育法》规定，高等院校、高级中学及相当于高级中学的学校应当将课堂教学与军事训练相结合，对学生进行国防教育。高等院校应当设置适当的国防教育课程，并在学生中开展多种形式的国防教育活动。

（3）社会国防教育。《中华人民共和国国防教育法》明确了国防教育的领导体制，对开展社会国防教育的机构、职责，以及国防教育的内容和方法等都做了规定。

（4）全民国防教育日。《中华人民共和国国防教育法》规定：国家设立全民国防教育日，每年9月份的第三个星期的星期六为全民国防教育日。

（5）国防教育的保障。《中华人民共和国国防教育法》对国防教育经费的筹集和使用、物资、场地、教育大纲、教材、教员等都做了规定。

（6）法律责任。《中华人民共和国国防教育法》对国防教育工作的责任问题做了明确规定。

（四）《中华人民共和国国防动员法》

国防动员是《中华人民共和国国防法》确立的一项国防基本制度，是维护国家安全与发展的战略措施。制定一部具有中国特色的国防动员法，依法加强国防动员建设，增强国防潜力，对于提升综合国力，维护国家安全和发展，具有十分重要的意义。

2010年2月26日，十一届全国人大常委会第十三次会议通过了《中华人民共和国国防动员法》。该法规定了国防动员的组织领导机构、预备役人员的储备与征召、战略物资的储备与调用、战争灾害的预防与救助等事项。该法规定，国家实行战争灾害的预防与救助制度，保护人民生命和财产安全，保障国防动员潜力和持续动员能力。战争灾害发生时，当地人民政府应当迅速启动应急救助机制，组织力量抢救伤员，安置灾民，保护财产，尽快消除战争灾害后果，恢复正常生产生活秩序。

三、公民的国防权利和义务

公民的国防权利，是指由国家宪法、法律赋予公民在国防活动中所享受的权益或资格。国家从法律上保障公民享有这种权利。公民的国防义务，是指宪法和法律规定的公民在国防活动中对国家必须履行的某种责任。这种责任是根据国家和人民的根本利益确定的，并由国家运用法律的强制力保证它的实现。

（一）公民的国防权利

根据《中华人民共和国国防法》的规定（以下简称《国防法》），我国公民有以下三种相对独立的国防权利。

1. 对国防建设提出建议的权利

《国防法》第54条规定："公民和组织有对国防建设提出建议的权利。"这一规定，是公民依据宪法享有的对国家事务的建议权在国防建设方面的体现。我国现行《宪法》规定："中华人民共和国公民对于任何国家机关和国家工作人员，有提出批评和建议的权利。""一切国家机关和国家工作人员必须依靠人民的支持，经常保持同人民的密切联系，倾听人民的意见和建议，接受人民的监督，努力为人民服务。"公民的批评建议权，是国家和社会监督权的形式之一，充分体现了我国人民当家做主的社会主义性质。在我们国家，人民是国家的主人，公民有权关心国防建设，有权对国防建设提出建议。

2. 制止、检举危害国防行为的权利

《国防法》第54条规定："公民和组织有对危害国防的行为进行制止或者检举的权利。"这一规定，是宪法关于公民有维护国家安全、荣誉和利益的义务和关于公民检举权规定在国防方面的体现。这一权利表现为两个方面：一方面，公民为维护国防利益，有权依法对危害国防的行为，即对行为人违反国家的有关法律、不履行国防义务、超越国防权利的界限、对国防利益造成破坏或侵害的行为，予以制止、检举。另一方面，要求国家对公民为维护国防利益而行使的制止、检举权予以支持和保护，并对所检举的危害国防利益的违法犯罪行为，查清事实，负责处理，绝不允许对检举人进行压制和打击报复；否则，将承担法律责任。

3. 在国防活动中因经济损失得到补偿的权利

《国防法》第55条规定："公民和组织因国防建设和军事活动在经济上受到直接损失的，可以依照国家有关规定取得补偿。"这一规定，体现了我国一切为了人民利益的社会主义的本质，既保护了公民的经济权利，又有利于鼓励公民依法积极参加国防建设和军事活动。但是，这种补偿，与公民在民事活动中享有的损害赔偿是不同的，它仅限于公民在国防活动中的直接经济损失，而不包括间接经济损失和非经济损失。同时，对直接经济损失的偿付，视情况可以是全部的，也可以是部分的。

（二）公民的国防义务

《国防法》规定我国公民的国防义务主要包括兵役义务，接受国防教育的义务，保护国防设施的义务，保守国防秘密的义务，支持国防建设、协助军事活动的义务等。

1. 兵役义务

《国防法》第50条第一款规定："依照法律服兵役和参加民兵组织是中华人民共和国公民的光荣义务。"《兵役法》第3条规定："中华人民共和国公民不分民族、种族、职业、家庭出身、宗教信仰和教育程度，都有义务依照本法的规定服兵役。"根据我国《兵役法》，公民履行兵役义务主要有三种形式：一是服现役。现役指公民自入伍之日起到退伍之日止，在军队中所服的兵役。这是公民履行兵役义务的一种主要形式。凡在中国人民解放军和中国人民武装警察部队服兵役的公民，称为现役军人。现役又包括军官的现役和士兵的现役。二是服预备役。预备役是公民在军队现役之外所服的兵役。我国预备役包括预备役部队、民兵组织和其他预备役人员。所以，服预备役，是指普通公民参加预备役部队，或参加民兵组织，或进行预备役登记。服预备役分为服士兵预备役和服军官预备役。三是参加军事训练，包括参加预备役人员的军事训练、普通高等学校和高级中学学生的军事训练。

2. 接受国防教育的义务

接受国防教育作为公民的一项义务，是指每一个公民都要按照国家的规定，通过一定的形式，接受国防教育，增强国防观念，并把它当作自己的光荣职责。具体地讲，我国公民有义务接受国防理论、军事知识、国防法制、国防历史、国防精神、国防体育等内容的教育。对拒绝接受国防教育的义务主体，要视情况追究法律责任。我国许多省、市的国防教育条例都明确规定：对不接受国防教育的重点对象，要进行批评教育；批评教育不改的，要强制其接受教育，或给予行政处分。

3. 保护国防设施的义务

国防设施是指国家直接用于国防目的的建筑、场地和设备。包括：军事指挥机关，地面和地下的军事指挥工程，作战工程，军用机场、港口、码头，部队营区、训练场、试验场，军用仓库，军用通信、侦察、导航、观测台站和测量、导航、助航标志，军用公路、铁路专用线，军用通信、输电线路，军用输油、输水管道，以及国务院和中央军委规定的其他国防设施。国防设施是国防的物质屏障，在战时，它是打击敌人、抵抗侵略的重要依托；在平时，它对敌对力量有威慑作用。根据国防设施的性质、作用、安全保密的需要和使用效能的特殊要求，可将国防设施分为三类：一是需要划定军事禁区予以保护的国防设施；二是需要划定军事管理区予以保护的国防设施；三是不便于划定保护区域，但同样需要采取有效措施予以保护的国防设施。我国公民对这三类国防设施要履行不同的保护义务。

4. 保守国防秘密的义务

国防秘密是指关系到国家防卫安全与利益，依照法定程序确定，在一定时间内或只限一定范围的人员知悉的军事或与军事有关的政治、经济、外交、科技、文化等方面的事项。根据我国《国防法》的规定，公民应当遵守保密规定，不得泄露国防方面的国家机密，不得非法持有国防方面的文件、资料和其他秘密物品。

5. 支持国防建设、协助军事活动的义务

根据我国《国防法》的规定，公民在支持国防建设、协助军事活动方面具有以下义务：一是支持国防建设，主要包括参与国防宣传，履行兵役义务，协助做好军人及其家属的优抚工作，促进军民团结等。二是为武装力量的军事训练、战备勤务、防卫作战等活动提供便利条件或者其他协助，主要包括根据需要，主动为武装力量使用档案、资料、设备、交通、通信、场地、建筑等提供方便，为武装力量执行任务的人员提供必需的饮食、住宿、医疗、卫生保障等。三是支前参战的义务，主要包括战时踊跃参军，配合部队作战，担负战时勤务，保卫重要目标等。

第四节　我国的国防建设与武装力量

中华人民共和国成立后，经过艰苦努力，国防建设取得了举世瞩目的成就。今天的中国之所以能巍然屹立在世界的东方，并享有很高的声誉，主要是因为政治上独立、经济上发展、国防不断强大。

一、国防领导体制

国防领导体制是指国防领导的组织体系及相应制度。它包括国防领导机构的设置、职权划分、相互关系等。它是国家政权组织形式和机构的重要组成部分。一般设有最高统帅、最高国防决策机构、国家行政机关中管理国防事务的部门、武装力量领导指挥系统。我国根据《中华人民共和国宪法》《中华人民共和国国防法》和有关法律，建立并逐步完善了国防领导体制，对国防活动实行高度集中统一的领导。

（一）国防领导体制的历史发展

中华人民共和国成立以来，为使国防领导体制适应国家政治、经济、科技的发展，特别是军事发展和保障国家安全的需要，多次对国防领导体制进行了调整和改革，国防领导体制在实践中不断发展和完善。

1949 年 10 月，中华人民共和国成立后，根据《中国人民政治协商会议共同纲领》和《中华人民共和国中央人民政府组织法》的规定，设立中央人民政府人民革命军事委员会，作为国家最高军事领导机关，统一管辖并指挥中国人民解放军及其他武装力量。人民革命军事委员会下设总参谋部、总政治部、总后勤部。

1954 年 9 月 20 日，第一届全国人民代表大会通过并颁布的《中华人民共和国宪法》规定：中华人民共和国主席统率全国武装力量，担任国防委员会主席，不再设立中央人民政府革命军事委员会。9 月 28 日，中共中央政治局在《关于成立党的军事委员会的决议》中指出，必须同过去一样，在中央政治局和书记处之下成立党的军事委员会，担负整个军事工作的领导职责。中央政治局、书记处和军事委员会有关军事工作的决定，可用军事委员会（简称军委）的名义由内部系统下达，其须公开发布的命令和指示，则用国务院或国防部的名义下达。同年10月11日，经中央书记处批准，原冠以“中央人民政府人民革命军事委员会”者，一律改称“中国人民解放军”，如“中央人民政府人民革命军事委员会总参谋部”改称“中国人民解放军总参谋部”等。

1958年7月以前，中共中央军事委员会领导下的人民解放军总部曾实行总参谋部、训练总监部、武装力量监察部、总政治部、总干部部、总后勤部、总财务部、总军械部等八大总部的体制。1958年7月，中共中央军委扩大会议通过的《关于改变组织体制的决议》规定：中央军委是中共中央的军事工作部门，是统一领导全军的统率机关，军委主席是全军统帅。国防部是军委对外的名称。军委决定的事项，凡需经国务院批准，或需用行政名义下达的，由国防部长签署。中央军委领导下的总部体制仍恢复总参谋部、总政治部、总后勤部三总部体制。1998年4月组建总装备部，在中央军委领导下，负责全军的装备工作。2016年1月，军委机关调整组建，按照军委管总、战区主战、军种主建的总原则，把总部制改为多部门制，由原来的总参谋部、总政治部、总后勤部、总装备部四个总部，改为军委办公厅、军委联合参谋部、军委政治工作部、军委后勤保障部、军委装备发展部、军委训练管理部、军委国防动员部、军委纪律检查委员会、军委政法委员会、军委科学技术委员会、军委战略规划办公室、军委改革和编制办公室、军委国际军事合作办公室、军委审计署、军委机关事务管理总局等十五个职能部门。

1975年和1978年通过的《中华人民共和国宪法》规定：中华人民共和国武装力量由中国共产党中央委员会主席统率，国家不再设国防委员会。1982年9月，第五届全国人民代表大会第五次会议通过的第四部《中华人民共和国宪法》规定，设立中华人民共和国中央军事委员会，领导全国的武装力量。中央军事委员会实行主席负责制，主席由全国人民代表大会选举或罢免，对全国人民代表大会和全国人民代表大会常务委员会负责。中共中央军事委员会继续存在，其职能与中华人民共和国中央军委完全相同。这表明中央军委同时有两个名称，一个是中共中央军委，一个是国家的中央军委，从而确立了党和国家高度集中统一地行使领导职权的国防领导体制。

（二）国防领导职权

根据《中华人民共和国宪法》和《中华人民共和国国防法》，中华人民共和国的国防领导职权由中共中央、全国人大及其常务委员会、国家主席、国务院、中央军委行使。

1. 中共中央的国防领导职权

中国共产党作为执政党，是领导中国社会主义事业的核心力量。中共中央在国家生活包括国防事务中发挥决定性的领导作用。有关国防、战争和军队建设的重大问题，都是由中共中央、中央军委、中央政治局及其常务委员会作出决策并通过必要的法定程序，作为党和国家的统一决策予以贯彻执行。

2. 全国人民代表大会及其常务委员会的国防职权

中华人民共和国全国人民代表大会是最高国家权力机关，它在国防方面的主要职权包括：决定战争与和平的问题；制定有关国防方面的基本法律；选举中央军事委员会主席，根据中央军事委员会主席的提名，决定中央军事委员会其他组成人员，并有权罢免以上人员；审查和批准包括国防建设计划在内的国民经济、社会发展计划和计划执行情况的报告；审查和批准包括国防经费预算在内的国家预算和预算执行情况的报告；改变或者撤销全国人民代表大会常务委员会在国防方面不适当的决定；应当由全国人民代表大会行使的国防方面的其他职权。

全国人民代表大会常务委员会在国防方面的职权主要有：在全国人民代表大会闭会期间，如果遇到国家遭受武装侵犯或者必须履行国际共同防止侵略的条约的情况，决定战争状态的宣布；决定全国总动员或者局部动员；制定国防方面的法律；在全国人民代表大会闭会期间，审查和批准包括国防建设计划在内的国民经济和社会发展计划，包括国防经费预算在内的国家预算在执行过程中所必须做的部分调整方案；监督中央军事委员会的工作；在全国人民代表大会闭会期间，根据中央军事委员会主席的提名，决定中央军事委员会其他组成人员的人选；根据最高人民法院院长和最高人民检察院检察长的提请，任免军事法院院长和军事检察院检察长；决定同外国缔结的有关国防方面的条约和重要协定的批准和废除；规定军人的衔级制度；规定和决定授予在国防方面国家的勋章和荣誉称号；全国人民代表大会授予的国防方面的其他职权。

3. 国家主席在国防方面的职权

中华人民共和国主席在国防方面的职权主要有：根据全国人民代表大会的决定和全国人民代表大会常务委员会的决定，宣布战争状态；根据全国人民代表大会的决定和全国人民代表大会常务委员会的决定，发布动员令；公布全国人民代表大会及其常务委员会制定的有关国防方面的法律；根据全国人民代表大会常务委员会的决定，授予在国防方面国家的勋章和荣誉称号；根据全国人民代表大会常务委员会的决定，批准和废除同外国缔结的有关国防方面的条约和重要协定。

4. 国务院在国防方面的职权

中华人民共和国国务院是最高国家权力机关的执行机关，是最高国家行政机关。它在国防方面的职权是领导和管理国防建设事业，包括：编制国防建设发展规划和计划；制定国防建设方面的方针、政策和行政法规；领导和管理国防科研生产；管理国防经费和国防资产；领导和管理国民经济动员工作和人民武装动员、人民防空、国防交通等方面的有关工作；领导和管理拥军优属工作和退出现役的军人安置工作；领导国防教育工作；与中央军事委员会共同领导中国人民武装警察部队、民兵的建设和征兵、预备役工作以及边防、海防、空防的管理工作；法律规定的与国防建设事业有关的其他职权。

5. 中央军事委员会在国防方面的职权

中华人民共和国中央军事委员会是中华人民共和国的最高军事决策和指挥机关，负责领导全国武装力量。其职权主要包括：统一指挥全国武装力量；决定军事战略和武装力量的作战方针；领导和管理中国人民解放军的建设，制订规划、计划并组织实施；向全国人民代表大会或者全国人民代表大会常务委员会提出议案；根据宪法和法律，制定军事法规，发布决定和命令；决定中国人民解放军的体制和编制，规定总部以及军区、军兵种和其他军区级单位的任务和职责；依照法律、军事法规的规定，任免、培训、考核和奖惩武装力量成员；批准武装力量的武器装备体制和武器装备发展规划、计划，协同国务院领导和管理国防科研生产；会同国务院管理国防经费和国防资产；法律规定的其他职权。中央军委实行主席负责制，中央军委主席即为全国武装力量的统帅。2016 年 1 月，军委机关调整组建，按照军委管总、战区主战、军种主建的总原则，把总部制改为多部门制，由原来的总参谋部、总政治部、总后勤部、总装备部四个总部，改为军委办公厅、军委联合参谋部、军委政治工作部、军委后勤保障部、军委装备发展部、军委训练管理部、军委国防动员部、军委纪律检查委员会、军委政法委员会、军委科学技术委员会、军委战略规划办公室、军委改革和编制办公室、军委国际军事合作办公室、军委审计署、军委机关事务管理总局等十五个职能部门。

6. 国家安全委员会在国防方面的职能

2013 年 11 月 12 日，中国共产党十八届三中全会公报提出："设立国家安全委员会，完善国家安全体制和国家安全战略，确保国家安全"。2014 年 1 月 24 日，中共中央政治局会议决定，中央国家安全委员会由习近平任主席，李克强、张德江任副主席，下设常务委员和委员若干名。国家安全委员会的设立有利于提高国家在面临各种安全危机和挑战时的应变能力，也代表着我国在捍卫国家安全和国家利益方面的决心与意志。设立国家安全委员会是维护外部安全的重要内容。国家安全委员会既有对内职能，也有对外职能，与国家的外部安全休戚相关，具有统筹国内和国际两个大局，整合对内对外事务的内外兼顾的特点。

2018 年 1 月 17 日，中央国家安全委员会主席习近平主持召开十九届中央国家安全委员会第一次会议并发表重要讲话。习近平指出，要加强党对国家安全工作的集中统一领导，正确把握当前国家安全形势，全面贯彻落实总体国家安全观，努力开创新时代国家安全工作新局面，为实现"两个一百年"奋斗目标和中华民族伟大复兴的中国梦提供牢靠的安全保障。习近平还强调，中央国家安全委员会成立四年来，坚持党的全面领导，按照总体国家安全观的要求，初步构建了国家安全体系主体框架，形成了国家安全理论体系，完善了国家安全战略体系，建立了国家安全工作协调机制，解决了许多长期想解决而没有解决的难题，办成了许多过去想办而没有办成的大事，国家安全工作得到全面加强，牢牢掌握了维护国家安全的全局性主动。

二、国防建设成就

国防建设是国家为提高国防实力而进行的各方面的建设，主要包括武装力量建设，边防、海防、空防、人防及战场建设，国防科技与国防工业建设，国防法规与动员体制建设，国防教育，以及与国防相关的交通运输、邮电、能源、水利、气象、航天等方面的建设等。党和国家历来重视国防建设，在党中央、中央军委领导下，1949 年以来，我国在以下方面取得了显著成就。

（一）建立了有中国特色的武装力量领导体制

我国的武装力量领导体制，是在长期的革命战争中形成和发展起来的。中华人民共和国成立后，根据中央人民政府 1949 年 10 月 19 日的命令，成立了中央人民政府人民革命军事委员会，作为全国武装力量的最高统率机关。1954 年 9 月，第一届全国人民代表大会第一次会议通过的《中华人民共和国宪法》规定，中华人民共和国主席统率全国武装力量，并决定设立国防委员会和国防部，由国家主席担任国防委员会主席。与此同时，取消了中央人民政府人民革命军事委员会。在同月召开的中央政治局会议上，决定在中央政治局和书记处之下成立中共中央军事委员会，领导中国人民解放军和其他武装力量。军委下设总参谋部、总政治部、总后勤部，作为军委的工作机关。为加强我军武器装备建设，1998 年，中央军委增设了总装备部。在中央军委的领导下，还设有负责各军兵种组织建设、军事训练和战备作战的海军、空军、第二炮兵指挥机关。此外，直接隶属中央军委的还有军事科学院和国防大学等单位，以及负责指挥驻在各大战略区范围内的陆、海、空军部队和民兵的大军区领导机关。

从 1982 年起，党和国家共同设立中央军事委员会。这种体制，既贯彻了党对军队绝对领导的根本原则，又适应我军已成为国家主要成分的实际，进一步完善了国家武装力量的领导体制，体现了党领导军队与国家领导军队的一致性。这种领导体制，便于运用国家机器来加强武装力量的建设，可以使党中央对军事工作的决策、指示具有法律效力，成为国家意志，以保证军队的最高领导权、指挥权高度集中统一。这种领导体制，也符合我国的国情和军情，坚持了党领导军队的传统，体现了四项基本原则这个立国之本的要求，体现了中国共产党作为唯一的执政党在国家政治生活中的领导地位和作用。

（二）中国人民解放军的革命化、现代化和正规化建设有了突破性进展

中华人民共和国成立后，人民解放军在继续加强革命化建设的同时，尤其注重现代化、正规化建设。特别是改革开放以来，我国国防实力得到进一步加强，国防现代化建设，尤其是军队的现代化建设有了突破性进展，取得了一系列重大成就。

中华人民共和国成立之初，人民解放军基本上是一支单一的以步兵为主的陆

军，炮兵、装甲兵等技术兵种所占比例非常小，海军、空军仅具雏形。经过近 70 年的艰苦努力，人民解放军实现了由单一陆军向诸军兵种合成军队的发展，不仅研制和装备了种类比较齐全的常规武器装备，而且拥有了具有一定威慑力的原子弹、氢弹等尖端武器装备。

20 世纪 90 年代以来，人民解放军继续向着更高的阶段迈进。根据高技术战争的特点和影响，开始把军事斗争准备的立足点放在打赢现代技术特别是高技术条件下的局部战争上面，军队建设正逐步实现由数量规模型向质量效能型、由人力密集型向科技密集型的转变。在发展武器装备方面，根据现代技术特别是高技术条件下局部战争的需要，努力发展高技术“撒手锏”武器装备；在改革和调整体制、编制方面，进一步压缩军队规模，在减少数量的同时，根据优先发展海军、空军、二炮及加强技术兵种建设的原则，优化了诸军兵种的比例结构，完善了合成体制，使军队体制、编制更能适应联合作战的需要；在改革教育训练方面，为培养掌握现代科技知识和战争知识，精通现代军事科学理论的高层次指挥人才，指挥院校增设了硕士生、博士生教育，部队训练加大了实战力度。

21 世纪的人民解放军按照“政治合格、军事过硬、作风优良、纪律严明、保障有力”的总要求，继续优化编制、体制，更新教育、训练内容和手段，改善武器装备，加强质量建设，提高诸军兵种的合成化水平，向精兵、合成、高效的方向发展。21 世纪的人民解放军能够昂扬面对任何挑战而不辱使命。

（三）形成了门类齐全、综合配套的国防科技工业体系

国防科技是衡量一个国家综合国力的重要标志之一，也是国防现代化建设的一个重要方面。经过近 70 年的建设和发展，我国的国防科技工业从无到有、从小到大、从落后到先进，建立起了包括电子、船舶、兵器、航空、航天和核能等的门类齐全、综合配套的科研实验生产体系，取得了一大批具有国内或国际先进水平的科研成果，为我军现代化建设和切实增强我国的综合国力做出了重要贡献。

在军事电子方面，逐步发展成为具有相当规模、门类齐全的新兴工业部门，特别是在指挥自动化、情报侦察、预警探测、电子对抗和通信等方面，为我军提供了各种新式装备和产品，进一步增强了部队侦察、通信、指挥和作战能力；在船舶工业方面，先后自行研制建造了核动力潜艇、常规潜艇、导弹驱逐舰、导弹护卫舰、导弹快艇等作战舰艇，以及各种辅助船舶和新型鱼雷、水雷、反水雷等新装备；在兵器工业方面，研制生产了一大批性能先进的坦克、装甲车辆、火炮、弹药、轻武器、军用光电器件和综合火控、指挥系统等新型武器装备，为我军现代化建设做出了重要贡献；在航空工业方面，已累计生产歼击机、轰炸机、直升机、运输机、教练机等 60 多个型号 1 万余架军用飞机，基本满足了海空军作战和飞行训练的需要；在航天科技工业方面，已拥有地地、地空、海空和空空导弹武器系统，运载火箭、各种应用卫星的研制发射和试验能力，在世界航天技术领域占有一席之地；在核工业方面，我国不仅可以制造原子弹、氢弹，还掌握了核潜艇技术，形成了我国的核

威慑力量，在和平利用核能方面也取得了突破性进展。

（四）国防后备力量建设取得了长足发展

党和国家历来十分重视国防后备力量建设。我国国防后备力量建设，经过几代人的努力，形成了一整套制度和优良作风，打下了坚实的基础。党的十一届三中全会以来，尤其是1985年，党中央、国务院、中央军委明确提出“精干的常备军和强大的后备力量相结合，是建设现代化国防的必由之路”这一基本指导方针之后，作为一支伟大战略力量的国防后备力量，越来越受到党和国家的高度重视，并在全国范围内形成了一个各级地方党政领导关心后备力量建设、各级军事机关狠抓后备力量建设、社会各界和广大人民群众积极支持后备力量建设的可喜局面。我国国防后备力量建设经过一系列的调整和改革，各项工作均取得了明显的成绩。

一是实现了指导思想的战略性转变，走上了和平时期稳步发展的轨道。当前，更加明确地提出了民兵工作要以更好地适应新时期军事战略方针和适应发展社会主义市场经济的新形势为指导方针。

二是确立并实行了民兵与预备役相结合的制度，初步形成了具有中国特色的国防后备力量体系，并下大力重点抓了基干民兵队伍建设和预备役部队建设，加强了训练，更新了武器装备，使我国后备兵员的整体素质有了较为明显的提高。

三是注重宏观指导，合理布局，边海防、大中城市和重点地区的民兵工作得到加强。

四是民兵、预备役部队在参战支前、保卫边疆、发展生产、扶贫帮困、抢险救灾、维护社会治安等方面发挥了重要作用，为国家的改革、发展和稳定做出了巨大贡献。

五是健全了国防动员机构。为了保证国家在发生战争的情况下，能很快由平时状态转入战时状态，调动足够的人力、财力、物力应付战争的需要，我国于1995年成立了战争动员委员会，下设兵员动员、经济动员等四个办公室，负责指导、协调全国的后备力量建设和动员工作。军队从总部机关到各军区、集团军、师团均设有动员机构或动员军官。省军区、军分区、人武部既是同级党委的军事部门，又是政府的兵役机关，是集后备力量建设与动员工作于一体的机构。

六是加强了国防教育，恢复并加强了对大学、高中（含相当于高中）在校学生的军训工作，使国防教育逐步纳入整个国民教育体系之中，走上了法制化、规范化轨道。

三、国防建设目标和国防政策

（一）国防建设目标

国防建设目标取决于不同时期国家的发展战略和安全形势。2004年《中国的国防》白皮书明确指出中国国防建设的基本目标：制止分裂，促进统一，防备和抵抗侵略，捍卫国家主权、领土完整和海洋权益；维护国家发展利益，促进经济社会全面、协调、可持续发展，不断增强综合国力；坚持国防建设与经济建设协调发展的方针，建立符合中国国情和适应世界军事发展趋势的现代化国防，提高信息化条件下的防卫作战能力；保障人民群众的政治、经济、文化权益，严厉打击各种犯罪活动，保持正常社会秩序和社会稳定；奉行独立自主的和平外交政策，坚持互信、互利、平等、协作的新安全观，争取较长时期的良好国际环境和周边环境。

（二）国防政策

国防政策指国家进行国防建设和使用国防力量的准则，是国防建设和国家安全的保证。国防政策有其鲜明的阶级性，不同的国家有不同的国防政策。中国的国防政策遵循中国共产党确定的基本路线，实行积极防御的战略方针，为维护和平、反对侵略服务。其主要内容包括从事国防建设和使用国防力量的目的、方针、重点、体制、途径等。

1．坚持中国共产党的统一领导

坚持中国共产党对国防特别是武装力量的领导，是进行国防建设和军事斗争的成功经验。国防是国家生存和发展的安全保障，只有坚持中国共产党的领导，才能有效地保障国家的安全、政权的巩固和长治久安。它符合国家和人民的根本利益，体现了鲜明的中国特色。

2．贯彻积极防御的战略方针

毛泽东同志早就指出，中国永远不称霸，永远不做超级大国。我国《国防法》明确规定，中国实行积极防御战略，坚持全民自卫的原则。我国的社会主义性质、国家利益、国家发展状况和独立自主的和平外交政策决定了我国必须实行积极防御的国防政策。这个政策的基本目标是巩固国防，抵御外敌侵略，保卫国家领土、领空、领海主权和海洋权益，维护国家统一和安全。新时期我们必须贯彻积极防御的军事战略方针，既要立足于打赢现代技术特别是信息化条件下的局部战争，又要注重遏制战争的爆发，坚持和发展人民战争思想。

3．服从和服务于国家经济建设

当前，我国的中心任务是发展经济，国防建设必须服从和服务于国家经济建设，这是中国国防建设的一个基本点。经济发展了，才能为国防现代化提供坚实的物质基础。拿破仑有一句名言：“要想取得战争的胜利，要想增强自己的实力，需要三样东西：第一是钱，第二是更多的钱，第三是更多更多的钱。”可见，国防建设需要以强大的经济实力作为后盾。我们需要航空母舰，可是，一艘航母解决不了问题，还需要护卫舰、驱逐舰、扫雷舰、补给舰等舰艇来保障。一个航母编队造价非常高，需要300多亿美元，基本是我们一年的军费。当然，还有其他方面的原因。从目前世界总体形势来分析，大仗打不起来，总体和平，局部战争，总体缓和，局部动荡，总而言之，还是个局部问题。能够对我们发动大规模侵略战争的国家，目前还不存在。所以，我们要大力发展经济建设，经济发展了，国防的事情就好办了。

4．坚持走有中国特色的精兵之路

兵贵精，不贵多。走有中国特色的精兵之路，目的是建设一支现代化、正规化革命军队。只有认真贯彻这一决策，才能够保证军队建设与国家经济建设协调一致地发展，使军队指挥系统更加精干高效，部队编组更加科学，诸军兵种联合作战能力更强。

5．独立自主地建设和巩固国防

中国的社会制度、对外政策、历史传统和自然地理等国情，决定了中国必须独立自主地建设和巩固国防。独立自主，就是依靠自己的力量来保障国家的安全。事实证明，依赖别国，就可能受制于人，使国家利益受损。中国独立自主的国防政策要求：坚持不与任何国家或国家集团结盟，不加入任何军事集团；坚持从国情出发，独立自主地进行决策和制定战略；坚持主要依靠自己的力量建设国防工业和国防科技体系，发展武器装备；坚持国家利益高于一切的原则，独立地处理一切对外事务。总之，根据本国的安全需要，自主地进行国防决策和国防现代化建设。

6．实现国防现代化

国防建设以现代化为中心，是由中国国防和军队建设的主要矛盾决定的。中国国防和军队建设的主要矛盾，是现代战争的客观需要同国防现代化、军队现代化水平还比较低的矛盾。只有坚持以现代化建设为中心，不断提高国防现代化、军队现代化水平，才能适应现代战争特别是信息化局部战争的客观需要，有效地维护国家安全。国防现代化有着丰富的内容，其中国防科学技术的现代化是关键，武装力量特别是军队的现代化是重点。关于国防现代化问题，中央军委提出了两个根本转变：在军事斗争准备上，由应付一般条件下的局部战争向打赢现代技术特别是信息化条件下的局部战争转变；在军队建设上，由数量规模型向质量效能型、由人力密集型向科技密集型转变。同时，要抓好国防人才、国防体制、国防动员、国防理论、国防法制等现代化建设，全面增强国家的综合国防力量。

7．走出一条军民融合式发展路子

军民融合就是把国防和军队现代化建设深深融入经济社会发展体系之中。全面推进经济、科技、教育、人才等各个领域的军民融合，在更广范围、更高层次、更深程度上把国防和军队现代化建设与经济社会发展结合起来，为实现国防和军队现代化提供丰厚的资源和可持续发展的后劲。2015 年，习近平首次提出把军民融合发展上升为中国国家战略。当前，坚定实施军民融合发展战略，要立足中国特色社会主义进入新时代这一新的历史方位，拓宽战略视野，创新战略指导，创新制度设计，把军民融合打造为国家由富向强的“加速器”，塑造为强国的基础性机制和制度安排。

回顾我们党 90 多年的奋斗历程，我们历来重视在不同历史时期适应不同时代内涵，有效处理“军”与“民”的关系，凝聚起“军”与“民”的强大合力，推动中国革命和建设事业的顺利发展。在中国特色社会主义新时代，军民融合重在实现“一体化”，承载起支撑强国、促进强军、提升国际竞争力的三重历史使命。

党的十八大以来，以习近平同志为核心的党中央高度重视军民融合发展，把军民融合发展上升为国家战略，决定成立中央军民融合发展委员会，加强战略指导和规划统筹，我国军民融合发展进入提速增效的快车道。在领导我国军民融合发展的伟大实践中，习近平就新时代军民融合发展作出一系列重要论述，明确了军民融合在党的指导思想中的重要地位。这些论述构成了习近平新时代中国特色社会主义思想特别是习近平强军思想的重要内容。

8. 维护世界和平，反对侵略扩张行为

中国奉行独立自主的和平外交政策，不搞霸权主义，不搞侵略扩张，不同任何国家结成军事同盟，不在国外驻军或建立军事基地。中国反对军备竞赛，主张根据公正、合理、全面、均衡的原则，实行有效的裁军和军控。中国主张通过协商和平解决国与国之间的分歧和争端，反对诉诸武力或以武力相威胁。中国的国防建设不针对任何国家，不对任何国家构成威胁。中国国防政策的核心和实质是捍卫国家独立、主权、统一和安全，促进国家的改革开放和国民经济的发展，维护世界和周边稳定。

四、武装力量

武装力量是国家或政治集团所拥有的各种武装组织的统称。中国武装力量由中国人民解放军现役部队和预备役部队、中国人民武装警察部队、民兵组成。这种“三结合”的武装力量体制符合我国的国情、军情，是历史发展的必然结果，是新形势下完成国防使命的必然要求。

（一）中国人民解放军

1. 中国人民解放军的性质

中国人民解放军是中国共产党缔造、领导的，用马克思列宁主义、毛泽东思想武装起来的无产阶级的新型人民军队，是执行革命政治任务的武装集团，是为中国无产阶级和各族人民群众利益服务的工具，是中华人民共和国武装力量的主要组成部分，是人民民主专政的坚强柱石，是保卫社会主义祖国的钢铁长城，是建设社会主义的重要力量。1989 年 11 月，邓小平在会见中央军委扩大会议全体同志时高度概括了中国人民解放军的性质：“我确信，我们的军队能够始终不渝地坚持自己的性质。这个性质是，党的军队，人民的军队，社会主义国家的军队。”

中国人民解放军的性质是由中国共产党的性质决定的，中国人民解放军的领导者是中国共产党。中国共产党为了实现自己的纲领、路线和奋斗目标，领导和创建了自己的军队，并始终按照无产阶级的世界观来改造和教育军队，使其成为一支新型的人民军队。其主要标志是：坚持党对军队的绝对领导；坚持全心全意为人民服务的宗旨；建立了政治工作制度，把革命的政治工作作为军队的生命线；发扬勇敢战斗、不怕牺牲和艰苦奋斗的光荣传统，具有一往无前、压倒一切敌人、战胜一切困难的革命英雄主义气概；坚持和运用人民战争的战略战术。这些都是我军性质的具体反映。

党的军队，人民的军队，社会主义国家的军队，三者是完全一致的。三者的一致性，归根到底，统一在无产阶级的阶级性质上，统一在无产阶级的阶级利益同广大人民群众的根本利益相一致的基础上。中国共产党是无产阶级的政党，是全心全意为人民服务的政党。中华人民共和国是中国共产党领导的人民民主专政的国家，是人民当家做主的国家。无产阶级和广大人民群众的根本利益，就是党、国家、军队为之奋斗的目标。中国人民解放军将始终不渝地保持人民军队的性质，忠于党，忠于人民，忠于社会主义国家。

2. 中国人民解放军的宗旨

军队的宗旨指的是军队建设的根本目的和主张，它是由军队的性质决定的。以为人民服务作为建军的根本思想，这在我军创立初期就有明确的规定。南昌起义的政治纲领中提出，“实行土地革命，废除苛捐杂税，维护工农利益”。秋收起义部队命名为工农革命军，标志着这支军队是为工农解放的队伍。1929 年红四军的布告宣布：“红军宗旨，民权革命。”古田会议强调指出，红军必须彻底纠正雇佣思想、小团体主义、享乐主义等非无产阶级思想，树立为人民打仗、为人民建立革命政权的无产阶级思想。1945 年，毛泽东在中国共产党第七次全国代表大会上的报告中对我军的宗旨做了明确的科学概括：“紧紧地和中国人民站在一起，全心全意地为中国人民服务，就是这个军队的唯一宗旨。”这一宗旨深刻地表明我军来自人民，服务于人民，是人民的子弟兵。

全心全意为人民服务的宗旨，是我军战无不胜的力量源泉。全心全意为人民服务，又是我军得到人民群众拥护和支持，立于不败之地的重要因素。无论是在战火纷飞的年代，还是在和平建设时期，我军都把人民的利益作为最高利益，始终保持着和群众的血肉联系。所以，广大人民群众总是千方百计地从精神上、物质上鼓励和支援自己的军队，并且涌现出了许许多多舍生忘死、全心全意支持人民解放军的英雄模范人物。几十年来，我军正是由于得到群众的拥护和支援，才能不断发展壮大，从胜利走向胜利。

中国共产党领导的革命事业，是为人民求解放、求发展的事业。把人民利益放在高于一切的位置，以是否符合人民利益作为一切言论和行动的最高标准，是共产党人及其领导的军队的出发点和归宿点。人民解放军一系列重要的建军方针、原则，例如，坚持党对军队的绝对领导，坚持用马克思主义和党的路线教育部队，实行官兵一致、军民一致，瓦解敌军的原则，执行三大纪律八项注意，建立强有力的革命的政治工作等，都是由这个宗旨决定的，又都是贯彻实行这个宗旨的重要内容。全心全意为人民服务的宗旨，是人民军队生存和发展的基础和力量。牢记这一宗旨，始终不渝地贯彻实行这一宗旨，人民解放军就能够永远得到广大人民群众的拥护和支持，永远立于不败之地。

在中国特色社会主义建设的新时期，中国人民解放军全体官兵服从、服务于国家经济建设大局，认真履行党和国家赋予军队的历史使命，不仅成为保卫社会主义祖国的钢铁长城，而且是构建社会主义和谐社会的重要力量。

3. 中国人民解放军的任务

《中华人民共和国宪法》规定，国家武装力量属于人民。它的任务是巩固国防，抵抗侵略，保卫祖国，保卫人民和平劳动，参加国家建设事业，努力为人民服务。这是我军的神圣职责。

保卫祖国，捍卫国家主权和领土完整。新中国的诞生，标志着人民当家做主新时代的到来，我军成为人民民主专政的柱石，其根本职能由夺取政权、解放祖国转变为巩固国防、保卫祖国。这一根本职能和新时期军事战略方针，要求全军官兵必须把国家的主权和安全始终放在第一位，时刻保持高度警惕，防止任何敌人的挑衅和侵略，担负起保卫国家主权、领土完整和民族尊严的神圣使命，当帝国主义、霸权主义把战争强加于我们头上时，我们不畏任何强敌，一声令下，部队能够立即出动，坚决消灭一切敢于来犯之敌。在无外敌入侵的情况下，加强部队建设，提高战备水平，保持一定的威慑力量，进而遏制或推迟战争。当前和今后相当长的时期内，我国社会主义现代化建设仍将在复杂多变的国际环境中进行，我军保卫祖国的根本职能不能变，战斗队思想不能变，教育训练的战略地位不能变。每一个同志都应牢固树立保卫祖国的根本职能意识，百倍警惕地为祖国站好岗、放好哨。军队的职能意识越强、战备水平越高，对帝国主义、霸权主义的制约和威慑作用就越大，国家的安全、稳定就越靠得住，改革开放和经济建设所需要的安全环境就越有保障。这是党、国家和人民对我军的期望和根本要求。

保卫人民和平劳动，维护国家安定团结。我们的国家是人民的国家，祖国的利益与人民的利益密不可分。作为人民的军队，保卫祖国是与保卫人民和平劳动融为一体的。目前，阶级斗争已不是我国社会的主要矛盾，但它仍在一定范围内长期存在，有时还表现得相当激烈。极少数反对社会主义的敌对分子，同国际敌对势力遥相呼应，相互勾结，对社会主义中国进行“西化”“分化”，企图推翻中国共产党的领导，改变我国的社会主义制度。一小撮民族分裂主义分子蠢蠢欲动，煽动民族纠纷，干着分裂祖国的种种勾当。我国改革开放需要良好的国内外环境。中国人民解放军必须做到，当敌对势力阴谋制造动乱和暴乱，妄图推翻中国共产党的领导和社会主义制度时，要旗帜鲜明，坚决斗争，保卫无数革命先烈用鲜血和生命换来的社会主义共和国，保卫改革开放以来取得的伟大成果；当极少数分裂主义分子煽动民族分裂、制造骚乱或叛乱时，要紧紧依靠各族人民，勇敢地站在斗争第一线，维护中华民族的团结和统一；当一小撮坏人采取暴力手段威胁国家财产和人民生命安全时，要不畏强暴，挺身而出，捍卫国家和人民的利益。

参加国家建设事业，为实现社会主义现代化做贡献。人民解放军不仅是社会主义的保卫者，也是社会主义的建设者。战争年代，在天天有敌情的情况下，部队采取“武装掩护”“抢种抢收”等形式，尽心尽力地帮助人民劳动。和平建设时期，积极参加国家的建设事业，是宪法赋予我军的又一重要职责，也是我军宗旨的具体要求。特别是在经济建设成为党和国家的中心工作以后，服从、服务于这个中心，自觉支持、参与改革开放和现代化建设，更是人民军队应尽的职责。改革开放以来，人民军队积极参加国家和地方的重点工程建设，共投入 4 亿多个劳动日，出动机械车辆 2500 万台次，参加和支援国家的铁路、公路、地铁、码头、机场以及通信光缆等大型重点工程 1 万多项。中国人民解放军总政治部规定，全军每人每年义务参加国家经济建设劳动时间，平均不得少于 10 天。每一个同志都应参加抢险救灾，支援农业生产、国家重点工程建设、植树造林等，广泛开展军民共建社会主义精神文明活动，为祖国繁荣昌盛和实现社会主义现代化立新功。

中国人民解放军始终致力于保障国家安全，维护世界和平，促进人类进步的正义事业，是一支维护世界和平的坚强力量。新中国成立后，中国人民解放军遵照中共中央、中央军委的指示，根据朝鲜民主主义人民共和国、越南民主共和国、老挝王国等国政府的请求，先后派出部队进行抗美援朝、援越抗法、援越抗美和援老抗美的斗争，帮助这些国家的人民赢得了救国战争的胜利。中国人民解放军的这些光辉业绩，在世界人民保卫和平斗争的史册上万古流芳。改革开放以来，中国人民解放军以崭新的面貌，更加积极地参与了多边军事外交活动。20 世纪 90 年代，中国人民解放军首次派出成建制的工程兵部队赴柬埔寨参加联合国组织的维和行动，充分发挥了中国军队在处理国际军事事务中的积极作用。同时，中国人民解放军海军舰艇编队还多次跨洋出访，增进了中国与亚洲、美洲和大洋洲国家军队和人民的友谊，同世界上 100 多个国家的军队建立了联系。积极活跃的对外军事交往，促进了中国人民解放军同世界各国军队的相互了解和信任。走向国际社会的中国人民解放军向世界展示了中国军队文明之师、和平之师的形象，在维护世界和地区和平中做出了应有的贡献。

4. 中国人民解放军预备役部队

中国人民解放军预备役部队是以现役军人为骨干，以预备役军官、士兵为基础，按统一编制，为战时能迅速转化为现役部队而组建起来的部队。它是实施成建制快速动员的有效组织形式，是提高储备兵员质量的好办法，是加强国防建设的重要措施。

中国人民解放军预备役部队组建于 1983 年，分为陆军、海军、空军基地和兵种预备役部队。其师、团已列入军队建制序列，授有番号、军旗，实行统一编制，按地区编组。预备役部队平时隶属省军区，战时动员后归指定的现役部队指挥。中国人民解放军预备役部队的任务：努力提高部队的军政素质，不断增强现代条件下快速动员和作战能力；切实做好战时动员的各项准备工作，随时准备转为现役部队，执行作战任务；积极参加社会主义建设，在物质文明和精神文明建设中发挥骨干带头作用。中国人民解放军预备役部队的军事训练，由军区、省军区、军兵种按照总参谋部制定的训练大纲组织实施。训练目的是使预备役军官和士兵掌握必备的技术、战术技能，提高部队快速动员和整体遂行任务的能力，做到一声令下，能收得拢、拉得出、会打仗。

（二）中国人民武装警察部队

中国人民武装警察部队是中华人民共和国武装力量的重要组成部分，是保卫社会主义现代化建设的一支重要力量。这支部队是伴随着新中国的成立而逐步发展起来的。

1950 年 9 月，为保证武装力量更好地履行对内职能，在中国人民解放军部分陆军的基础上，组建了中国人民公安部队。此后，公安部队的领导体制、隶属关系和名称几经变更。1982 年 6 月，将看押劳改犯、守护地方重要目标和警卫省、自治区、直辖市党政机关以及驻华使领馆的人民解放军部队，同公安部门原实行义务兵役制的武装、边防、消防警察一起，组建了中国人民武装警察部队。1983 年 4 月，中国人民武装警察部队正式成立。1985 年 1 月，原属中国人民解放军基建工程兵的水电、交通、黄金部队列入武警部队序列。1987 年 8 月，武装森林警察也列入武警部队序列。

中国人民武装警察部队的主要职能：通过执行边境武装警卫任务、边境检查勤务、安全勤务、海上巡逻勤务等维护国家政权和尊严；通过预防和镇压敌对势力的破坏，应付各种紧急意外情况，维护社会治安；通过执行警卫任务、守卫勤务、消防工作、反恐怖活动，保卫党政领导机关、重要目标和人民生命财产的安全。

2017 年 12 月 27 日，中共中央印发《中共中央关于调整中国人民武装警察部队领导指挥体制的决定》(以下简称《决定》)，自 2018 年 1 月 1 日零时起，武警部队由党中央、中央军委集中统一领导，实行中央军委—武警部队—部队领导指挥体制。《决定》明确，武警部队归中央军委建制，不再列入国务院序列。这是党中央作出的重大政治决定，是完善和发展中国特色社会主义军事制度的重大创新举措，是加强党对人民解放军和其他人民武装力量的绝对领导，确保党和国家长治久安的重大政治设计和制度安排，对实现党在新时代的强军目标、推进国家治理体系和治理能力现代化、实现党和国家长治久安具有重大而深远的意义。

2018 年 1 月 10 日上午，中央军委在北京八一大楼举行向武警部队的授旗仪式。习近平向武警部队司令员王宁、政治委员朱生岭授旗。此次授予的军旗并不是代表中国人民解放军全军的八一军旗，而是专门为武警部队设计的武警军旗。

2018 年 3 月，根据中共中央印发的《深化党和国家机构改革方案》，将列入武警部队序列、国务院部门领导管理的现役力量全部退出武警，将国家海洋局领导管理的海警队伍转隶武警部队，将武警部队担负民事属性任务的黄金、森林、水电部队整体移交国家相关职能部门并改编为非现役专业队伍，同时撤收武警部队海关执勤兵力，彻底理顺武警部队领导管理和指挥使用关系。

（三）中国民兵

中国民兵是由不脱产的人民群众组成的武装组织，是中华人民共和国武装力量的组成部分，是中国人民解放军的有力助手和强大后备力量。

全国的民兵工作由国务院、中央军委领导，由总参谋部主管；各大军区按照上级下达的任务，负责本区域的民兵工作；省军区、军分区和县（市）人民武装部是本地区民兵领导指挥机关；乡、镇、部分街道和企事业单位设有人民武装部，负责民兵和兵役工作。地方各级人民政府对民兵工作实施原则领导，对民兵工作实施组织和监督。

民兵的主要任务：在军事机关的领导下，战时担负配合常备军作战、独立作战、为常备军作战提供战斗勤务保障以及补充兵员等任务，平时担负战备执勤、抢险救灾和维护社会秩序等任务。

民兵分为基干民兵和普通民兵。《中华人民共和国兵役法》规定：凡年满18～25岁符合服兵役条件的男性公民，除征集服现役者外，均编入民兵组织服预备役。28岁以下退出现役的士兵和经过军事训练的人员，以及选定参加军事训练的人员编入基干民兵组织。其余18～25岁符合服预备役条件的男性公民，编入普通民兵。

中国民兵的编组，一般以乡（镇）、行政村和厂矿企业为单位，按照民兵人数多少，分别编为班、排、连、营、团。基干民兵和普通民兵分别编组。农村的乡(镇)、行政村、城市街道和具有一定规模的企业事业单位，是民兵的基本组建单位。民兵的训练，原则上由县级行政区内的人武部组织民兵在军事训练基地集中进行。根据训练大纲的要求，干部训练时间为30天，一般在一年内完成；民兵训练时间为15天，一次性完成。训练目的：干部具备相应的军事技能和组织指挥能力；民兵学会使用手中的武器装备，掌握基本的军事技能。我国民兵现编有应急分队和高炮、高机、便携式防空导弹、地炮、通信、防化、工兵、侦察等专业技术分队。

第五节 国防动员

国防动员，简称动员，是国家或政治集团为应对战争或其他军事威胁，采取非常措施将社会诸领域全部或部分由平时状态转入战时状态，使国防潜力转化为国防实力而进行的准备、实施及其他相关活动。国防动员是国防活动的重要组成部分，是国家实现寓军于民、军民融合的国防发展战略，是保持国防与经济社会协调发展，有效增强国防能力，维护国家主权统一、领土完整和安全的重大举措，在国家安全与发展中具有重要地位。

一、国防动员的内容

国防动员通常包括武装力量动员、国民经济动员、政治动员、交通战备动员和人民防空动员等。

（一）武装力量动员

武装力量动员是指国家为了适应战争的需要，将军队及其他武装组织由平时体制转为战时体制所采取的措施。通常包括现役部队动员、后备兵员动员、群众武装动员及相应的武器装备和物资等动员。武装力量动员是战争初期夺取战略主动权和取得战争胜利的关键环节，对战争的进程和结局都有着极其重要的影响。在我国，武装力量动员主要是指现役部队动员、后备兵员动员和民兵动员。现役部队动员，是指国家为适应战争的需要，将现役部队平时编制转为战时编制。其基本任务是按战时编制体制补充兵员和扩编。后备兵员动员，是指国家为进行战争而征集或招募适龄公民到军队服现役所采取的措施。民兵动员，是指根据战争需要，动员民兵参军参战、支援前线的活动。

（二）国民经济动员

国民经济动员是国家为了保障战争的物资需求和稳定战时经济秩序，促使国民经济有关部门和体制乃至整个国民经济转入为战争服务的轨道，调整经济资源配置，增加武器装备及其他军用物资生产所进行的活动。经济是战争赖以进行的物质基础。国民经济动员主要是重新配置经济资源，充分调动国家的经济力量，最大限度地满足战争需要。做好经济动员工作，必须坚持平战结合、军民结合，平时就要兼顾战时需要，实现民用经济与军事经济协调发展。

（三）政治动员

政治动员是国家为进行战争而开展的宣传、教育、组织工作和外交活动。政治动员是国防动员的一项重要内容，并为其他领域的动员活动提供思想和组织保证。政治动员对充分调动和发挥本国军民的精神力量，尽可能地争取国际社会的同情和支持，瓦解敌方的战斗意志，具有重要作用。政治动员在平时主要表现为国防教育，主要包括国防理论、国防知识、国防历史、军事技能和国防法规等方面的教育。政治动员的目的是对全体军民进行爱国主义和革命英雄主义教育，使之增强国防观念，坚定打败敌人、夺取胜利的决心和信心。

（四）交通战备动员

交通战备动员是指国家在战时控制各种交通运输线、设施和运输工具，进行人员、物资、装备运输的措施。交通战备运员是经济动员的重要组成部分，主要内容包括：交通战备网络规划与建设，交通战备工程设施建设，交通保障队伍建设，交通保障物资和器材的筹措、储备以及保障计划、方案的撰写，军事运输设备的研制和改进，战时交通保障计划的拟制与落实，运力动员筹划与落实，交通保障队伍的组织与训练，战时交通运输指挥机构的设置与转换预演，国防交通教育与科研、法规建设，等等。

（五）人民防空动员

人民防空动员也称群众性防卫动员或民防动员，是指国家为了防备敌人空袭、消除空袭后果，发动和组织公民所采取的一切措施。人民防空动员是国防动员的重要组成部分，主要任务是：依据国家有关法律法令，动员社会力量，进行防空设施建设。其主要工作包括以下方面：一是人防机构平战转换；二是实行战时人防管制；三是扩编、集结群众防空组织；四是启用人防设施、设备；五是组织、分配社会人防资源；六是开展人防临战教育。

二、国防动员的意义

习近平总书记在党的十九大报告中强调指出，完善国防动员体系，建设强大稳定的现代化边海空防。高效的国防动员实力就是战斗力，必须真正把国防动员的潜力转化为保障打赢的战争实力。

（一）动员是增强国防实力的重要措施

国防实力是国家防御外来侵略的力量，是国家军事、政治、经济、科学技术等力量的总和。在和平时期，国家把动员准备纳入经济建设和社会发展的总体规划，贯彻军民结合、平战结合的方针，以增强战争潜力。同时通过动员准备，激发人民的爱国主义和国防观念，使国家政局稳定、经济发达、科技进步，迅速增强综合国力。由于平时奠定了良好的基础，一日战争爆发，通过战时动员，就能迅速地把战争潜力转化为战争实力。采取常备军和后备力量相结合的原则，平时保持精干的常备军作为战时动员扩建部队的骨干力量，同时积极训练、储备后备力量，以便战时根据需要组编参战。这样既可以加速国民经济的发展，又可以从根本上增强国防实力。

（二）动员是增强国防威慑力的有效手段

一个国家的国防威慑力，不仅取决于常备军的数量和质量，而且取决于军队后备力量和其他动员潜力，取决于常备军与后备力量动员准备的有机结合，以及动员机制完善的程度和运行效率。平时充分做好战时动员的准备工作，建立强大的后备力量和健全的动员体制，可以使敌人望而生畏，不敢轻举妄动和贸然发动进攻。目前，一些国家主张采取“不战而屈人之兵”的军事战略，就是这个道理。特别是处于防御地位和反对侵略的国家，更应该采取积极的对策，以充分有效的动员显示应对战争的能力和拼死抵抗的决心，迫使敌人延缓或放弃侵略战争。我国的后备力量既是潜力，又是实力。例如，我国的民兵是现实力量和后备力量的统一体。平时，加强国防后备力量建设，做好战争动员准备，无疑可以增大威慑力量，从而达到制约战争爆发和维护和平的目的。

（三）动员是夺取战争主动权的可靠保障

决定战争胜负的因素是多方面的，其中动员准备的充分与否，是一个重要因素。随着现代科学技术的飞速发展及其在军事领域的广泛应用，现代战争的突发性和速决性显著增大，发动战争的一方往往先发制人，迫使对方在无戒备或准备不充分的情况下仓促应战，力求取得速战速决的效果。处于防御地位的国家，如果战时动员工作的准备和实施不当，在战争初期往往处于被动地位，甚至来不及实施动员和完成战略部署，其武装力量和经济命脉就已经陷于瘫痪。历史表明，在现代战争中，谁能保持强大的后备力量，并以最快的速度动员起来投入战争，谁就能取得战争的主动权。

三、国防教育

国防教育是指国家为增强公民的国防观念和提高公民的国家安全意识，在全体公民中进行的以爱国主义为核心的，与国防和军队有关的思想、知识、技能的普及性教育。国防教育是政治动员在平时的主要表现形式，是国之大事，旨在强化全民的国家意识、国防意识和国土意识。我们的国防是全民的国防，建设巩固国防是每个公民义不容辞的责任和义务。

（一）国防教育的地位与作用

国防教育是国家必不可少的基础教育，在国家生存和发展中具有极其重要的战略地位和作用。

1. 国防教育是增强民族凝聚力和向心力的重要途径

国防教育是以爱国主义为核心的国防思想、国防知识等方面的教育。经常性地灌输，可以有效地唤起国民的爱国情感，使国民树立强烈的国防观念。而这种爱国情感和国防观念，在民族生存和发展中，能激发巨大的凝聚力和向心力。在中华民族发展的历史长河中，这种由爱国主义所形成的凝聚力和向心力是无时不在的。特别是在国家和民族面临危亡，社会发展处于转折的关键时刻，它可以把不同民族、不同阶级、不同信仰的人们最广泛地动员和团结起来，同仇敌忾，共赴国难，为保卫祖国而奋斗。

当前，随着我国对外开放的不断扩大，意识形态领域的斗争更加复杂，特别是西方敌对势力打着自由、民主、人权的旗号干涉我国内政，极力怂恿支持“藏独”“东突”等分裂势力进行分裂破坏活动，给我国的民族团结和民族凝聚力的形成造成了很大的危害。我们必须通过深入持久的全民国防教育，进一步凝聚全民族力量，激发广大人民群众的爱国之心、强国之志，筑牢中华民族的精神长城。

2. 国防教育是提升国民素质和国家竞争力的重要手段

当今世界综合国力的竞争，不仅包括政治、经济、文化、科技、军事等方面的竞争，还包括国民素质的竞争。国民素质的高低，国防意识的强弱，直接关系到国家的兴衰和安危。如果一个国家的国民都有着很高的素质，都有着强烈的国防意识，都把国家利益看得至高无上，都能自觉地支持和参加国防建设，都能誓死保卫自己的祖国，那么，这个国家将是不可战胜的。

国防教育能够使广大国民具有强烈的爱国主义精神和忧患意识，从而时刻将国家安危、民族兴亡记在心中。在抗日战争中，武器装备落后的中国人民能够战胜装备精良的日本侵略者，在抗美援朝战争中，装备处于劣势的中国人民志愿军能够打败世界头号强国美国，这些都充分证明，精神因素和主观能动性对提高战斗力能够起到巨大的作用，也能够提高整个国家的竞争能力。

3. 国防教育是关系国家生死存亡的基础工程

中外历史发展的经验一再证明，国防教育对国家的兴衰存亡具有十分重要的作用：凡是注重国防教育和国防建设的时期，国家就强盛，外敌不侵，边患不起，人民安居乐业；凡是轻视武备，放松国防教育的时期，国家就积贫积弱，人民就饱受战乱和颠沛流离之苦。当今的相对和平时期，给我国的发展和国防现代化建设带来了难得的机遇，但长期的和平环境又容易使人们产生苟安心理，淡化国防观念。而西方反动势力针对中国搞和平演变和颠覆的图谋从来没有，也永远不会停止。因此，面对当前的国际形势，必须加强国防法制建设，实行全民国防教育，不断提高全民的国防观念和国防素质，牢记历史教训，不忘备战，警惕战争亡国的危险。

（二）国防教育组织与实施的方法

方法是达成目的的桥梁。国防教育要提高教育质量和取得最佳教育效果，必须有一套最优的教育方法。目前我国的国防教育对象，涵盖了党、政、军、民、学等各个领域的人员。其中，武装力量是国防教育的主体对象，各级干部是国防教育的关键对象，学生是国防教育的基础对象。国防教育对象的广泛性和内容的丰富性，要求国防教育的组织与实施方法必须灵活多样。目前我国各级各类学校按照《中华人民共和国国防教育法》的要求，主要以组织学生军训和进行军事理论课程教育的方式进行国防教育。而社会国防教育主要采取以下方法实施。

1. 利用大众媒体开展教育

利用大众媒体开展教育，包括利用报纸、杂志、广播、电视、网络等开展教育。目前，全国许多报刊、电视台、广播电台都开办了国防教育专栏或专题节目，有些地区还开办了国防教育网站，建起了集报纸、杂志、广播、电视、网站“五位一体”的宣传网络，扩大了国防教育的覆盖面。

2. 利用国防教育场所开展教育

利用国防教育场所开展教育主要是利用纪念馆、纪念地、领袖故居、烈士陵园、革命和历史遗址等缅怀纪念场所，博物馆、科技馆、文化馆、青少年宫、国防园、兵器馆以及军队的军史馆、荣誉室等观摩学习场所，民兵训练基地、学生训练基地、少年军校等军事训练场所，形象直观地开展国防教育。

3. 利用节日和纪念日开展教育

开展国防教育可以利用重大的节日和传统节日，如国庆节、建军节、春节等，以及重大历史事件纪念日，如九一八事变纪念日、抗日战争胜利纪念日、南京大屠杀死难者国家公祭日等进行。每年9月的第三个星期六为法定的全民国防教育日，各地通常都会开展声势浩大的国防教育活动。这些活动的开展，对提高全民国防意识，增强全民国防观念，形成全民关心国防、支持国防建设的浓厚氛围起到了积极的作用。

4. 利用各种活动开展教育

利用各种活动开展教育，主要是结合双拥共建、征兵宣传、文化体育等组织开展读书演讲、知识竞赛、文艺演出、专题展览等丰富多彩、群众喜闻乐见的国防教育活动，吸引公民自觉接受和参与国防教育，从而进一步增强公民关心国防、热爱国防、建设国防、保卫国防的责任感和自觉性。

第六节　全面贯彻习近平强军思想 奋力推进新时代强军事业

2017年10月18日，中国共产党召开了具有划时代的里程碑意义的第十九次全国代表大会。会议把习近平新时代中国特色社会主义思想确立为党必须长期坚持的指导思想，指明了党、国家和军队事业前进的方向，为中国号巨轮的前行树立起了新航标，吹响了实现中国梦、强军梦的集结号。

一、全面贯彻习近平强军思想

2017年是我军历史上很不平凡的一年。人民军队激扬着90年的豪迈自信，朝着建设世界一流军队砥砺奋进。在党中央、中央军委和习近平主席的坚强领导下，全军和武警部队坚持以党在新时代的强军目标为引领，大力加强思想政治建设，铸牢维护核心、听从指挥的思想根基；狠抓各项改革任务落实，领导指挥体制改革成果巩固拓展，组织架构和力量体系实现革命性重塑；全面实施科技兴军战略，国防科技和武器装备建设加快发展，一大批关键技术实现重大突破；坚持正风肃纪，厉行法治，部队政治生态得到有效治理，国防和军队建设法治化水平不断提高；深入推进练兵备战工作，战斗力标准牢固树立，实战化水平明显提高；加强顶层设计，大力推进重大项目落实，军民融合发展步入快车道；出色完成海上维权、反恐维稳、国际维和等重大任务，有效维护了国家主权、安全和发展利益，向世人展示了人民军队的崭新风貌。

党的十九大鲜明提出习近平强军思想，对全面推进国防和军队现代化作出新的战略安排。习近平强军思想是习近平新时代中国特色社会主义思想的“军事篇”，是马克思主义军事理论中国化、时代化的新飞跃，是人民军队的强军之道、制胜之道，为实现党在新时代的强军目标，把人民军队全面建成世界一流军队提供了根本引领和科学指南，点亮了照耀强军征程的时代灯塔。实践昭示，坚定不移地走中国特色强军之路，奋力推进新时代强军事业，必须牢固确立习近平强军思想在国防和军队建设中的指导地位。

一代人有一代人的使命，一代人有一代人的担当。今天，我们比历史上任何时期都更接近，更有信心和能力实现中华民族伟大复兴的目标。“行百里者半九十”，中华民族的伟大复兴，绝不是轻轻松松、敲锣打鼓就能实现的。没有一个巩固的国防，没有一支强大的军队，中华民族的伟大复兴就没有安全保障。我军必须服从服务于党的历史使命，国防和军队现代化进程必须同国家现代化进程相适应，军事能力必须同实现中华民族伟大复兴的战略需求相适应。面对国家安全环境的深刻变化，面对强国强军的时代要求，我们只有强化使命担当，增强忧患意识和进取意识，加快提升履行新时代使命任务的能力，才能为实现“两个一百年”奋斗目标和中华民族伟大复兴的中国梦提供战略支撑。

二、奋力推进新时代强军事业

2018 年是全面贯彻党的十九大精神的开局之年，是决胜实现国防和军队建设 2020 年目标任务的关键之年。新年度要有新气象、新作为。我们要坚持不懈地用习近平新时代中国特色社会主义思想和党的十九大精神武装全军，全面贯彻习近平强军思想，增强政治认同、思想认同、理论认同和情感认同，落实到坚定理想信念、强化“四个自信”上，落实到维护核心、听从指挥上，落实到锐意开拓进取、强化使命担当上，真正立起统领部队建设的“魂”、指导各项工作的“纲”。

第一，始终聚焦练兵备战。军队是要准备打仗的，一切工作都必须坚持向能打仗、打胜仗聚焦。要强化危机意识，坚持底线思维，把战斗力标准牢固立起来，把短板弱项切实解决好，对备战打仗突出问题来一次大清查、大整治。开展群众性练兵比武活动，在全军兴起大抓实战化训练热潮。扎实做好各战略方向军事斗争准备，全面提高新时代打赢能力。

第二，推进全面从严治军。兵以治为胜，治以严为要。坚持“严”字当头、一严到底，下大力治松、治散、治虚、治软，向一切不严不实问题开刀，确保有令必行、有禁必止。坚持依法从严，做到严之有据、严在法内、严得科学。坚持依法治官、依法治权，推动治军方式根本性转变。

第三，坚定不移深化改革。全面深化改革永远在路上。保持改革的定力、恒心和韧劲，已有的改革成果要巩固拓展，已经推出的改革方案要狠抓落实，没有完成的改革任务要加紧推进。深化重大政策制度改革，推进军事管理革命，发展和完善中国特色社会主义军事制度。

第四，加强军队党的建设。党是领导一切的，党的建设是做好我军全部工作的根本保证。深入贯彻新时代党的建设总要求，坚持党对军队绝对领导的根本原则和制度，教育引导官兵强化“四个意识”，坚决维护权威、维护核心，坚决维护和贯彻军委主席负责制。严肃政治纪律和政治规矩，坚决纠正“四风”特别是形式主义、官僚主义，持之以恒地推进反腐败斗争，持续纯正部队政治生态。大力弘扬光荣传统和优良作风，扎实开展“传承红色基因，担当强军重任”主题教育，培养“四有”新时代革命军人，锻造“四铁”过硬部队，确保全军在思想上、政治上、行动上与党中央、中央军委和习近平主席保持高度一致，坚决听从党中央、中央军委和习近平主席指挥。

思考题：

1. 什么是国防？国防的地位和作用有哪些？
2. 中国古代国防、近代国防和现代国防三者之间有哪些区别和联系？
3. 现代国防包含哪些内容？简述其类型和特征。
4. 新中国国防的内容和特点是什么？
5. 什么是国防法规？国防法律的主要特征是什么？
6. 公民的国防义务和权利有哪些？
7. 新中国国防政策包含哪些主要内容？
8. 中国人民解放军的性质、宗旨和任务是什么？
9. 结合习近平新时代中国特色社会主义思想和强军思想，谈谈新中国国防建设取得的显著成就。
10. 结合大学生成长、成才，谈谈你对大学生参军入伍的认识。

第三章 战略环境

进入21世纪，国际战略形势不断变化，任何一个国家都受到战略环境的影响和制约。科学把握战略环境发展规律，主动适应战略环境变化，增强忧患意识，科学制定安全政策，把握战略主动，塑造友好型的国际战略环境，有利于国家的安全和发展利益。

目前，尽管国际形势相对缓和，世界大战打不起来，但是真正的和平并未到来，各种矛盾和对抗仍然错综复杂。研究和分析战略环境是保障国家安全和发展的前提条件，对实现国家的战略目标与战略利益有着重大的意义。

第一节 战略环境概述

什么是战略和战略环境？战略与战略环境是怎样的关系？正确认识战略环境对战略的影响，有利于了解战略对战略环境的反作用。

一、战略

（一）战略的含义

战略有多种含义。就战争而言，战略的本义是战争谋略，是对战争的大计谋，是对战争中整体性、长期性、基本性问题的计谋。计谋有大有小，小计谋是战术，大计谋是战略。军事战略，即筹划和指导战争全局的方法和策略。其基本含义是战争指导者基于对战争准备和实施的主客观条件及其发展变化规律的认识，全面计划、部署和指导军事力量的建设和运用，以保证达成既定政治目的的科学和艺术。按作战类型和性质，军事战略分为进攻战略和防御战略。

军事战略是随着战争的发展而产生和发展的。古代早期的战争，两军对垒，在战场上角力斗勇，胜负主要取决于兵员的数量、勇气和体力，作战方法简单，往往一次交战就决定胜负，无战略战术之分。随着武器装备的改进和战争的发展，人们逐渐使用专门的武器和谋略，并总结出指导战争的方法，于是便产生了战略。

战略应当解决的主要问题是，判明国家安全面临的威胁及其性质、程度，确定战略上的主要对手，提出军队建设要达到的总体目标和主要任务，规定战略上的主要方向和重点地区，确定战争准备和战争实施的指导方针和基本原则，明确运用的主要战略手段、斗争形式和保障方法，制定总体行动计划和实施步骤。

战略是为国家利益服务的，它为国家的发展提供基本的条件和可靠的保证。当今是和平发展的时代，革命和战争逐渐被人们淡忘、忽视，战略为国家生存、民族解放而运用的功能减弱，但与此同时，它为国家繁荣、民族昌盛提供保障的功能大大增强，这是当今时代战略与以往时期战略的明显不同之处，需要战略指导者认真研究，进行新的筹划。

（二）战略的特征

战略与世界上任何事物一样，都有其区别于其他事物的本质属性，因而也有其鲜明的特点。

1. 全局性

全局性是指关于事物整体及其发展全过程的性质。战略将国家整个战争准备和战争实施的全局作为研究对象。在军事领域，战略是最高层次，它指导战役、战术，是各项工作的“龙头”和总纲。军事是国家活动的一个重要领域，战争是国家达成一定政治目标的重要手段。但同时，军事领域又是一个大的、相对独立的领域，拥有自己独立的战略。它从属于国家战略，接受国家基本路线的指导，服从和服务于国家的根本利益。军事战略的推行必须有利于增进国家利益，为实现国家利益提供保障。因此，军事战略的制定必须站在国家全局的高度，统筹考虑军事与政治、经济、科技、文化的关系，国内与国外的关系，战时与平时的关系，军队的建设与使用的关系，装备、人才、理论和编制体制的关系，以及战争发生、发展和结束的全过程。只有在总揽全局的基础上，立足现实，着眼未来，才能使战略指导始终符合不断变化的客观实际。

2. 对抗性

对抗性是指事物之间互不相容、相互对抗的性质。战争是一种有组织、有计划的暴力行为，是敌对双方以军队或其他武装组织为骨干而展开的激烈较量，因此，用于指导战争的战略，对抗性是其显著特点之一。战略所具有的政治属性，是其对抗性产生的基础。战争是一种流血的政治，是解决阶级与阶级、民族与民族、国家与国家、政治集团与政治集团之间在一定发展阶段的矛盾的一种最高的斗争形式。任何战略都是为一定的阶级、民族、国家和政治集团服务的，因而战略具有鲜明的阶级性和对抗性。

战略的对抗性，主要表现为针对国家安全所面临的威胁，全面筹划和运用军事力量去夺取战争的胜利。军事力量是实施对抗的物质基础，必须根据国家所面临的安全环境和条件，建设一支规模适度、战斗力强，能卓有成效地维护国家利益的军事力量，以在必要时战胜对手。战略决策者必须具有高超的谋略、卓越的组织指挥才能和超人的胆略，才能适应对抗激烈的战争需要。

3. 谋略性

谋略性是指具有计谋和策略的性质。战略是主观因素和客观因素相结合的产物。从本质上讲，战略具有政治属性、规定性；从实践意义上讲，战略具有手段性、灵活性。战争绝不仅仅是双方物质力量的对抗，更是双方战略指导者智慧的较量，是战略指导者计谋、策略和艺术的较量。中国历来的战争都体现着一定的谋略思想。《孙子兵法》就是一部充满谋略思想的经典之作，它认为“兵者，诡道也”，主张“上兵伐谋”；而《三十六计》则是一本专门论述军事计谋的兵书。可以说，没有一场战争不运用谋略。

4. 相对稳定性

相对稳定性是指具有相对平稳安定，基本没有变化的性质。战略处于军事领域的最高层次，指导范围广，影响重大而深远，是一切军事活动的依据和准则，因此具有相对稳定性。主要表现在三个方面：一是战略的指导对象相对稳定；二是战略的理论指导原则相对稳定；三是战略的基本内容相对稳定。

（三）战略的构成要素

战略的构成要素是战略的基本成分，是战略本质属性的集中反映，也是战略内容和形式的具体体现。尽管当今世界各国对战略概念的表述千差万别，但仍然可以总结出现代军事战略概念包含以下基本要素。

1. 战略主体

战略主体是战略的制定者和实施者。国家或者国家联盟可以是战略行为的主体，政治、军事集团或战略区也可以是战略行为的主体。在现代国际政治中，国家是国际行为的主要主体，因而也是现代战略行为的主体。

2. 战略方针

战略方针是指一定时期内规定的战争准备与战争实施必须达到的总目标和应该遵循的方针。战略方针主要规定完成战略任务、实现战略目标的基本途径和原则，是战略的主体、核心。战略方针对军事斗争的进程、结局有着决定性意义。

3. 战略目的

战略目的是战略行动所要达到的预期结果，是战略意图的集中体现，是制定战略的出发点和战略实施的归宿点。不同的战略目的往往反映战略的不同性质，自卫性质的防御性战略与维护领土、主权完整等合法利益相联系；而扩张性质的进攻性战略往往把别国的领土划归自己的战略边疆，把别国的利益纳入自己的利益圈。战略任务是国家赋予军队的基本使命，是战略目的的具体化，体现了总的战略意图，是达成战略目的所必须解决的重大问题。

4. 战略手段

战略手段是实施战略目的的物质力量，主要解决用什么进行战争和怎样进行战争的问题。它是战略指导者根据既定的战略目的、战略任务和战略方针的要求，使用军事力量开展军事斗争的具体行动。战略手段有时表现为单一的军事力量，但更经常的是以军事力量为主，包括军事、政治、经济等在内的综合力量。战略力量的表现形式可能是现实的，也可能是潜在的。在现代条件下，战略手段的实战运用也是军事力量的威慑运用。战略手段是战略决策的重要内容，战略能否获得成功，主要取决于能否把战略目的和战略手段有机结合起来，实现两者的匹配。战略手段的选择与运用是战略指导灵活性的直接体现，要根据不同的条件、目的和问题，因时、因地、因敌采取不同的战略手段。

二、战略环境的基本要素

战略环境是指影响国家安全或战争全局的情况和条件，主要包括国际和国内的政治、经济、科技、军事、地理等方面综合形成的客观情况和基本条件，以及由此形成的战略态势，特别是战争与和平的总态势。战略环境是一个动态的概念，它随着国内外形势的发展而不断变化。战略环境包括国际战略环境和国内战略环境两个方面。

（一）国际战略环境

国际战略环境是指一定时期内世界各主要国家和政治集团在战略上相互联系、相互作用、相互斗争所形成的世界全局性的大环境和总体趋势。国际战略力量对比和大国战略，是影响国际战略环境最重要的因素。国际战略环境关系到国家的生存与发展、安危与兴衰，影响一个国家军事斗争的对象、性质、目标，以及军事力量建设和军事斗争的主要方向，因而各个国家制定战略，必须首先考察和关注外部环境和条件。

国际战略环境的范围虽然极其广泛，但是对于某一国家（集团）的战略指导者来说，最值得注意的是时代特征、国际战略格局、主要国家的战略取向、周边地区安全形势等问题。

1. 时代特征

时代是世界整体在发展进程中所处的大阶段。不同阶段之间相互区分的标志就是时代特征。时代特征反映了世界发展总进程中的矛盾领域和斗争状况。时代特征具有世界性和阶段性，它反映世界的总体面貌，是整个世界在某一历史阶段的总标志。个别国家的个别现象，国际社会一时一事或短时期内的形势变化，都不能视为时代特征。

正确认识时代特征，有助于战略指导者从宏观上把握当代世界的主要特点和发展大势，从而对国际战略环境作出正确判断，避免战略指导方面的重大失误。

2. 国际战略格局

国际战略格局指一定时期内，世界各国政治、经济、军事力量在其消长和分化、组合过程中形成的，对国际战略全局具有重大影响而又相对稳定的力量结构。它是国际战略环境的总体框架，反映一定时期内世界力量的分布、组合和对比，以及国际力量的利益矛盾、需求和战略关系。

在国际战略格局中，拥有强大军事实力和政治影响力的国家和地区，在国际事务中扮演着主要角色，起着主导作用。研究国际战略格局，有助于从总体上了解世界各主要国家在世界上的地位以及战略利益方面的矛盾和需求，有助于对世界形势及其可能的发展趋势作出基本估计。

3. 主要国家的战略取向

世界各国战略利益和政策取向的不同，决定了它们之间的敌友关系。各国的战略取向，既互为条件、相互依存，又相互影响、相互制约。其中，实力较强的世界性或地区性大国，特别是超级大国推行的战略，对地区乃至世界的安全与稳定产生着巨大影响，也影响着其他国家的战略。因此，世界主要国家的战略取向是国际战略环境的重要组成部分。了解和掌握这些国家的战略取向，有助于从世界各国特别是大国关系着手具体地研究国际战略环境，对国际形势作出正确判断。

4. 周边地区安全形势

周边地区安全形势指周边国家直接或者间接影响本国安全的条件和因素。当代世界战争与和平的趋势，是世界各国研究和制定国家安全战略和军事战略时关注的中心。世界主要国家和周边地区的政治、经济、科技、军事以及思想文化等各个领域都会对本国产生影响，但就国家生存与发展的全局而言，关键在于世界主要国家和周边地区有无使用武力或以武力相威胁，侵犯、危害本国主权、领土完整和海洋权益等根本利益的实力、企图与决心。因此，必须高度关注世界主要国家和周边地区与本国的利益矛盾、对本国的政策企图、军事力量及其部署等影响本国安全的因素。

（二）国内战略环境

国内战略环境指对筹划、指导军事斗争全局具有重大影响的国内社会环境和自然环境，主要包括国家的政治、经济、科技、军事、地理、文化等方面的基本状况。其中，国家的地理环境、政治环境和综合国力状况，更直接地反映了国家军事力量建设与运用的可能条件和制约因素，决定着战略的基本性质和方向，是制定战略的基本依据。

1. 地理环境

地理环境包括国家的地理位置、幅员、人口、资源、地形、气候、交通、要地、行政区划等状况。这些地理要素与军事斗争和战争的关系十分密切，是军事力量生存、活动的空间条件。一个国家军事力量的结构、体制，军队的编制、装备、作战方法以及战场建设等，都必须与本国的地理环境相适应。军队的训练、作战、机动、集结、后勤供给等军事活动都离不开一定的地域空间，都要受到地理环境的影响和制约。地理环境不仅是制定战略的重要依据，也是影响战争胜负的重要因素。因此，在制定国家安全政策时，必须考虑地理环境的影响，巧妙地利用地理环境，既要看到其不利的一面，又要尽量利用其有利的一面。

2. 政治环境

国内政治环境涉及范围广、影响大的有两个方面：一是国家的政治法律制度与基本国策，二是政治安全形势。政治法律制度和基本国策决定着国家性质、社会制度和阶级关系，是国内政治环境的本质与核心，是筹划和指导军事斗争全局的基础。国内政治安全形势主要包括一定时期内国内的阶级、民族、宗教、政治集团之间的相互关系状况及其对国家政局和安全的影响。

要特别注意，境内分裂势力、恐怖势力以及境外敌对势力相互勾结，企图颠覆国家、引起冲突甚至战争的情况，这些直接影响国家统一和稳定，是筹划、指导军事斗争时必须关注的重要问题。

3. 综合国力

综合国力指一个国家全部物质力量和精神力量的总和，包括人力、物力、财力、军力、科技力、生产力、文化力以及社会动员能力等。综合国力已经成为衡量一个国家综合力量大小的重要指标，反映着该国的发展水平，决定着该国的国际地位。它既是国防和军队建设的物质基础，也是影响战略制定和实施的基本要素。一个综合国力不强的国家，即使一时拥有强大的军事力量，也不可能长久维持；一个综合国力很强的国家，一旦决定发展军事力量，就会很快建设起一支强大的军队。一切军事斗争和军事活动，归根结底都要依靠综合国力，特别是经济、科技和军事实力的支撑，并受其制约。战争指导者必须立足于国家综合国力的实际可能，本着勤俭节约、讲究效益的原则，筹划、指导军事力量的建设与运用，使之与国家建设和社会发展的总体水平相适应。

三、战略与战略环境的关系

1. 战略与战略环境是主观意识与客观实际的关系

战略是战争规律在人们头脑中的反映，而战略环境是独立于战争指导者意识之外的客观存在。战略环境是制定战略的客观基础，任何战略的制定都离不开战略环境。同时，战略的推行也会推动战略环境的改变。

2. 正确认识和分析战略环境是正确制定战略的先决条件

对战略环境的认识和分析越全面、越准确、越深刻，制定的战略就会越符合实际，越有成功的把握。战略环境的范围非常广泛，包括敌方、友方、我方的政治、经济、科学、军事、地理等各方面情况，只有深入了解和熟悉这些情况，找到它们之间相互联系、相互影响、相互作用的特点和规律，准确分析其影响，才可能制定出正确的战略。

3. 战略对战略环境的发展变化具有很大的能动作用

战略的实施和战略的制定一样，必须充分考虑战略环境对战略实施的各种影响。战略环境在一定条件下是可以改变的，战略对战略环境的发展变化具有很大的能动作用。因此，要采取措施消除负面影响，保证战略的顺利实施。战略指导者应当清醒地认识到，一定时期内，对战略的影响既有有利因素，也有许多不利因素，要充分利用有利因素，克服不利因素，推动战略的顺利实施。当前，和平与发展是时代主题，世界总体形势趋向缓和，我国经济快速发展，综合国力和国际影响力不断提高，新军事变革不断取得进展，这些都是我们实现国家和平与发展的有利因素；而霸权主义对我国的压力增大，分裂势力的挑战加大，社会转型期矛盾加剧，我国的军事力量与军事强国差距甚大，这些都是贯彻实施战略的不利因素。我国正处于发展的重要战略机遇期，必须抓住机遇，不断增强综合国力，加速推进中国特色军事变革，确保新时期军事战略方针的落实。

历史上的无数实践证明，正确的战略可以改变险恶、不利的战略环境，创造有利的局面，而错误的战略则可能使本来较好的战略环境恶化，导致斗争受挫，甚至招致失败。战略的一个重要作用就是推动战略环境朝着有利于己的方向发展。例如，我国实行和平发展的国家战略和积极防御的军事战略，坚持和平、合作、共赢的方针和睦邻、富邻、安邻的政策，营造一个和平稳定的环境，这一良好的国内外环境又反过来推动国家战略目标的实现。

第二节　国际战略格局

国际战略格局是指国际社会中国际战略力量之间在一定历史时期内相互联系、相互作用而形成的具有全球性的相对稳定的力量对比结构及基本态势。其构成要素主要是国际战略力量。国际战略力量的行为能力主要是综合国力。综合国力主要由政治力量、经济力量、军事力量、科技力量、社会文化力量等组成。在国际战略格局中，拥有强大军事实力和政治影响力的国家和地区，在世界事务中扮演着主要角色，起着主导作用，通常被称为“极”或“力量中心”。能够称得上“极”或“力量中心”的国家，必须是在国际社会中具有突出地位，能够参与和主宰国际事务，产生全球性影响的国家。

一、国际战略格局现状

国际战略格局是由力量对比关系所决定的。各个历史时期，由于新生力量的形成与变化，起主导作用的“力量中心”也随之变化，从而形成单极格局、两极格局以及多极格局。国际战略格局同经常变动的国际战略形势有所不同，它在一定的历史时期内具有相对稳定性。新旧战略格局的交替转换，通常发生在涉及世界主要国家的剧烈的社会大动荡之后，其根本原因在于世界基本矛盾的不断发展变化。

真正具有世界意义的国际战略格局是在近代资本主义发展的基础上形成和发展起来的。19 世纪以后，欧洲列强统治和影响着世界上的广大地区，从而形成了以欧洲为中心的国际战略格局。这一格局的特点是几个大国都想争夺欧洲和世界霸权，列强内部争夺激烈，导致20世纪上半叶发生了两次世界大战。第二次世界大战以后建立的“雅尔塔体制”，改变了以欧洲为中心的旧的世界格局，建立了以美苏两极为主导地位的国际战略格局。

20世纪80年代末，苏联解体，以美苏两极为主导的“雅尔塔体制”彻底崩溃。由于日本、德国、西欧在经济上的迅速崛起，海湾战争以后，美国“单极”世界格局计划破产。随着世界形势的大动荡、大分化、大改组，国际战略格局开始向多极化方向发展。一个新的以多个力量中心为基本结构的多极化国际战略格局正在形成。

当前，国际战略格局正处在由单极向多极发展的过程中，呈现出“一超多强”的特点。美国成为全球唯一的超级大国，无论经济、科技和军事实力，还是国际影响力、文化扩散力，都是其他国家望尘莫及的。日本、西欧各国在经济上迅速崛起，与美国的差距逐步缩小。欧盟作为一个高度一体化的政治经济集团，其经济实力、外交影响以及独立防务建设在冷战后都有了较大发展。欧洲一些国家与前殖民地国家还保持着密切联系，在南北关系中起着特殊的作用。特别是欧盟一些大国，具有较强的独立意识。伊拉克战争中，法、德两国反对美国的战争政策，大西洋两岸的关系一度紧张。俄罗斯的实力和国际影响力虽较苏联大大削弱，但仍拥有能与美国相抗衡的军事实力。近年来，俄罗斯正利用其巨大的能源储量和产量来影响世界，谋求重振大国雄威，恢复世界强国的影响力。日本是世界经济强国，科技水平居世界前列，军事力量不断增强。日本争取联合国安理会常任理事国的努力虽遭挫折，但其迈向政治、军事大国的步伐不会停止。中国近年来经济发展迅速，综合国力不断提高，对周边和世界的影响越来越大。

二、国际战略格局特征

国际战略格局具有以下特征：

一是国际局势总体趋向缓和，发生世界大战的可能越来越小，但国际力量对比严重失衡，国家间历史积怨深重，民族和宗教矛盾突出，资源纠纷增多，恐怖活动猖獗，大规模杀伤性武器扩散问题更加突出，局部战争和武装冲突时有发生。

二是霸权主义依然存在，政治上的新干涉主义、军事上的先发制人和经济上的新殖民主义成为霸权主义的主要表现形式。

三是大国间在加强对话与合作的同时，仍在进行着较量，但重点已从冷战时期以军事力量为主，转向以经济、科技为基础，以军事为后盾的综合国力竞争。

四是经济全球化发展进程加快，世界经济联系越来越紧密，经济全球化在带给人类巨大发展机会的同时，也加大了全球贫富差距，给国际社会带来新的不稳定因素。

三、国际战略格局发展趋势

影响当前及未来一个时期国际战略格局变化的主要因素：一是以美国和欧洲主权债务危机为代表的持续的全球性金融危机，以及由此引发的社会危机、价值观危机；二是席卷西亚、北非的历史性政治大动荡；三是美国全球战略重心东移，即美国全球战略重心向亚洲地区转移。特点是立体动荡，全球联动，持续发酵，前景难料，表现出国际格局转型期、过渡期的典型特征。中国所面临的世界军事形势既有有利的一面，也有不利和严峻的一面。

（一）“多极化”发展是必然趋势

冷战结束后，美国成为世界上唯一的超级大国。欧盟在GDP和外贸总额上均与美国相当，1999年欧元启动后，成为美元强有力的竞争对手。但是，欧盟要发展为一个自主、强大、统一的欧洲，还有很长的路要走。欧盟虽然探索实行共同安全与防务政策，但由于美国军用技术领先欧盟十年以上，在一个相当长的时期内，“老欧洲”还不会脱离美国主导下的北约。日本经济、科技实力雄厚，GDP居世界第三位，是世界最大的债权国。日本正在努力摆脱战败阴影，谋求成为联合国安理会常任理事国，谋求在保持世界经济大国地位的同时成为政治、军事大国，但还不会摆脱美日军事同盟的束缚。苏联解体后，俄罗斯国力急剧衰减。近年来，在石油资源的带动下，俄罗斯经济增长强劲，正努力恢复其世界性大国的地位。尽管俄罗斯仍拥有令人生畏的军事力量特别是核力量，但其对美国的制衡作用无法与苏联相提并论。中国自改革开放以来，经济多年保持接近8%的增长率，2017年GDP居世界第二位，逐渐拉近与美国的距离。但中国底子薄，特别是GDP的构成和人均GDP仍远远落后于发达国家。由于印度、巴西、中国等发展中国家的快速发展，美国在世界经济中所占的比重下降，多极化趋势加速发展。

当前，美国的GDP相当于日本、德国、中国三国的总和，在科学技术领域持续保持领先地位，在军事力量上的领先程度更大，全面确立了对其他大国的优势，其建立单极世界的企图和称霸世界的野心急剧膨胀，导致单极与多极的斗争非常激烈。在今后相当长的一段时间，世界上还不可能出现一个能够在军事上与美国相抗衡的国家。其他战略力量要赶上美国，还需要一个较为漫长的过程，国际战略格局的调整要经过一个更长的时期才能完成。

（二）国际社会安全环境日趋复杂

近年来，全球化进程的加速对世界格局和国际安全产生了深刻影响。世界五大力量中心（中国、美国、俄罗斯、日本、欧盟）战略关系的调整，将使未来国际战略格局呈现新的特征。一是关系复杂化。在多极格局中，各力量中心之间将形成交叉三角关系，各国战略方针、政策取向不确定。二是集体松散化。政治与军事集团内部关系相对松散，各国对外政策独立性增强。三是外交方式多边化。多边机构和组织的作用突出，双边关系受多边关系的制约日益增大。四是合作区域化。区域化成为新地缘政治关系的动力，地区或次地区经济合作和安全合作将成为对外合作的重点，如反对霸权主义、打击恐怖主义、维护世界和平和地区安全稳定等方面的合作。经济全球化扩大了各大国之间的利益联系，使得大国间的相互依存性增强，从而有力地制约了大国间发生战争的可能性。

（三）中国的作用将更加突出

“9·11”事件对国际战略格局产生了重大影响。国际恐怖主义与民族分裂主义和宗教极端主义相互勾结、滥打滥杀，威胁到地区的和平与稳定。美国推行霸权主义，实行强权政治，以反恐为借口，将一些国家列入所谓的“邪恶轴心”“支持恐怖主义国家”“被奴役国家”“失败国家”名单，肆意发动攻击，企图建立单极统治的世界，对国际安全构成重大威胁。这些做法必然导致激进势力采取以恐反霸、以暴抗暴的态度，从而导致恐怖主义的泛滥。在南北矛盾根本缓和之前，在美国放弃霸权主义之前，滋生恐怖主义的土壤仍将继续存在。

美国忙于反恐，不得不注重协调与其他大国之间的关系，缓和与中国和俄罗斯之间的潜在冲突，这暂时减轻了对中国的压力。但近两年来，美国注意到中国迅速崛起的影响，在某些方面继续与中国合作的同时，加紧调整军事部署，加强对中国的遏制和围堵。

中国是一个发展中的社会主义大国，也是当今世界维护和平的重要力量。作为多极格局中的一极，中国对世界的影响表现在以下方面：一是在反对霸权主义和强权政治上发挥积极作用。中国在各大力量中心之间将起到平衡与制约的作用，并成为抑制霸权主义和强权政治的重要因素。二是在经济发展上起着参考作用。中国改革开放三十多年，经济改革与发展取得了举世瞩目的成就，受到国际社会的普遍关注。中国的经济改革是“历史上最大的实验”，具有“参考”“标杆”作用，对许多国家或地区乃至世界都产生了重大影响。三是在维护第三世界权益的斗争中起到重要作用。中国反对霸权主义，维护世界和平，加强同第三世界的团结和合作。中国一贯奉行和平共处的对外政策，始终坚持大小国家一律平等的原则，坚决反对恃强凌弱的行为。

（四）新军事变革对国际军事战略形势具有深刻影响

目前在世界范围内展开的新军事变革，不仅使战争的面貌焕然一新，也对国际军事形势带来了广泛而深刻的影响。

为了争夺21世纪军事领域制高点，各大国展开了新一轮军备竞赛。近年来，世界军费开支呈明显上升趋势。美国2017年军费预算增至5827亿美元。美国利用在军事变革中获得的巨大优势，肆意推行扩张政策和“先发制人”战略。据统计，目前美国在联合国193个会员国中的132个有军事存在，在全球30多个国家设有近千个军事基地，驻扎着20多万兵力，冷战后对外出兵40余次。日本军费开支仍维持在每年400多亿美元的水平，并大力加强日美同盟，加速研制新式武器。俄罗斯依靠石油资源，经济快速增长，军费开支也迅速增长，准备大力发展和更新主战装备。印度军费年增长率在10%以上，主要用于研发导弹核武器和信息化武器。英国、德国都将发展信息化武器作为军队建设的重点。

新军事变革使战争形态进一步向信息化战争演变。新军事变革催生了信息化战争形态，它的基本特征是非接触、非线式、非对称和精确化、智能化以及作战空间的无限拓展。首先，信息成为现代战争的战略资源，信息力量成为决定现代军队作战能力的关键因素。争夺制信息权的斗争将贯穿未来战争的全过程，直接影响战争的胜负。其次，非接触、非线式、非对称作战成为重要作战方式。远程精确打击将逐步取代短兵相接的传统作战方式，主导战争进程。战争将在战场的全纵深同时展开，没有明显的战线和前后方之分。第三，战场对抗表现为体系对抗。战争力量的构成趋向体系化，单一军种的作战日益消失，传统的军种分工趋于模糊，作战表现出高度的集成性。第四，指挥控制适时高效。在CISR系统的支持下，实现了情报获取实时化、信息传输网络化、信息链接无缝化、作战平台网络化。

第三节 我国周边安全环境

国家安全环境是国际安全环境的一部分，是指在一定时期内对国家安全产生影响的客观条件和因素，即周边国家或集团在一定时期内对自己国家的主权、领土完整是否构成威胁的情况及条件，有无军事入侵、渗透颠覆等情况的综合分析和评估。它直接影响主权国家的安全和发展，是制定国防政策和军事战略的首要依据。国家地理环境是指影响国家安全的地理位置、地理特征以及与地理密切相关的国家关系等因素。

从国家安全角度看，中国的周边形势总体走向缓和，中国与周边国家睦邻友好关系深入发展。但与此同时，霸权主义和强权政治仍然存在，周边国家由民族、宗教、领土、资源等因素引发的局部冲突此起彼伏，各种分裂势力、恐怖势力和极端势力给我国周边安全不断带来危害。概括起来，主要有四个方面，即强国威胁、热点问题、领土争端、分裂势力。21世纪的中国面临着多层次的国家安全挑战。

一、中国地理环境及现状

中国与世界主要国家相比，地理环境十分复杂和特殊。

（一）中国边界线长，相邻国家多

中国地处亚洲东部，与周边各国有着漫长的边界线。中国有陆地面积960万平方公里，海洋国土面积300万平方公里；陆地边境线2.2万公里，海岸线1.8万

公里。

中国的邻国多，而且国情各异，对中国安全的影响复杂。其中，有的国家曾经侵略过中国，目前仍然是经济大国或军事大国，对中国安全影响极大；有的邻国之间积怨很深，严重对立，它们之间一旦爆发战争或武装冲突，就会影响中国周边安全；有的国家内部不稳定因素很多，一旦发生大的内乱，也会对中国边境造成很大的压力；有的国家的居民与中国边境地区的居民属于同一民族，这虽然有利于与邻国开展友好往来，但一旦这些邻国国内的狭隘民族主义泛起，有可能引起中国国内的民族纠纷；有的国家的居民与中国某些地区的居民信仰同一宗教，一旦这些国家内部的宗教派别斗争加剧或者某些宗教极端势力恶性膨胀，也有可能对中国产生不利影响；一些邻国与中国之间存在着历史遗留的边界划分争议、领土争议和海洋国土划界争议，存在着可能引发边界事端甚至武装冲突的隐患。

（二）中国周边人口多，大国集中

中国周边地区拥有上亿人口的国家有印度、印度尼西亚、俄罗斯、日本、巴基斯坦、孟加拉国。此外，越南、菲律宾、泰国、韩国和缅甸等国家，人口都在4000万～9000万之间，也是人口相对较多的国家。这些国家和中国的人口相加，达30多亿，占世界人口的一半以上。

中国周边地区还是世界热点和潜在热点最多的地区，如朝鲜半岛、千叶群岛、台湾海峡、南沙群岛、克什米尔地区、南海等；世界公认的五大力量中心，除欧盟外，美国、中国、俄罗斯、日本均交汇于此；一些拥有核武器的国家在中国周边地区构成了世界上最密集的核分布圈。这些因素汇集在一起，必然加大对中国安全环境的压力。

（三）中国既受其他大国关系的影响，又影响其他大国的关系

目前，世界上存在两大地缘战略区，即海洋地缘战略区和欧亚大陆地缘战略区。美国位于海洋地缘战略区，是世界超级海洋强国。俄罗斯位于欧亚大陆地缘战略区的心脏地带。中国也位于欧亚大陆地缘战略区，背靠欧亚大陆，面向太平洋，是连接东北亚、东南亚、南亚和中亚的枢纽，处于两大战略区的交接处。这种特殊的地缘关系，使得中国在历史上曾经遭到两大战略区强国的侵略和压迫，也使得今天的中国成为能够对两大战略区关系产生重要影响和作用的国家。冷战时期，形成了美、苏、中著名的“大三角关系”。冷战结束后，美国成为世界上唯一的超级大国，俄罗斯成为世界第二军事大国，日本的经济实力和军事实力不断发展，正在谋求世界政治大国地位。中国处在这些大国势力交汇处，如何处理好与美、俄、日三国的关系，不仅关系到中国自身的安全，而且关系到东亚、亚太地区乃至世界的安全与稳定。

二、中国周边安全环境中存在的主要问题

长期以来，中国奉行“与邻为善，与邻为伴”和“睦邻、安邻、富邻”的周边

外交方针，积极推动周边形势向着有利于和平与稳定的方向发展，收到了很好的效果。但是，中国周边安全环境仍然存在着许多不确定和不稳定的因素，各种安全威胁交织，成为中国周边安全形势的重要特点。

（一）美国对中国安全的威胁

冷战结束后，美国成为世界最大的霸权主义国家，它企图凭借自己的经济实力和军事实力建立单极世界，主宰世界。它的战略重点面向亚洲，直指中国，明确把中国列为2015年后美国全球战略对手之一。于是，它一方面对中国进行军事威胁，一方面加紧对中国进行政治渗透。尽管近几年美国遭受严重的金融危机，但其在全球的经济优势并没有从根本上改变，其称霸的地位也没有从根本上削弱，它对中国“西化”“分化”的战略没有变。其主要手段是利用台湾、西藏、南海问题和所谓的人权等问题攻击中国共产党和中国政府。

在军事上，美国遏制中国的战略没有变。第二次世界大战结束后，美国的全球战略前沿直抵中国周边地区。冷战结束后，美国调整了在中国周边地区的军事部署，加紧遏制中国。在韩国和日本，美国驻兵10万，并在日本针对中国部署了十多个航母战斗群；美国的侦察飞机经常沿中国边境飞行，侦察中国情报。

在台湾问题上，美国说一套做一套，嘴上说遵守《中美上海联合公报》，行动上却变相地推行所谓“一中一台”“两个国家”政策，企图使海峡两岸长期“不统、不独、不战、不和”，使台湾长期成为美国的“不沉航空母舰”，成为制约中国的一枚关键棋子。

（二）祖国统一大业不断发展，但形势仍然严峻

台湾问题是中国内部的历史遗留问题。我们始终把解决台湾问题、完成国家统一作为自己的神圣职责，并进行了长期不懈的努力。1978年，党的十一届三中全会召开，中国的发展从此进入历史新时期。在这个重要的历史背景下，我们发表了《告台湾同胞书》，提出了一系列对台方针政策。邓小平根据“一国两制”的伟大构想，为确立“和平统一”“一国两制”的方针做出了历史性贡献。2005年3月14日，《反分裂国家法》的颁布和实施，把我们关于解决台湾问题的大政方针法律化。在党的十七大报告中，胡锦涛强调：“坚持一个中国原则决不动摇，争取和平统一的努力决不放弃，贯彻寄希望于台湾人民的方针决不改变，反对‘台独’分裂活动决不妥协。”2008年12月31日，在纪念《告台湾同胞书》发表30周年座谈会上，胡锦涛又一次强调了这四个“决不”，表达了我们坚持和平统一的一贯立场和最大诚意，同时表明了全国人民坚决反对“台独”，捍卫国家主权和领土完整的共同意志和坚定决心，并提出了六点建议，即“恪守一个中国，增进政治互信；推进经济合作，促进共同发展；弘扬中华文化，加强精神纽带；加强人员往来，扩大各界交流；维护国家主权，协商涉外事务；结束敌对状态，达成和平协议”。30多年的实践充分证明，“台独”分裂势力及其分裂活动违背两岸同胞的共同利益，损害中华

民族的根本利益，拂逆中国发展不可阻挡的历史潮流。任何人、任何势力妄想把台湾从中国分割出去的企图都是注定要失败的。

近几年来，两岸经贸关系迅速发展，人员往来和各种交流活动日益频繁。2008年12月15日，实现了两岸直接“三通”，即通邮、通商、通航。如今赞同台湾与祖国大陆实现和平统一的人越来越多，和平统一的愿望越来越强烈。祖国统一大业在曲折前进中不断取得新成果。但是，阻碍两岸交流和破坏祖国统一的消极因素仍然存在，“台独”活动仍很猖獗，祖国统一大业形势严峻。长期以来，台湾问题一直是以美国为首的国际反华势力干涉中国内政的一个战略性筹码，他们极力用台湾问题遏制中国。美国不时向台湾地区出售包括军舰、导弹在内的先进武器装备，干涉中国内政。日本把台湾地区列入它的“周边事态”范围。祖国统一大业仍然面临严峻的挑战。

台湾地处我国东南海域，居我国沿海岛屿中枢，扼西太平洋海上航道要冲，是我国南北两大战略海区的连接点和枢纽，是我国跨越西太平洋第一岛链和走向太平洋的战略门户，是我国的战略要地和海防屏障。如果把台湾从我国版图中分裂出去，不仅我国海上战略屏障顿失，战略防御纵深锐减，两大战略海区的联系被拦腰截断，而且大片海洋国土、海洋资源将被他国窃取，我国将永远被封闭在西太平洋第一岛链以内，丧失安全的出海口通道，维系国家经济发展命脉的对外贸易交通运输线将处于分裂势力与外部敌对势力的监控与威胁之下。这不仅会严重威胁我国的安全，也会窒息和扼杀中华民族复兴不可缺少的战略空间。因此，在事关祖国统一和兴衰荣辱的问题上，中国人民和中国政府没有妥协的余地。

（三）中国的海洋权益存在复杂纠纷

在我国周边安全环境中，维护海洋权益的斗争具有较大的复杂性和敏感性。我国既是陆地大国，也是海洋大国，毗连海域自然延伸面积约470万平方公里。由于历史的和现实的原因，我国与海上8个邻国存在海域划界和岛屿归属问题之争。

1. 关于东海大陆架和钓鱼岛的争议

东海位于中国、日本、韩国三国之间，东西宽150～420海里（1海里＝1.85千米），南北长660海里，总面积约77万平方公里。在大陆架划分上，中国与日本是相向而不共架国。中国大陆架一直延伸到冲绳海槽。冲绳海槽大部分深度超过1000米，坡度很陡，形成西部大陆架和东部岛架的天然分界。根据东海大陆架的实际情况，参照《联合国海洋公约》的有关条款和各国海域划界的实践，冲绳海槽构成了中国东海大陆架与琉球大陆架的自然分界线，因此应按大陆架自然延伸的原则，以冲绳海槽中心线为界，划分中国与日本在东海大陆架的边界。但是，日本方面却主张按东海的中间线平分划界。这样，中日之间便产生了20多万平方公里的争议区。如果按日本的主张划界，中国在东海的大陆架范围将被拦腰截断，应归中国管辖的海域面积将减少一半。

中日在东海还存在着钓鱼岛归属问题之争。钓鱼岛位于台湾东北约120海里，由钓鱼岛、黄尾屿、赤尾屿、南小岛、北小岛及一些礁石组成。其中最大的岛屿钓鱼岛海拔360余米，面积约3.64平方公里。钓鱼岛群岛历来是中国领土。公元1403年（明永乐元年）以前，钓鱼岛即被中国人发现并命名。明朝嘉靖年间编制的《筹海图编》正式把钓鱼岛列入中国海防范围。

1893年（清光绪十九年），慈禧太后颁诏把钓鱼岛等三岛赐给当时的太常寺正卿盛宣怀。可见，钓鱼岛自古以来就是中国的领土，一直在中国政府的管辖之下。1894年，中日甲午战争爆发，中国战败。1895年4月17日，在签订《马关条约》时，日本逼迫清政府将钓鱼岛群岛随同台湾一起割让给了日本。1900年，日本开始称呼钓鱼岛诸岛为“尖阁列岛”，将其划归冲绳县管辖。第二次世界大战期间，在1943年中、美、英三国发表的《开罗宣言》中，明确指出日本用武力从中国夺去的东北、台湾、澎湖列岛等中国领土，战后必须归还中国。事实上，在1945年日本彻底战败后，中国政府在收复台湾、澎湖列岛的同时，客观上顺理成章地收复了台湾的附属岛屿——钓鱼岛的主权。但是，在1945年日本投降后，冲绳受美国托管，美国将我钓鱼岛作为靶场。1971年6月，美国竟公然违背《开罗宣言》原则，把中国领土钓鱼岛群岛划入“规划区域”交给日本，日本政府马上声明对钓鱼岛群岛拥有主权。同年12月30日至今，中国政府不断发表声明，严正驳斥日本的无理主张，并指出钓鱼岛群岛是中国台湾省的附属岛屿，历来属于中国，这些岛屿周围的海域及其海底资源也属于中国所有，决不允许任何外国染指。美日两国政府拿中国的领土钓鱼岛群岛私相授受，是侵犯中国领土主权的严重行为，是完全非法的、无效的，中国政府和中国人民绝不承认。

在钓鱼岛问题上，在中日邦交正常化谈判时，双方都同意“以后再说”。但是，事后日方却采取放任态度，批准日本一些右翼团体在岛上建立航标，甚至出动舰艇进入钓鱼岛海域驱赶中国台湾省渔民。中国政府在1990年10月27日再次发表声明，强烈要求日本政府维护双方过去达成的谅解，立即停止在钓鱼岛及其海域采取任何单方面行动，再次建议双方尽快就搁置主权争议，共同开发钓鱼岛海域资源，开放钓鱼岛海域渔业资源等问题进行磋商。1996年7月18日，中国外交部发言人针对日本右翼团体“日本青年社”在钓鱼岛的北小岛上设置灯塔的严重事态，再次表示“严重关切”，重申钓鱼岛自古以来就是中国固有领土的原则立场，并要求日本政府立即采取有效措施，消除由此产生的不良影响。2005年2月，日本政府宣布正式将右翼团体在岛上建造的灯塔收为“国有”，并加以保护，以此制造其占有和控制钓鱼岛的“事实依据”。

东海大陆架划界问题和钓鱼岛归属问题是每一个中国人都十分关心的问题。中国对钓鱼岛群岛的主权一天也没有放弃。

2. 关于南海海域及南海诸岛的争议

南海总面积约360万平方公里，南海诸岛包括东沙、西沙、中沙和南沙四大群岛，分布于南海的中心部位，扼太平洋和印度洋的咽喉，不仅地理位置非常重要，而且蕴藏着丰富的矿产和水产资源。南沙群岛是南海诸岛中分布面积最广、岛礁数量最多、位置最南的一组群岛。南沙群岛由 230 个岛屿、礁滩和沙洲组成，分布在 24.4 万平方公里的海域中。其中露出水面的岛屿 25 个，明暗礁 128 个，明暗沙洲 77 个。太平岛面积最大，约 0.5 万平方公里。

南沙群岛历来是中国的领土。在 20 世纪 70 年代以前，南海毗邻国家对此从未提出过异议。可是，自从发现南海蕴藏有丰富的油气资源后，周边国家开始窥视这一海域。菲律宾率先于 1973 年抢占了南沙东部的部分岛屿和沙洲。接着，越南政府也于 1973 年 7 月派兵占领南海西部 6 个岛礁。1975 年 4 月，越南一反承认南沙是中国领土的立场，接管了南越军队占领的岛礁，并不断扩大侵占行动。马来西亚从 1983 年起，先后占领南沙南部的 3 个岛礁。随后，上述国家又单方面宣布了大陆架和 200 海里专属经济区范围，把南沙群岛的全部或部分岛礁列入自己的“版图”，并加紧在南沙海域进行资源开发，致使南沙争端日益突出。

目前，南沙群岛已形成四国五方控制的局面。除我国大陆控制 7 个岛礁和台湾当局占据太平岛外，共有 38 个岛礁被别国占领。其中，越南侵占 27 个岛礁，菲律宾侵占 8 个岛礁，马来西亚侵占 3 个岛礁。另外，文莱也宣布对南沙的一个岛礁拥有“主权”，并将该岛礁周围 3000 平方米海域划归其经济区。印度尼西亚也宣布建立 200 海里专属经济区，把南沙部分海域划归己有。这就使南沙问题又形成了五国六方乃至六国七方进行争议的复杂局面。

目前，南海周边邻国对南沙的军事控制进一步增强，对南沙资源的掠夺性开发明显加快。越南已同 17 个国家的近 30 家公司和国际财团签订了合作开发南海油气资源的合同。菲律宾、马来西亚、印度尼西亚以及文莱等国已在我国南海疆域内开采石油和天然气。特别值得注意的是，南沙问题国际化趋势有新的发展，东盟国家曾就南沙问题进行过多次内部磋商，力图联合起来与中国谈判解决南沙争端，并准备在谈判达不到他们的目的时提交联合国裁决。美国等西方大国正在积极插手南沙事宜，试图利用南沙问题挑拨我国与东盟国家的关系，并制造所谓“中国威胁论”，对我国施加“更有针对性的压力”。应当引起警惕的是，西方大国插手南沙事宜主要是通过与其他有关各方合作进行的，这越来越清楚地显示出它们共同对付中国的意图。

除此之外，中国在东海、黄海与周边一些国家在海域划分上的矛盾一时也难以解决。

3. 陆地边界争端尚未全部解决

从总体上说，中国与周边国家的边界问题大多已得到解决。对中国周边安全环境产生不利影响的边界争端主要是中印边境争端。中印边界全长约 2000 千米，分为东、中、西三段。中印两国存在大片领土争端，争议面积共达 12.5 万平方公里，大小 8 块，均在中印边界传统习惯线我方一侧。在东段，争议面积约 9 万平方公里，现被印度控制，印度称其为“阿鲁纳恰尔邦”；在中段，争议面积约 2000 平方公里，除个别地区外，均为印度控制；在西段，争议面积约3.35万平方公里，除巴里加斯地区约450平方公里被印度侵占外，其余在我国控制之下。2003年6月，中印两国总理各自任命特别代表，探讨解决边界问题的政治指导原则和框架。2005年4月11日，中印双方就边界问题达成政治指导原则协定。

4. 影响边疆地区安全的其他不稳定因素

中国是一个多民族的社会主义国家，共有56个民族。由于实行正确的民族、宗教政策，我国各族人民团结一致，齐心协力，共建中华美好家园。但是，境外一小撮民族分裂主义分子，在国际上某些反华势力的操纵和唆使下，置民族大义和国家利益于不顾，配合国际反华势力对中国实行“西化”“分化”和“和平演变”战略，采取政治斗争与暴力对抗相结合的方式进行民族分裂活动。例如，活动在我国新疆境内的“东突”民族分裂势力，与国际恐怖主义势力相勾结，以泛伊斯兰主义和泛突厥主义思想为理论基础，以反对中国共产党的领导，建立所谓的“东突厥斯坦国”为目的，以宗教为掩护，大肆进行分裂新疆的破坏活动，严重危害新疆各族人民群众的生命和财产安全，严重危害我国边疆地区的安全与稳定。又如，逃往国外的达赖集团，打着宗教旗号，大肆进行“藏独”分裂活动。以美国为代表的西方反华势力不断通过这些民族分裂势力，对我国进行“西化”“分化”活动，妄图以“西藏问题”为突破口，支持“藏独”分裂势力搞所谓的“西藏独立”。这些都对我国边疆地区的安全与稳定产生了不利影响。因此，我们必须头脑清醒，居安思危，维护好国家和人民的利益。

中华人民共和国成立之初，退缩至台湾的蒋介石集团伺机反攻大陆，中国人民需要集中精力在战争废墟上进行国家建设，改善人民生活。然而由于美苏分别结成激烈对抗的资本主义和社会主义两大阵营，中国被迫卷入其中。中国周边一些新独立的国家正准备在摆脱殖民统治和民族压迫的基础上逐步走向民族复兴，却不幸再次被大国斗争的阴影所笼罩，被卷入了大国斗争的旋涡。随着美苏之间冷战的加剧和美国对华政策的破产，美国改变了对日本的政策，与日本签订了《美日安保条约》。美国在日本、韩国、中国台湾及东南亚地区建立和部署了一系列军事基地和庞大的军事力量，直接参与了20世纪50年代的朝鲜战争和60年代的越南战争，并支持台湾当局对中国东南沿海地区进行军事窜犯，使中国在整个东部方向上面临巨大的安全挑战。

进入60年代，由于苏联霸权主义日益抬头，最终导致中苏两个社会主义大国分道扬镳，并发生了1969年珍宝岛武装冲突，中国同时面临美、苏两个超级大国的军事威胁。中国政府加强战备，顶住了外来压力，并取得了中印边境自卫反击战的胜利。

70年代，国防仍然面临巨大压力。中国采取了一系列行之有效的措施，维护了国家安全，并取得了中越边境自卫反击战的胜利。十一届三中全会后，开始了党在领导思想上的拨乱反正，能够比较客观地分析和判断国际安全环境和国防形势。

80 年代中期以后，国际安全形势相对缓和，中国的安全环境逐步得到改善。但是随着西方国家“和平演变”攻势的加强，“资产阶级自由化”思潮开始泛滥，对中国的社会主义制度构成威胁。

冷战后期东西方关系缓和，中国周边地区安全形势进入相对稳定的时期。90 年代，中国的安全形势进一步好转，特别是与周边国家的关系得到加强。中俄建立了战略协作伙伴关系，中俄双方建立了国家元首互访、总理定期会晤机制，两国边界基本勘定。中美关系进一步发展，双方经济关系紧密，开展了一系列安全对话与合作。周边安全形势进入一个相对稳定的历史时期。但是，随着中国的快速发展，一些国家特别是美国对中国的疑虑增大、防范加强，“中国威胁论”甚嚣尘上。美国不断强化美日同盟，加强与澳大利亚、韩国、泰国、菲律宾等周边国家的军事合作，进行预防性军事部署，构筑军事包围圈。日本政府整体右倾，执意执行对抗政策，在历史、岛屿主权和海洋权益等问题上蓄意挑衅，暗中支持“台独”。以“台独”为政纲的民进党于 2000 年上台执政后，不断推动“台独”活动，台海危机一触即发。恐怖主义等非传统安全威胁上升，中国面临着巨大的安全压力。

三、国际安全环境处于历史上较好的时期

冷战结束后，两极格局解体，大国关系进行了深刻调整。“9・11”事件后，国际安全形势发生新的变化，大国关系经历了新一轮调整。中国积极适应全球化、信息化的时代特点，紧紧抓住发展这个核心，推行睦邻友好政策，积极参与国际安全机制，加强国防建设，努力维护 21 世纪前二十年的重要战略机遇期。中国与部分大国双边关系不断改善。

“9・11”事件后，美国认识到，在反恐、核不扩散等重大国际问题上都离不开中国的合作，尤其在维护朝鲜半岛和平与稳定、防止大规模杀伤性武器扩散、打击跨国犯罪、维护世界局势等方面，双方有着重大的共同利益和巨大的合作潜力。同时，随着中国加入世界贸易组织和经济全球化的深入发展，两国经济的相互依存性增强。双方合作加深，关系得到改善，美国对华政策表现出寻求合作而不是对抗的基本取向。近年来两国领导人保持互访势头，两国政府及各个层面的交往频繁，中美关系处于历史上较好的时期。

中俄战略协作伙伴关系进一步深化。近几年来，中俄关系已从“睦邻友好、互利合作关系”“建设性伙伴关系”发展到“平等互信、面向 21 世纪的战略协作伙伴关系”。中俄 4300 千米的漫长边界基本划定，贸易关系不断加强，能源合作正在推进。中俄两国在维护全球战略平衡与稳定、建立更加公正合理的国际政治经济新秩序、推动世界多极化、解决地区热点问题等领域有着广泛共识。两国安全合作不断扩大、深入，军事技术合作卓有成效。

中欧关系发展前景广阔，双方不存在根本的利益冲突，在推动国际格局多极化方面目标一致。双方保持着密切的高层接触。2003 年，欧盟推出对华政策战略性

文件《走向成熟的伙伴关系——欧中关系中的共同利益与挑战》。同年，中国政府制定了第一个对欧盟政策文件。

中印关系得到明显改善。两国签署了《中华人民共和国政府和印度共和国政府关于在中印边境实际控制线地区保持和平与安宁的协定》和《中华人民共和国政府和印度共和国政府关于在中印边境实际控制线地区军事领域建立信任措施的协定》。2003 年 6 月，印度总理瓦杰帕伊对中国进行了正式访问，双方签署了《中华人民共和国和印度共和国关系原则和全面合作的宣言》，中印关系进入一个新的发展阶段。

亚太地区安全合作不断深化。中国与东盟的合作领域不断扩大，合作机制不断完善，合作程度不断加深。中国在互信、互利、平等、协作的新安全观指导下，顶住了 1997 年亚洲金融危机的压力，为东南亚国家分忧解难。2002 年，中国与东盟决定 2010 年建立自由贸易区。2003 年，中国正式加入《东南亚友好合作条约》。上海合作组织的职能进一步扩大，由初期的解决边界问题逐渐扩大到安全和经济领域，成为地区合作的重要机制。印度、巴基斯坦、伊朗和蒙古成为该组织观察员。亚太经合组织持续发展，合作领域由经贸向安全领域扩展，为亚太地区国家开展合作与对话提供了重要舞台。

但是，中国面临的安全环境和国防形势也存在不少隐忧。

（一）美国对中国的安全战略压力增大

冷战结束后，美国成为唯一的超级大国，其综合实力一骑绝尘，其他国家难以望其项背。超强的实力给了美国按照其意图重塑世界秩序、巩固霸权的信心和机会。美国大力推行“和平演变”战略，企图使“苏东剧变”的多米诺骨牌效应波及余下的社会主义国家，特别是中国。2001 年布什上台后，将中美两国关系定位为“战略竞争者”，并扬言不惜一切代价“保卫台湾”，中美关系风雨飘摇。“9·11”事件的发生打断了美国的计划，美国被迫将反恐置于国家安全的首要地位，而这需要包括中国在内的世界各有关国家的支持，因而暂时缓和了对中国的遏制力度。同时，“9·11”事件也促使美国国家安全战略朝着追求绝对安全，不惜单独行动和先发制人的方向发展。随着伊拉克战争的结束和反恐斗争的进展，以及中国的迅速崛起，美国逐步调整战略，将全球战略的重心向亚太地区转移，矛头直指中国。美国利用反恐契机进驻南亚和中亚地区，获得了长期以来梦寐以求的世界心脏地带的军事基地。同时，强化美日、美澳、美韩同盟，重返菲律宾，并向东盟其他国家渗透。单方面退出《反弹道导弹条约》，加紧开发导弹防御系统。维持对台军售，加强与台湾的政治、军事联系，建立美台准军事同盟。2002 年出台的《核态势评估报告》，将中国列为可能的打击对象之一。近几年每年发布《中国军力报告》，评估中国的军事力量。以拉姆斯菲尔德为首的鹰派不时发表言论，攻击中国国防不透明、意图不明，支持对华采取强硬立场。美国国会一些议员也不断鼓噪推动反华议案。2006 年相继推出的《四年防务评估报告》、总统《国情咨文》和《国家安全战略报告》，都将中国列为美国关注的主要目标之一。更重要的是，美国军事战略调整步伐加快，加紧进行针对中国的军事部署。位于美国本土的美陆军第一司令部转移到日本座间兵营，并在那里设立日本陆上自卫队中央快速反应集团司令部。把关岛作为太平洋地区的重要军事支撑点，在该地部署64枚巡航导弹的基础上，美海军计划未来在太平洋地区部署6个航空母舰战斗群和60%的潜艇。从2004年2月份开始，美军已在关岛部署24架战略轰炸机，还计划向关岛部署航空母舰和新研制的F－22型先进战机。美国利用科技优势，不断加大武器装备研发力度，发展更先进的战机，研制钻地核弹，将太空军事化和导弹防御系统的研制与部署作为重点，以确保美军的战略优势地位。同时，大力推进新军事变革和军队转型，着眼建立一支“50年内无对手”的军队。

（二）周边某些国家加强军备扩张

近年来，日本经济科技实力雄厚，GDP居世界第三位。日本政府明确将追求政治与军事大国作为既定目标，加强军事力量的建设与扩张，军事大国化步伐明显加快。2005年11月22日，执政的自民党正式公布了宪法修订草案，其核心内容就是要把自卫队改为“自卫军”。2006年1月还将向国会提交一项法案，准备把防卫厅升格为“防卫省”。日本视日美同盟为国家安全的支柱，加速推进日美军事一体化。2005年2月，日美举行“2－2”安全磋商会议，确认朝鲜危机和台海问题等“共同战略目标”。扩大日美联合演习、训练的深度和广度。协作提高弹道导弹防御能力，提前部署导弹防御系统，构筑攻防兼备的战略体系。加强在防空、反扩散、反恐等十多个领域的合作，双方确认有事时制定共同的作战计划，日本将给予美军“不间断的支持”。双方还将加强在武器装备技术上的合作研制和生产，建立日美共同应急机制，实现情报共享，提高日美联合指导和作战能力。

日本的最终目标是谋求军事自主。随着驻日美军部分转移至关岛，日本政府积极为自卫队全盘接管日本防卫做准备。在技术装备上，日本不仅装备了自行研制的最新型“爱拓”号“宙斯盾”驱逐舰、先进的F－2战斗机、大隅级两栖登陆舰和世界上最昂贵的坦克，而且还计划建造4艘大型直升机母舰、下一代海上巡逻机和运输机，研制第四代间谍卫星。近年来，日本以日美安保体制为支撑，全面提升了干预国际安全事务的能力。日本还以人道救援、国际维和为由，使自卫队冲破战后限制走出国门。2003年，日本向伊拉克南部派遣600名自卫队官兵；2004年10月，日本政府又以协助驻阿美军为名，将驻印度洋日本军舰延长部署一年；2004年12月，日本派遣100名自卫队官兵赴印度尼西亚进行海啸救援，这是第二次世界大战结束后日本向海外派遣军队人数最多的一次。

（三）恐怖主义等非传统安全威胁上升

在中国周边，中亚和东南亚都是恐怖主义势力活动猖獗的地区。中亚地区是连接欧亚大陆的战略要地，民族、宗教成分复杂，各国边界多分布在崇山峻岭之间，边防部门难以控制，为恐怖势力自下而上的活动提供了条件。中亚地区与我国西部相连，居住着一些有着共同宗教信仰的跨界民族。中亚地区的恐怖势力利用这一地理、文化特点，不断向我国渗透，严重影响我国边疆的安全和稳定。美国利用反恐契机介入中亚、南亚和东南亚地区，给周边安全带来新的复杂因素。地缘、民族和宗教等冲突与政治、经济矛盾相互作用，局部战争和武装冲突时有发生，国际恐怖势力活动频繁。

随着我国改革开放的进一步发展和更深地融入国际社会，信息、能源、金融、环境安全领域的威胁也在上升，将给国家安全和发展带来重大影响。1997 年发生的亚洲金融危机，虽然由于我国正确应对，没有给经济社会带来重大影响，但足以说明非传统安全威胁的危害性。

（四）世界新军事变革带来新的挑战

当前，军事因素对国际格局和国家安全的影响上升，军事力量对保障国家安全的作用进一步凸显。随着 20 世纪后半叶波澜壮阔的高新技术革命浪潮的掀起，世界军事领域从 70 年代开始，也发生了一场迄今为止人类历史上影响最广泛、最深刻的革命。这场以信息技术为核心的军事革命，是人类文明由工业时代向信息时代转变的产物，是当代国际综合国力竞争在军事领域的必然反映。其主要内容是，加速发展军事高技术，不断更新武器装备，超前创新军事理论，调整、改革体制编制，大力培养军事人才。

目前，世界新军事变革加速发展，正在进入一个新的质变阶段。建立在新的物质技术基础上的新军事变革，必然导致军队建设和作战方式等一系列方面发生革命性变化，对国际战略格局和安全形势产生重大而深远的影响。世界新军事变革既给我们提供了新的机遇，也给我们带来了新的挑战。能否适应这种发展趋势，推进我军质量建设，直接关系到我国在 21 世纪能否占据更加有利的国际战略地位，关系到我们能否打赢未来可能发生的信息化局部战争。如果能够积极面对，措施得当有力，就可能站在新军事变革的潮头浪尖；如果因循守旧，不为形势所动，就可能被新军事变革潮流抛弃，与军事强国形成新的军事技术“时代差”，从而严重危害国家安全。我军底子薄、发展起点低，目前还处在机械化尚未完成的机械化半机械化发展阶段，面临着完成机械化和信息化建设的双重任务。我军只有确立信息主导、跨越式发展的思路，紧紧抓住信息化这个本质和核心，按照建设信息化军队、打赢信息化战争的要求，最大限度地发挥后发优势，努力跨越机械化和信息化建设的某些发展阶段，尽可能少走弯路，才能缩小我国同发达国家军队的差距。

四、中国周边安全环境发展趋势

未来我国周边安全环境将在现有基础上进一步发展变化，有利因素和不利因素并存。但是，和平与发展仍是当今时代的主题，中国正面临着一个难得的发展机遇，安全环境总体上是好的，同时也存在一些隐忧。

（一）周边安全环境总体上有利

中国切实推行睦邻友好的外交政策，积极参与国际安全机制，安全环境不断得到改善。大国关系经过以合作为主轴的新一轮调整，中国与主要大国的关系得到改善。

1. 中美关系处于历史上较好时期

美国虽然不是中国直接的邻国，但目前亚太战略是美国全球战略的重要组成部分。为了维护和巩固美国在亚太地区的领导地位和战略利益，美国以“巧实力”外交为手段，高调宣布“重返亚太”，推行更为积极的亚太政策。美国亚太战略的调整涵盖了经济、政治、军事、安全、地区合作、大国关系等各个方面。美国“重返亚太”的动因主要是对中国崛起的担忧，试图利用东海和南海问题牵制中国。

2. 中俄战略协作伙伴关系进一步深化

中俄两国在维护全球战略平衡与稳定，建立更加公正、合理的国际秩序，推动多极化进程，解决地区热点问题等领域有着广泛的共识。双方的边界问题基本解决，消除了引发争端的潜在因素。双边经贸关系快速发展，能源合作进一步加深。

3. 中日关系得到改善

2018 年 5 月 9 日，中国国务院总理李克强在东京迎宾馆同日本首相安倍晋三举行会谈。中日两国就推动双方关系进一步改善，实现长期健康稳定发展的目标达成一系列重要共识。此次中日关系的改善，使两国务实合作提升到新的层次，有利于东亚地区的和平与发展。

4. 中欧关系发展前景广阔

中欧之间不存在根本的利益冲突，在推动国际格局多极化方面目标一致，这给双方关系的发展提供了良好的基础和广阔的空间。中欧经贸关系迅速发展，欧盟成为中国最大的贸易伙伴。近年来，欧盟接连推出对华政策文件，中国也推出对欧政策文件，中欧关系正合拍共舞。

5. 中印关系改善步伐加快

经过几十年的对立后，印度认识到，改善与发展双边关系符合双方的安全利益，其国内对中国的看法改变，为中印关系的改善提供了机会。中印在国际战略格局上的看法和主张相似，双方坚持以共同倡导的和平共处五项原则为基础处理国际问题。近年来，中印高层互访频繁，在政治、经济和军事交流上取得一系列成果。

（二）亚太地区安全合作不断深化

上海合作组织的职能扩展，由初期的解决边界问题逐渐扩展到安全、经济等领域，建立了定期的元首、总理、国防部长会晤机制，定期召开执法、边防、海关和安全部门负责人会议，举行联合反恐演习。通过该组织，中国维护了西部地区的稳定，扩大了影响，增进了国家利益。

中国与东盟的合作领域不断扩大，合作机制不断完善，合作程度不断加深。自

1997 年亚洲金融危机后，中国与东盟的相互信任水平明显提升，有力地遏制了“中国威胁论”的泛滥。2003 年中国正式加入《东南亚友好合作条约》，成为第一个加入该条约的非东盟国家。

中国在打击恐怖主义、促进地区经济发展和维护地区安全上发挥了积极影响。中国牵头的博鳌亚洲论坛，为增强亚洲地区多边合作，改善中国安全环境提供了新的渠道。

（三）中国周边安全环境中存在隐忧

虽然安全形势总体上对中国有利，但世界还不安宁，特别是亚太地区潜在矛盾和冲突较多，威胁中国安全的因素仍然存在。

1. 美国重返亚太，剑锋直指中国

一方面，美国继续大肆鼓吹所谓的“中国威胁论”，为其制华政策提供理论依据，同时为拉拢其他国家参加其“制华行动”造势。2014 年 6 月 6 日，美国国防部发布的年度《涉华军事与发展安全报告》再度渲染中国“军力扩张和不透明”，对中国的新增军费、武器研发和网络建设提出质疑，称中国国防预算连续二十多年保持大幅增长，其中大部分被用于新式武器研发和增加网络攻击力。另一方面，美国以经济合作、军事援助和政治支持为由，拉拢中国周边国家，加强围堵中国的前沿战略部署。为应对中国崛起对地区乃至全球政治经济格局产生的震动效应，美国正在加速全球战略调整，通过实施“亚太再平衡”战略，加快战略中心东移的步伐，进一步加强在亚太地区的军事部署，形成遏制中国的网络。这成为中国未来安全的一大隐患。

2. 日本与中国的摩擦难以消除

日本追求政治和军事大国地位，加快军事扩张步伐，极力突破“和平宪法”，将台湾纳入“周边事态”法案，暗中支持“台独”势力，将中国作为主要防范对象。中日在历史问题、东海问题以及台湾问题上存在一系列争端和分歧。

3. 印度成为美国拉拢的对象

近年来，印度迅速发展，力量不断增强，成为美国拉拢以抗衡和遏制中国的对象，印度也利用这个机会从中渔利。中印之间历史上有过边境战争，中印边界线至今仍未划定，政治互信不足，这无疑会对中国的安全带来消极影响。

4. 朝鲜半岛核问题尚未解决

朝鲜半岛核问题的解决不会一帆风顺，中间还会出现许多曲折，甚至倒退，将对中国的安全与稳定产生直接影响。

5.“台独”问题成为中国面临的最大现实隐患

在美日插手下，“台独”问题仍是影响中国安全最现实和最紧迫的问题。美国出于其全球战略考虑，不愿意中国实现统一。日本为遏制中国，也在暗中阻止中国的统一进程。所有这一切表明，“台独”的危险性还在加大，“台独”问题成为中国面临的最大现实隐患。

6. 恐怖主义等非传统安全问题影响中国西部地区的安全和稳定

恐怖主义等非传统安全问题还将继续存在，并可能进一步发展。境内外恐怖势力、宗教极端势力和分裂势力相互勾结，对我国西部安全构成较大威胁。

五、国家安全政策

随着国际安全形势和国内形势的发展变化，国家安全政策也有所不同。

新中国成立后，针对严峻的安全形势，采取了“一边倒”的政策，与苏联结盟，对抗美国的霸权政策。为保家卫国，中国被迫参加朝鲜战争，打败了美帝国主义。从20世纪60年代初开始，中苏关系趋于紧张。夹在美、苏两大霸权国家之间，中国一方面自力更生、加速发展，另一方面加紧备战备荒。70年代，中美关系得到改善，中苏关系继续恶化，苏联在中苏边境陈兵百万，严重威胁中国安全。中国执行“一条线、一大片”的战略，团结广大第三世界国家，建立广泛的世界反霸统一战线，有力地遏制了苏联的妄动，维护了国家安全。70年代末，中美建交，两国关系快速发展。中苏关系缓和。国际战略形势总体趋向缓和，世界大战不再迫在眉睫。中国调整了国家安全政策，将国家的重心从防止战争转向发展经济，从国防建设转向经济建设，实行改革开放，以经济发展促进国家安全。中国制定了以“稳定周边”为主要内容之一的对外方针，从周边入手，排除干扰，打破制裁，增信释疑，广交朋友，开创了对外工作新局面。自90年代中期起，中国以新安全观为指导，增强与周边国家的政治互信，深化经济合作，扩大共同利益，大力拓展与大国的关系，从而为我国的安全环境创造了更加良好、稳定的局面。进入21世纪之后，中国的安全政策更为全面和成熟。对外提出了“睦邻”“富邻”“安邻”的周边政策与建立“和谐世界”的主张，对内则以建立和谐社会为目标，解决多年积累的矛盾，推进经济社会的全面发展，实现国家的长治久安。

中国以“新安全观”为指导，加强国际安全交流与合作，为国家安全争取良好的外部环境。中国根据国际形势和营造良好安全环境的需要，于1997年提出树立“新安全观”的主张。“新安全观”是与以冷战思维为特征的对抗型安全观、集团安全观、单边安全观和绝对安全观等“零和”安全观相对而言的，其核心思想是互信、互利、平等、协作。摒弃意识形态偏见，摒弃冷战思维和强权心态，增加互信；互相尊重对方的安全利益，达到共同安全；国家不分大小、贫富、强弱，都是国际社会平等的一员，反对霸权主义和强权政治，反对干涉别国内政；双方就共同关心的问题进行广泛深入的合作，消除隐患，防止战争和冲突的发生。在“新安全观”指导下，中国与有关国家倡导的新型安全模式走上了机制化轨道。上海合作组织就是对这种观念的实践，树立了新时期区域合作的典范。中国与东盟的对话合作机制也日益成熟。

中国始终奉行防御性国防政策，中国的国防是维护国家安全、统一，实现全面建设小康社会目标的重要保障。新世纪、新时代，中国的国防政策主要包括以下内容：

一是维护国家安全和统一，保障国家发展利益。防备和抵抗侵略，确保国家领海、领空和边境不受侵犯。反对和遏制“台独”分裂势力及其活动，防范和打击一切形式的恐怖主义、分裂主义和极端主义。军队坚决履行新世纪、新阶段的历史使命，不断提高应对多种安全威胁、完成多样化任务的能力，确保在各种复杂形势下都能有效应对危机，维护和平，遏制战争和打赢战争。

二是实现国防和军队建设全面协调可持续发展。坚持国防建设与经济建设协调发展的方针，科学统筹中国特色军事变革与军事斗争准备、机械化建设与信息化建设、诸军兵种作战力量建设、当前建设与长远建设、主要战略方向与其他战略方向建设，深化改革，不断创新，加强军队现代化建设。加强以信息化为主要标志的军队质量建设，贯彻积极防御的军事战略方针，坚持自卫防御的核战略，营造有利于国家和平发展的安全环境。

三是高度重视非传统安全问题，提高国家总体安全水平。随着国家经济发展水平的提高和更深地融入国际社会，经济安全、信息安全等问题日益突出，对国家安全的影响日益增大。同时，民族分裂势力、宗教极端势力和恐怖势力兴风作浪，对中国西部安全构成威胁。中国针对市场经济条件下经济风险增大的实际，已经采取了相应措施，保证经济平衡、快速发展。中国与有关国家合作，坚决打击“三股势力”，打击贩毒、走私、拐卖人口等跨国犯罪行为。

四是努力促进和谐发展，保持社会稳定和国家安定。当前，中国正经历着一场前所未有的社会转型，新旧体制的衔接和转换，必然带来一系列问题。在经济发展方面，经济结构不合理，市场经济体制不完善，经济增长方式仍然呈现出明显的粗放型特征，地区之间和部分社会成员之间收入差距扩大，经济对外依存度过大，能源安全面临巨大挑战。在社会稳定方面，由于国民收入分配格局不合理，社会保障体系比较脆弱，下岗职工再就业问题没有彻底解决，进城务工农民生活没有得到有效保障。在思想文化方面，马克思主义意识形态受到冲击，社会主义信仰淡化，价值取向多元化，主流文化和优秀传统道德的影响下降。西方敌对势力“西化”和“分化”的威胁加剧，美国等西方国家借经济全球化浪潮，不断向中国施加政治压力，输出西方价值观，利用一些非政府组织向中国渗透，企图从中国内部演变社会主义制度。这一系列内部问题如不能得到及时有效处理，将对国家安全构成重大威胁。中国共产党和中国政府对此高度重视，正以科学发展观统领国家经济社会发展全局，妥善解决存在的各种问题，实现经济社会协调发展，努力建设社会主义和谐社会，推动建设持久和平、共同繁荣的和谐世界。

第四节 非传统安全威胁

当今世界，影响世界和平与稳定的非传统安全因素主要有经济安全、金融危机、自然灾害和突发事件，以及跨国犯罪、武器扩散、疾病蔓延、生态安全等。非传统安全作为生态安全的重要组成部分，是国家生存和发展的基础，也是和平年代的特殊使命。

一、非传统安全威胁概述

非传统安全威胁因素是相对传统安全威胁因素而言的，指除军事、政治和外交冲突以外的其他对主权国家及人类整体生存与发展构成威胁的因素。

目前，不公正、不合理的国际政治经济旧秩序没有根本改变，影响和平与发展的不确定因素增加，传统安全威胁因素和非传统安全威胁因素相互交织，恐怖主义危害上升，霸权主义和强权政治有新的表现，民族、宗教矛盾和边界、领土争端导致的局部冲突时起时伏，南北差距进一步扩大，世界还很不安宁，人类面临着严峻挑战。正确理解传统安全威胁和非传统安全威胁，采取正确、科学、有效的方法应对非传统安全威胁具有重要意义。

（一）非传统安全威胁的成因

近年来，类似“9·11”事件等重大恐怖袭击，东亚、拉美金融危机，“非典”疫情传播，以及印度洋大海啸等，都进一步引起各国对非传统安全威胁的高度重视。非传统安全威胁之所以由原先潜在的、局部的问题，演变成全球性的现实威胁，其原因有四个方面：

一是国际政治秩序长期的不公正，引发更多的矛盾和危机。联合国宪章和国际法准则明确指出，国家不论大小、强弱、贫富，一律平等，但历史上形成的国际政治秩序长期存在严重的不公正问题，少数国家在国际事务中推行霸权主义，成为诱发恐怖主义等非传统安全威胁的重要原因。

二是世界经济发展长期的不平衡，造成更多不安全因素。据有关统计，贫穷国家与富有国家的贫富差距在过去 40 年间增加了一倍，全球不发达国家不断增加。世界经济发展的失衡所导致的部分国家的极端贫穷和落后，催生了相关国家部分民众的绝望心理和铤而走险的心态，为恐怖主义的滋生和蔓延提供了土壤，也促使一些发展中国家内部矛盾不断加剧，削弱了其应对危机，抵御自然灾害、严重传染性疾病和跨国犯罪等威胁的能力，并导致难民和非法移民数量急剧增加。

三是人类发展与自然环境长期失谐，导致更多环境安全问题。中国早在 4000 多年前就开始重视环境安全问题。大禹曾下令百姓在春季不得伐树，夏季不得捕鱼，其目的就是保护生态平衡。但美欧等西方国家从工业革命开始，走的就是一条“先建设、后治理”的发展道路，以牺牲环境为代价。近年来，广大发展中国家也面临着类似问题。这种发展模式导致人类面临日益严重的环境安全问题。研究表明，近半个世纪以来，自然灾害的发生频率明显提高，强度明显增加。20 世纪 60 年代，全球每年发生自然灾害 100 次左右，现在则达到每年 500 次以上，提高了 4 倍。仅 1974—2003 年间，全球就发生了 6367 次重大自然灾害，平均每年 200 多起。人与自然关系的失谐，已经威胁到人类整体的安全。

四是国家间联系的迅速发展与国际危机防范机制建设不相匹配，使各种非传统安全威胁难以得到及时遏制。20 世纪中后期以来，经济全球化加速发展，生产要素流动和产业转移加快，各国相互依存度不断加深，全球经济已经成为一个有机互动的整体。这为各国经济发展带来了许多有利条件，但也导致经济和金融风险时起时伏，跨国犯罪日益猖獗，传染性疾病传播范围扩大，速度加快。尽管国际社会为消除这些负面影响进行了不少努力，但目前来看，尚未形成完整、系统的国际防范机制。一旦某个国家或地区发生危机，就会“一损俱损”，出现“多米诺效应”，影响到更大范围，而且导致类似的危机反复发生。例如，在过去二十多年的时间里，世界各国发生过一百多次金融波动、震荡和危机，其中不少都波及全球，但至今仍未能真正建立起一个防范金融危机的国际机制，致使金融安全问题依然比较突出。

中国古代思想家讲过，“知者行之始，行者知之成”。我们今天来研究非传统安全威胁的特点和成因，目的是共同探求有效的应对之策。尽管国际社会在反恐、卫生防疫、防灾减灾、打击跨国犯罪等领域已经取得了很大成果，但非传统安全威胁成因复杂，不可能在一朝一夕就被清除，而且有的还可能呈现上升势头，威胁世界和平与发展。如何应对这些挑战，切实维护世界和平，促进共同发展，为各国人民营造一个稳定和谐的家园，仍然是我们必须认真思考和切实解决的重大课题。

（二）非传统安全威胁的特点

1. 跨区域性

非传统安全问题从产生到解决都具有明显的跨区域性特征，不仅是某个国家存在的个别问题，而且是关系到其他国家或整个人类利益的问题；不仅是对某个国家构成安全威胁，而且可能对别国的安全造成不同程度的危害。非传统安全威胁的跨区域性特征非常突出，是世界各国共同面临的挑战。

2. 不确定性

非传统安全威胁不一定来自某个主权国家，它往往由非国家行为体，如个人、组织或集团等所为。传统安全的核心是军事安全，主要表现为战争及与之相关的军事活动和政治、外交斗争。非传统安全威胁远远超出了军事领域的范畴。

3. 突发性

传统安全威胁从萌芽、酝酿、激化到导致武装冲突，往往有一个矛盾不断积聚、性质逐渐演变的渐进过程，往往会表现出许多征兆，人们可据此采取相应的防范措施。然而，许多非传统安全威胁却经常会以突如其来的形式迅速爆发。例如，地震、海啸、飓风等自然灾害，在发生前并非全无征兆，但由于人类在探索自然方面还有许多未解之谜，而全球经济、科技发展的不平衡也导致许多发展中国家缺乏对这些自然灾害的早期预警能力。此外，金融危机、传染性疾病等非传统安全威胁并非源于某个确定的行为主体，其形成过程也带有很大的随机性，使防范的难度明显增大。

4. 转化性

非传统安全与传统安全之间没有绝对的界限，如果非传统安全问题矛盾激化，有可能转化为依靠传统安全的军事手段来解决，甚至演化为武装冲突或局部战争。

5. 动态性

非传统安全威胁因素是不断变化的。例如，随着医疗技术的发展，某些流行性疾病可能不再被视为国家发展的威胁；而随着恐怖主义的不断升级，反恐成为维护国家安全的重要组成部分。当前，非传统安全威胁与传统安全威胁相互交织、相互影响，并在一定条件下可能相互转化。首先，许多非传统安全问题是传统安全问题直接引发的后果。如战争造成的难民问题、环境破坏与污染问题等。其次，一些传统安全问题可能演变为非传统安全问题。如恐怖主义的形成，就与霸权主义所引发的抗争心态，领土、主权问题导致的冲突和动荡，民族、宗教矛盾形成的历史积怨等传统安全问题有着密切关联。最后，一些非传统安全问题也可能诱发传统安全领域的矛盾和冲突。如恐怖组织谋求核生化等高技术手段，就会涉及大规模毁伤性武器扩散问题。非传统安全威胁与传统安全威胁的互动性使看似相对孤立的事物，常常产生“牵一发而动全身”的效应，不能简单地对待和处理。

6. 主权性

国家是非传统安全的主体，主权国家在解决非传统安全问题上拥有自主决定权。

7. 协作性

应对非传统安全问题，应加强国际合作，将威胁降到最低程度。

二、我国所面临的非传统安全形势

1. 经济安全

经济安全是指国民经济的发展和国家经济实力处于不受根本威胁的状态。它包括两个方面：一是指国内经济安全，即一国经济免于金融危机、失业、生态灾难、通货膨胀、大规模的贫困、外来人口冲击等而处于稳定、均衡和持续发展的正常状态；二是指国际经济安全，即一国经济发展所依赖的国外资源和市场的稳定与持续，免于供给中断或价格剧烈波动而导致的突然打击，以及一国散布于世界各地的市场和投资等商业利益不受威胁。在金融方面，金融机构以及国家银行不良贷款比例过高，各类金融机构违规操作，财政赤字和债务等问题，都已经到了必须引起高度重视的程度。

2. 恐怖主义威胁

民族分裂主义是指一个或几个民族的极端势力在一个主权独立和领土完整的多民族国家内，要求建立新的主权国家的主张。民族分裂主义势力主要通过政治诉求、暴力活动甚至武装对抗来达到其政治目的。民族分裂主义直接危害国家安全。

当前，对我国国家安全构成了危害的民族分裂主义和地区分离主义主要是“东突”“藏独”“台独”势力，这对我国民族地区安定团结的政治局面和国家安全构成了严重危害。2008 年 3 月 14 日，在“藏青会”等恐怖组织的策划下，“藏独”分子在西藏自治区首府拉萨市区的主要路段实施打砸抢烧，焚烧过往车辆，追打过路群众，冲击商场、电信营业网点和政府机关，给当地人民群众的生命财产造成重大损失。以热比娅为首的“疆独”势力不断在新疆和全国多地组织实施暴恐事件，造成大量人员伤亡和严重财产损失，影响极其恶劣。近些年由“疆独”势力组织实施的规模较大的暴恐事件有昆明火车站暴恐事件和天安门金水桥暴恐事件。“港独”势力在 2014 年的香港“占中”事件中揭开了其分裂国家的真正面目。“港独”势力在以美国为首的国际反华势力的支持下，鼓动学生和民间团体参与“占领中环”的大规模非法集会，以香港“自主”“自决”为口号，企图复制近些年横扫中东的“街头革命”，实现香港“独立”的阴谋。这严重违背了“一国两制”原则和《中华人民共和国香港特别行政区基本法》，是分裂国家的危险行为，已经触碰了国家和民族利益的底线。

3. 生态环境安全

生态环境安全主要包括五个方面的内容：国土资源安全，也就是国土资源的数量、质量和结构能满足各种需要，处于有效供给状态；水安全，也就是有充足的水资源，能够满足各种需求；大气安全，也就是大气质量维持在可接受的水平，或者处于不造成威胁和伤害的水平；生物物种安全，也就是生物与环境之间的生态过程达到一种平衡的状态；食品安全，也就是食品中不存在危害人体健康的化学物质，杜绝被化肥、农药、添加剂、工业原料污染的食品。

4. 流行性传染疾病威胁

随着社会的发展，人与自然、人与人之间的关系日益密切，新的病原体与人们的接触逐渐频繁，因此，新的疾病也不断地侵害人们的身体健康。特别是在我们这样的一个人口众多、经济发展水平不甚发达的国家，随着与外界经济往来的加强，与周边国家人员往来与货物流通日益加快，客观上为各种传染病的传播和蔓延提供了有利条件。

5. 信息安全

近年来，我国信息产业持续高速增长，已成为我国的第一大支柱产业，我国信息化建设取得了长足进展。在信息网络快速发展的同时，我国也在一定程度上受到全球信息安全领域的巨大影响。信息安全对我国国家安全的威胁是多种多样的。主要是我国基础信息产业薄弱，严重依赖国外。目前美国微软的操作系统和办公系统软件已占据我国90%的市场份额，我国电脑制造业对许多核心部件的研发、生产能力很弱，关键部件完全处于受制于人的地位，攻击者完全有可能植入遥控程序，一旦触发，可能导致系统完全瘫痪、信息泄露等严重问题。

三、中国应对非传统安全威胁的主要策略

1. 积极参与非传统安全领域的多边国际合作

非传统安全威胁的全球性、跨国性等特征启迪人们，各国必须加强合作，才能积极应对。

2. 树立国家综合安全观

在传统的现实主义国际关系理论中，人们非常关注政治、军事、外交等所谓的“高级政治”问题，而忽略与经济、社会、环境、技术等有关的所谓“低级政治”。在当前国际背景下，必须改变这一观念，不仅政治、军事问题关系到人类的生死存亡，环境污染、生态危机、金融风险、信息安全、恐怖主义等问题也关系到国家的生存和发展，这些问题已经跨越国界，引起周边国家乃至整个世界的关注。所以中国的发展必须是经济、社会、政治、文化相互协调的可持续发展。要综合运用国家安全手段，营造安定的国内环境，争取和平的国际环境，为国家发展创造条件；同时，要构筑富有成效的安全体系。中国领导人提出的“和谐社会”与“和谐世界”思想，为中国新安全观注入了新的内容，并将其推向一个新的高度。中国领导人强调，中国所要建设的社会主义和谐社会，应该是民主法治、公平正义、诚信友爱、充满活力、安定有序、人与自然和谐相处的社会。与此同时，以人为本、执政为民的思想得到进一步强化。这使得中国的新安全观开始真正成为一种涵盖国家与人民综合安全利益的新安全观。

3. 保障经济安全，增强经济实力和综合国力

这是应对一切非传统安全威胁的基础条件。经济安全在当今国家安全中的主导和核心地位，决定了保障经济安全、增强经济实力的极端重要性，而增强经济实力对于增强综合国力更是至关重要。中国是一个社会主义发展中大国，根据自身国情，在安全问题上绝不能依附其他大国，也不能一味地依靠加强地区和国际合作来谋求一时的安全，更不能在国际社会的夹缝中去谋取安全环境。维护国家安全，改善安全处境，不仅要从外部入手，也要从内部寻找出路。中国的安全问题要依靠自身的发展，才能获得根本上的解决。保障中国的经济安全应从强化经济安全意识入手，在发展中谋安全，在开放中保安全，立足国内，兼顾国外，经济为重，外交、军事并举，增强风险防范与危机应对的综合能力。

4. 建立和完善国家危机处理机制和安全体系，提高预防和处置突发事件的能力

非传统安全具有突发性。近年来，很多自然灾难和生态危机都是以突发的形式

造成不可估量的危害后果，因此，国家应将涉及国家安全的各领域安全要素统统纳入国家安全战略的考虑范围中来，诸如恐怖主义、非法移民、流行性疾病等。如果没有完善的安全应急机制，按照预先准备的预案，在尽可能短的时间内有效地控制安全问题的扩散和蔓延，影响的范围可能不只是单独的哪个国家或地区，危害的深度可能远非某个国家、某个区域、某个群体或个人所能承担。

思考题：

1. 简述战略环境的特征。
2. 简述国际战略环境发展趋势。
3. 什么是非传统安全威胁？其特征是什么？
4. 我国非传统安全主要受到哪些因素的影响？

第四章　军事高技术与武器装备

21世纪，人类社会进入了一个崭新的科技时代，以信息技术、新材料技术、新能源技术、生物技术、海洋与航天技术等为支柱的一系列高新技术取得快速发展与长足进步。高新技术发展的浪潮，以锐不可当之势冲击着人类社会。高新技术的发展及其在军事领域的应用，正在引发一场军事变革。随着高新技术在军事领域的不断运用，全球区域内的新一轮军事革命正在兴起。近年来，从全球区域发生的局部战争可以看出，现代局部战争敌对双方的较量已在很大程度上表现为军事高技术与先进武器装备的较量。

第一节　军事高技术概述

一、军事高技术的内涵

高技术，一般是指建立在当代综合科学研究基础之上，处于科学技术领域前沿，并对发展社会生产力、促进社会文明、增强综合国力与国防实力起先导作用的新技术群。高技术的基本特征：高度的战略性、高度的创造性、高度的增值性、高度的竞争性、高度的渗透性、高度的风险性。军事高技术是指建立在现代科学技术基础之上，以信息技术为核心，在军事领域发展和应用的，对国防技术与武器装备发展起巨大推动作用的高技术的总称。简而言之，军事高技术就是应用于军事领域的高新科学技术，即已经或即将应用于军事领域，对现代军事和现代战争产生重大影响的高新科学技术群。

二、军事高技术的分类

1. 军事信息技术

信息技术主要指信息的获取、传递、处理等技术，它是高技术的先导。信息技术以微电子技术为基础，主要包括微电子、光电子、计算机、自动化、卫星通信和激光、光纤通信技术等。几乎所有的高技术武器装备系统都与信息技术有关。

2. 军用微电子技术

微电子技术的中枢是微电子计算机。超级微电子技术是实现武器装备电子化、智能化、综合化的重要基础技术。微电子计算机以其体积小、重量轻、稳定可靠、功耗小、成本低等优点广泛应用于卫星通信、高速计算机、精确制导、预警探测、情报侦察、电子对抗、智能火控等军事装备中。它对整个军事高技术进步和武器装备发展起着巨大的推动作用，其发展水平、速度和规模已成为衡量一个国家军事技术进步和武器装备水平的重要标志。

3. 电子计算机技术

电子计算机是由电子器件及相关设备和系统软件组成的自动计算机系统。它具有极强的数据处理能力、较强的记忆能力和一定的思维能力，是 20 世纪最辉煌的科技成果之一。电子计算机的技术水平已成为军事技术发展和武器装备现代化的重要标志。在军用环境中使用的计算机称为军用计算机。电子计算机技术已成为军事技术进一步发展的必要手段。

4. 军用新能源技术

所谓新能源，是指以前未被人类大规模利用，有待于进一步研究试验和开发利用的能源。新能源技术，主要包括核能、太阳能、风能、地热能、海洋能和生物能技术等。新能源技术在军事上的应用使武器装备产生新的飞跃。例如，利用铀、钚等原子核的裂变链式反应原理，利用氘、氚等轻原子核的聚变反应原理而制成原子弹、氢弹等核武器；使用核反应堆作为舰艇的最佳动力源；使用氢燃料作为航天器的推进剂等。

5. 军用生物技术

生物技术主要包括基因工程（又称遗传工程）、细胞工程、酶工程和发酵工程技术等，已成为 21 世纪的核心技术。军用生物技术除了人们已知的基因武器外，还包括生物电子装备、生物炸弹、军用仿生导航系统、军用生物传感器、军用生物能源、军用生物装具、军用生物医药、军用仿生动力、军用动物武器、神经网络计算机、军用生物材料等。

6. 军事海洋工程技术

目前，海洋已成为世界主要军事强国的竞争领域。现代科学技术的迅速发展，为军事海洋工程技术的研究和开发拓展了新的途径。以航空母舰为主的各种水上武器系统将继续发展，特别是以潜艇为主的水下武器系统将得到重视和发展。随着海洋卫星、遥测、遥感、激光、光纤、水下电视、旁侧声呐、深潜器、饱和潜水等高新技术在海洋开发中的应用，人类对海洋现象的认识不断深化。

7. 军事航天技术

军事航天技术即通过将航天器送入太空以完成侦察、摧毁、通信、导航、气象测报、军事指挥和武器研制等项军事任务的综合性工程技术。军事航天技术主要包括航天运载器技术、航天器技术和航天测控技术等。

8. 军用新材料技术

军用新材料技术是指用于制造各种先进军事装备的高性能材料或新兴材料的研制与应用技术，是发展高技术武器的物质基础。军用新材料技术的研究开发对象主要是复合材料、高温材料、功能材料、隐形材料和超导材料等。

9. 定向能技术

定向能技术又称束能技术，它是利用强激光、高能粒子束、高功率微波的能量，产生高温、高压、电离、辐射等综合效应，并以此制成定向能武器。定向能武器具有许多武器无法比拟的优点，但也有不少难以解决的技术问题。

三、高技术的特点

高技术与一般技术相比，有七大特点。

1. 高智力

高技术是知识密集型技术，它的发展必须依靠创造性的智力劳动，依靠富有创新意识、创新能力的高素质人才，体现了高智力的特性。比如，半导体集成电路，从成本上讲，原料及能源仅占其总成本的 2%，而其余 98%都是其智力含量。

2. 高投资

高技术的研究开发需要昂贵的设备和较长的研制周期，因而研制过程中需要耗费巨额资金。据统计，目前，一般高技术企业用于研究开发的经费占其产品销售额的比例高达 10%～30%，而科研成果产业化的投资又比研究开发投资高出 5～20 倍，形成高技术产业后的设备更新投资还会越来越大。比如，制造集成电路的设备，十年之中关键设备就更新了三代，每更新一代，设备投资就要增加一个数量级。

3. 高竞争

高技术的时效性决定了谁先掌握技术，谁先开发出产品并抢先投放市场或用于战场，谁就能获得优势，占据主动。为此，世界军事强国和大国都制定了高技术发展计划，试图在世界高技术发展的竞争中占有一席之地。

4. 高风险

高技术竞争的失败，对企业而言，意味着投资的失败；对国家而言，则意味着国家利益将要受到损害。此外，高技术研究本身也蕴含着巨大的风险，甚至要以生命为代价。以航天技术的发展为例，50 多年来，航天技术取得了神话般的巨大成就，但其风险也高得惊人。1961 年 3 月 23 日，苏联的邦达连科成为为航天事业献身的第一人。另据英国《新科学家》杂志的数据分析：国际空间站在组装过程中，发生至少一次重大失误的可能性为 73.6%。

5. 高效益

高技术产品是高附加值产品，其形态是知识的物化形式，所以其价值远远超过其所消耗的原材料和能源的价值。实践证明，高技术成果一旦转化为市场化产品，就能获得巨大的经济效益；一旦得到实际应用，就能产生广泛的社会影响。比如，航天技术的投资效益比高达 1∶14，充分体现了高效益的特点。

6. 高渗透

高技术本身具有极强的综合性和技术辐射性或渗透性，隐含着巨大的技术潜力，不仅可以用于新兴产业的创立，而且可以用于传统产业的改造，成为经济、国防、科学、技术、政治、外交和社会生活等各个领域发展变化的驱动力。

7. 高速度

高技术产业是目前发达国家经济中最活跃也是增长最快的经济部门。美国经济在“9·11”事件前就连续十多年呈现高增长、低通胀趋势。目前，美国的 GDP 也是世界上最高的。2017 年美国的 GDP 总量近 20 万亿美元，约占全球 GDP 的四分之一。美国作为老牌发达国家，常年能保持百分之二到百分之三的增长率，这些都是以信息技术为龙头的高技术产业发展的成果。高技术产业的发展不仅表现在产值、产量的高速增长上，而且还突出表现在产品性能的高速更新上。比如，计算机芯片的处理速度，几十年来，几乎每 18 个月就翻一番，每秒运算不断跨越亿次、万亿次、亿亿次级。2002 年 NEC 公司为日本地球模拟中心建造的一台“地球模拟器”，每秒能进行的浮点运算次数接近 36 万亿次。十年之后，美国超级电脑（超级计算机“红杉”）持续运算测试达到每秒 16324 万亿次，其峰值运算速度高达每秒 20132 万亿次。2016 年国产“神威·太湖之光”系统的运算峰值性能为每秒 12.5 亿亿次，持续性能为每秒 9.3 亿亿次。

四、军事高技术的发展趋势

高技术的快速发展是推动世界经济与社会发展的强大动力，同时也是提高一个国家综合国力的重要因素。人类正生活在一个高技术方兴未艾的新时代，正在进行着一场以信息技术、材料技术、航天技术、能源技术、生物技术、海洋技术等为主要内容的新技术革命。科学技术在许多领域将出现爆炸性的突破和扩展。这些高技术在军事上的广泛运用，将进一步促进一系列对现代战争有着巨大影响的军事高技术有以下快速发展。

1. 军事信息技术将持续快速发展

当前，信息技术正以惊人的速度向着更广、更深的领域推进，社会的信息化程度不断提升，信息技术已经成为现代高技术群的领衔技术。一方面，信息技术的核心地位和快速持续发展的趋势正在和必将继续全面影响军事高技术的发展，使军事信息技术的快速持续发展成为军事高技术发展的重要特点和趋势。另一方面，信息化战争在向新的、更高层次的演变过程中，也对军事信息技术提出了越来越高的要求，从而极大地推动了军事信息技术的发展。

2. 军事人工智能技术的地位将越来越高

人工智能技术在 20 世纪 70 年代以来被称为世界三大尖端技术（空间技术、能源技术、人工智能）之一，也被认为是21世纪的三大尖端技术（基因工程技术、纳米科学、人工智能）之一。近年来，人工智能技术得到了迅速发展，取得了一系列成果，对信息化社会的发展和人类的生产生活产生了很大的影响，其地位不断提升。而人工智能技术被应用于军事领域后所形成的军事人工智能技术同样得到飞速发展，在指挥控制系统、精确制导系统、侦察监视系统、战场机器人系统等方面得到广泛运用并取得巨大的战场效应，改变了战场的面貌，催生了新的作战方法，对信息化战争的发展做出了巨大的贡献。同时，由于军事人工智能技术的运用不仅能提高作战效能，还有利于政治目的和军事战略的实现，因此，军事人工智能技术的发展日益受到重视。目前，各国都加大了对军事人工智能技术研究的投入，展开了激烈的竞争，新的计划和成果不断涌现。军事人工智能技术的高速发展及其对现代战争的巨大影响已成为必然的趋势。

3. 军事航天技术将成为又一个战略制高点

现代科技的迅猛发展把人类带进了越来越宽广的空间，人类的智慧之箭射向了遥远的太空。航天技术的发展给人类的物质、精神生活都带来了巨大的变化。人类还将在通往太空的征程中孜孜不倦、奋力拼搏。军事航天技术是近年来发展成果最多的军事高技术领域之一，它对军事通信、侦察、军事导航、指挥控制、网络等领域的发展做出了极大的贡献。在一定意义上讲，信息化战争的发展必然以军事航天技术的发展为前提。对此，各国都有共同的认识，在制定社会发展战略时，都把发展航天技术尤其是军事航天技术作为夺取世界未来的战略制高点的手段，投入巨资，激烈竞争。军事航天技术必将成为人类战争和社会发展进程中的又一个战略制高点。

4. 军事纳米技术将取得重要的突破

现代科技的发展，在关注宏观世界的同时，也将触角伸向微观世界。近年来，纳米技术发展迅速，已经对诸多领域产生了重要的影响。许多国家都加强了对纳米技术的研究。军事纳米技术将可能取得重要的突破，从而对现代战争产生重大的影响。

5. 军事生物技术可能引起军事领域的又一次革命

有人预测，生物技术的发展和生命科学的研究，将是今后四五十年里最令人振奋的科技领域。美国科技前沿的科学家有三分之一在从事生命科学研究。生物技术和生命科学的发展有可能引发人类社会的又一次革命。许多国家都对生物技术和生命科学的发展做出了长远的规划，并投入大量资源用于生命科学的研究和生物技术的开发。生命科学和生物技术的持续发展必将成为人类科学技术发展的重要趋势。在这个背景下，军事生物技术的发展也已取得一些成果，并将以更快的速度持续发展。而军事生物技术的进步必然对军事领域产生巨大的影响甚至可能引发一场新的变革，以生命科学为基础的综合性技术——生物技术也将成为军事高技术的制高点。

6. 新的军事高技术必将层出不穷

近几十年科学技术发展的速度十分惊人，新的技术不断涌现。新技术不仅会对人类社会产生很大的影响，而且必将渗透到军事领域，催生许多新的军事高技术，进而影响战争的发展。新的军事高技术层出不穷是军事高技术的发展趋势之一。

第二节 军事高技术对作战的影响

从古至今，重大的科技成果几乎都是率先应用于军事领域，以增强国家的国防力量。在科学技术蓬勃发展的今天，这一点表现得尤为明显。军事高技术的发展及其在军事领域的广泛应用，对现代作战行动与作战方式产生了巨大影响。

一、现代战争的特点

我们从美国发动的海湾战争、科索沃战争和阿富汗战争可以得出一个结论：现代战争已进入高科技战争时代，谁的军事高技术强，谁在战争中就能占据更大的主动权，就更具有作战优势。

比如，美国发动的阿富汗战争全面展示了信息化战争的强大威力，是一场典型的“不对称作战”。在这场战争中，美军充分发挥各种作战手段的系统效应，使信息系统与作战系统实现了高度一体化。同时，充分展示了高技术条件下现代战争的基本特点和发展趋势。

1. 战争要素信息化程度越来越高，战争形态向信息化方向发展

现代高技术战争将围绕信息的搜集、处理、分发、防护而展开，信息化战争成为高技术战争的基本形态，夺取和保持制信息权成为作战的中心和焦点。在海湾战争开战前 24 小时，美军实施宽带强功率压制式干扰，即“白雪”行动，造成伊军大部分通信联络中断，达成了空袭的突然性。在科索沃战争中，北约充分发挥卫星的制天权功能和优势，自始至终地掌握着空天制信息权。

2. 高新技术武器装备大量运用，引起作战方式的改变

在新技术革命的推动下，发达国家军队竞相发展高新技术兵器，加快武器装备的升级换代，并在局部战争中进行实战检验，引起作战方式的重大变化。其中最为明显的变化表现在以下几个方面：第一，空中力量的发展促进了战争的空中化，空中及空间力量正在成为未来战场的主力，空天战场正在确立自己新的主导地位。第二，以巡航导弹等防区外发射武器和带卫星导航系统的航空兵器为主导的精确制导武器成为高技术局部战争的基本打击手段和主攻武器，使得防区外远程精确打击成为主要作战方式。第三，指挥手段的不断完善大大提高了作战效能。

3. 交战双方军事力量和装备技术水平发展不平衡，非对称作战日益成为高技术条件下局部战争的基本模式

随着战争技术含量特别是高技术含量的日益提高，各国经济技术发展水平的不平衡使各国军事技术发展差距日益拉大，甚至出现技术上的“代差”。强的一方更加重视发展自己的技术优势，弱的一方也力争从技术外寻找出路，因此，非对称作战日益成为作战双方的选择。

4. 战争的直接交战空间逐步缩小，战争的相关空间不断扩大

高技术条件下的局部战争与以往战争相比，战争的直接交战空间逐步缩小，而战争的相关空间在不断扩大；战争的战役空间在缩小，而战略空间在扩大。在科索沃战争与阿富汗战争中，美军的打击目标都集中于特定范围的一个国家或地区。对预定目标的打击，美军也改变了以往那种“全般覆盖”“地毯式轰炸”的做法，而是精选部分要害部位实施精确打击，交战空间大大缩小，甚至在科索沃战争和阿富汗战争中基本实现了“非接触作战”。与此同时，高技术条件下局部战争的相关空间则在不断扩大。

5. 现代战争是体系对体系的较量，战争胜负取决于作战系统的整体对抗能力

海湾战争、科索沃战争、阿富汗战争的经验教训证明，只有多种力量综合使用，各军兵种密切协同，各种武器系统优势互补，才能发挥整体威力，取得“1+1>2”的系统效应。海湾战争中，多国部队对伊拉克实施的空袭作战，除出动大量战斗机、攻击机、轰炸机外，还动用了大量陆军攻击直升机和大量预警机、运输机、加油机、救护机等，海军的“战斧”式巡航导弹以及由各种卫星组成的空间精确定位系统等组成一个严密的作战体系，对目标实施联合打击。

二、正确认识军事高技术在战争中的作用和局限

1. 决定现代战争胜负的关键因素

随着科技的不断发展，高科技在军事上的应用越来越广泛，并导致连锁反应，武器装备的性能与技术含量有了很大飞跃。无论武器如何快速发展与升级换代，武器的破坏威力如何提高，武器的研发都离不开人的智慧与想象力。归根结底，决定现代战争胜负的关键因素是人。

2. 高技术武器装备的弱点

高技术武器装备在战术性能上与传统武器装备相比，有着很大的优势。无论在武器装备的侦察预警能力、快速突击能力、深入敌后破坏能力、各兵种联合系统化作战能力，还是精确打击地面军事要害设施、电子信息干扰战等方面，都需要高技术装备的支持，从而大大提高作战能力。但是，事物本身都是相对的，对高技术武器装备也不能盲目崇拜，它在某些方面也有其弱点与缺陷。只要对其脆弱的一面加以充分了解和研究，就能找到办法来对付与制约它。

三、军事高技术对武器装备的影响

军事高技术对武器装备的影响最迅速、最明显，它直接促进武器装备的改进和发展。这主要表现在以下几个方面：

1. 提高了武器的杀伤破坏效能

军事高技术的应用，将使各类武器向重量轻、体积小、射程远、速度快、威力大、精确度高、机动能力强的方向发展，从而极大地提高了武器的杀伤破坏效能。

2. 提高了武器系统的综合作战能力和自动化水平

军队指挥自动化系统把各类武器和各军兵种联为一体，促使战场指挥控制一体化，从而提高了武器系统的综合作战能力，并实现了武器管理、控制、指挥的自动化。

3. 提高了武器装备的生存能力

军事高技术在武器装备上的应用，不仅提高了武器装备的抗毁能力，而且提高了其机动灵活性和防探测性能，从而使其生存能力得以提高。

4. 提高了武器装备的全天时、全天候作战能力

夜视技术、红外技术、热成像技术和雷达成像技术等各种高技术的广泛应用，大大提高了武器装备夜间和不良气象条件下的作战能力。

5. 提高了武器装备的可靠性与可维修性

可靠性和可维修性是武器系统持续作战能力的两个关键条件，军事高技术的发展为其提供了有效的手段。

6. 促使新型武器系统的诞生

军事高技术的应用将直接促使新型武器系统的诞生，如航天武器系统、人工智能武器系统、隐身武器、基因武器等。

第三节　高技术在军事上的应用

一、当代军事高技术的发展与应用

当代高技术的发展可谓日新月异，而且种类繁多，涉及很多领域。目前军事高技术主要分为六大技术群，即信息技术、新材料技术、航天技术、生物技术、新能源技术和海洋技术。其中，信息技术又包括微电子技术、计算机技术等。

从军事高技术与高技术武器装备的关系出发，军事高技术还可划分为两类：一是支撑高技术武器装备发展的共性基础技术，主要包括微电子技术、光电子技术、电子计算机技术、新材料技术、高性能推进与动力技术、仿真技术、先进制造技术

等；二是直接应用于武器装备并使之具有某种特定功能的应用技术，主要包括侦察监视技术、伪装与隐身技术、精确制导技术、电子战与信息战技术、指挥自动化系统技术、军事航天技术、核武器技术、化学武器技术、生物武器技术、新概念武器技术等。

在这些军事高技术中，究竟有哪些对未来武器装备的发展和未来军事斗争的影响具有关键性的导向作用呢？结合世界各国军事高技术发展状况，以及国内外权威部门的调查，比较多的人认为，竞争的“制高点”主要包括以下五个方面。

1. 军用微电子技术

什么是微电子技术？简单地说，就是使电子元器件及由它组成的电子设备微型化的技术，其核心是集成电路技术。电子设备包括民用的收音机、电视机、录像机，军用的无线电台、雷达，以及军民共用的计算机等。

早期的电子设备是由各自独立的电子管、晶体管、电阻、电容、电感线圈等元器件组成的。20世纪40年代以前的电子设备主要由电子管、电阻、电容组成。由于电子管体积太大，所以用电子管组成的电子设备的体积也很大。1946年，世界上第一台电子计算机就是用1.8万个电子管再加上1万个电阻、1万个电容、1500个继电器等元器件组成的。做成后，体积达90立方米，占地170平方米，重达30吨，每小时耗电150千瓦，运算速度每秒5000次。1948年人类发明了晶体管，用晶体管做出的收音机体积就大大缩小了，可以装在口袋里；但用它制作军用电子设备，体积还是太大。到了1952年，英国雷达研究所一位名叫达默的科学家提出了一个标新立异的设想：能否按照电子线路的要求，把一个线路中所包含的晶体管和二极管以及其他必要的元器件统统集合在一块半导体晶片上，从而构成一块具有预定功能的电路。这就是后来被称为集成电路或集成化的最初设想。到了1958年9月13日，美国一位年轻的工程师基尔比把达默的设想变成了现实。他使用一根半导体硅单晶制成了一个相移振荡器，这个振荡器包含2个晶体管、8个电阻、2个电容，其间无须金属导线进行连接。这就是世界上第一块集成电路。集成电路是衡量微电子技术发展水平高低的重要标志。在单位面积上集合的晶体管越多，集成度就越高；集成度越高，微电子技术发展水平就越高。

在现代高技术武器装备发展过程中，微电子技术也在发挥着“四两拨千斤”的作用。过去武器装备的发展求大、惟多和大规模杀伤破坏，而今天正在被小巧、灵活、精确所代替。目前装备发展水平的高低在很大程度上取决于电子设备的水平，而电子设备的更新换代在很大程度上又取决于微电子技术的发展水平。在现代高技术武器装备发展过程中，用于发展电子设备的资金占总成本的份额越来越大。据统计，目前军用车辆成本的24%，军舰成本的25%，军用飞机成本的33%，导弹成本的45%，航天器（包括卫星、飞船、航天飞机等）成本的66%，通信电子战设备成本的90%都花在电子设备上。随着电子设备水平的不断提高，现代武器装备的性能也得到巨大提高。具体地讲，就是武器系统的体积更小、重量更轻、功能更强、可靠性更高、作战效能和威力更大。比如，现代导弹既可打击面目标，又能打击点目标；现代坦克既可白天作战，也可夜晚作战；电子战设备既能对付在固定频率工作的敌电台、雷达，也能对付频率频繁更换的敌电台、雷达。从这个意义上讲，现代战争已经从“打钢铁”转变到“打钢铁，更要打硅片”的新阶段。

2. 军用航天技术

航天技术是一项与军事斗争密切相关的现代工程技术，其难度之高，影响之大，都是前所未有的。在人类通向太空的征途中，每攻克一道难关——上天、回收、一箭多星、地球同步、太阳同步、载人航天——不仅标志着科学技术跨上了一个新台阶，而且也预示着在军事斗争领域增添了一种新的角逐手段。据统计，自从人类 1957 年成功发射第一颗人造卫星，到 2017 年人造卫星总数已突破 9000 颗，其中多数人造卫星用于军事。

上天，是人类征服宇宙所闯的第一关。所谓上天，就是把卫星或其他飞行器加速到足够的速度，推进到足够的高度，让它绕地球转起来。过这一关有两大难点：一是速度要足够快，快到每秒钟 7.91 千米，也就是每小时 28476 千米，换句话说，就是不到一个半小时绕地球转一圈；二是高度足够高，高到卫星上天后离地球最近也要在 120 千米以上。有资料显示，在卫星上天的头 20 年中，平均每发射 1 公斤有效载荷，需要耗费 12220 美元。由此可见其难度之高，代价之大。正因为如此，目前为止，世界上 200 多个国家和地区，能够独立研制并发射人造卫星的国家只有 9 个，按首次发射的先后顺序，依次是苏联（1957 年 10 月 4 日）、美国（1958 年 1 月 31 日）、法国（1965 年 11 月 26 日）、日本（1970 年 2 月 11 日）、中国（1970 年 4 月 24 日）、英国（1971 年 10 月 28 日）、印度（1980 年 7 月 18 日）、以色列（1988 年 9 月 19 日）、朝鲜（1998 年 8 月 31 日）。

第二关是回收关。所谓回收，就是把发射的卫星按预定的要求收回来，并落在预定地域。目前突破这一关的国家只有三个，即中国、美国、俄罗斯，其他国家都不回收。为什么不回收？因为回收是一件难度很大的事情，回收过程中不仅要求卫星减速、低头，而且还必须落回到地面预定区域，这些对遥测、遥控技术提出了很高的要求。据测算，卫星在返回地面过程中，如果速度误差每秒 5 米，卫星落地点就要偏离 70 千米；如果角度误差 0.1 度，卫星落地点就要偏离 300 千米！因此，从这个意义上讲，回收要比发射更加困难。目前，在掌握卫星回收技术的三个国家中，中国的回收成功率是最高的。中国从 1975 年 11 月 26 日成功回收第一颗卫星到 2006 年为止，共发射返回式卫星 24 次，其中发射成功 23 次，回收成功 16 次。过了回收关，在军事领域就意味着空间侦察技术已经成熟。在民用领域，使用回收卫星可以进行科学实验和搭载实验，为人类探索太空奥秘、开发新材料提供有力的支持和帮助。

第三关是“一箭多星”关。所谓“一箭多星”，是指用一枚火箭同时发射多颗卫星。这种发射有两种方式：在大多数情况下，多星轨道基本相同；还有一种情况是把卫星分别送入不同轨道。中国 1981 年 9 月 20 日过了这一关，当时我们使用“风暴一号”火箭同时发射了三颗卫星，即“实践一号”“实践一号甲”“实践一号乙”。除中国之外，目前掌握这一技术的国家和机构还有美国、俄罗斯和欧洲空间局等。“一箭多星”技术与分导技术有非常密切的联系，所以谁掌握了“一箭多星”技术，就意味着谁向分导技术迈进了一大步。

第四关是地球同步关。所谓地球同步关，就是把卫星发射到地球赤道上空，离地面垂直高度为 35786 千米，方向正东，速度为每秒钟 3.07 千米，这样，卫星绕地球旋转一周的时间正好与地球自转一周的时间相同，从地面看上去，位于地球同步轨道上的卫星仿佛“挂”在天上一样静止不动。在地球赤道上空静止的卫星，由于其观测范围广，跟踪简单，使用方便，能够 24 小时连续工作，所以在军事领域和民用领域都具有巨大的应用价值。目前，通信、广播、导航定位、导弹预警、气象观测等卫星都采用这种轨道，使得这种轨道有供不应求之势。再加上这条轨道的唯一性，未来如果打天战，这里将成为兵家必争之地。

第五关是太阳同步关。所谓太阳同步关，是指把卫星发射到地球一种特殊的轨道，卫星在这个轨道上运行，与地球绕太阳的公转同步。沿这种轨道运行的卫星，每次总是以相同的方向、相同的当地时间从同一个地方经过。具有这种飞行特点的卫星，用来拍摄云图，可以方便地比较天气状况的变化趋势；用来对地面进行照相侦察，则可以发现地面军事目标的动态变化情况。目前，美国、俄罗斯等发达国家的照相侦察卫星大多采用太阳同步轨道。

载人航天关是航天技术的最后一道难关。过了这一关，人类就可以实现“无高不可攀”的梦想，这对于发展科技、经济和军事都有着极其重大的意义。常见有报道说，美国的宇航员，从航天飞机上看到了中国的黄河、长江，看到了人类最伟大的工程——万里长城；俄罗斯的宇航员，用载人飞船给远洋捕捞船指示目标，并帮助地面人员进行灾难救助……如果这些报道可信的话，那么，只要稍微发挥一下想象力，就不难明白，拥有载人航天技术的国家可以神不知鬼不觉地获得多少重要军事情报。可以肯定地说，一切无人卫星能干的事情，载人飞船不仅都能胜任，而且有过之而无不及。但从技术角度讲，发展载人航天，比发射不载人卫星或者探测器要困难得多。2003 年 10 月 15 日 9 时整，我国自主研制的长征二号 F 捆绑式火箭将搭载着航天员杨利伟的神舟五号飞船顺利发射升空。次日 6 时 28 分，神舟五号载人飞船安全返回至预定着落场。此后，我国从 2005 年 10 月至 2016 年 11 月 6 次顺利发射神舟系列载人飞船，成为继美国和俄罗斯之后第三个完全掌握载人航天技术的国家。

3. 军用新材料技术

“材料是发明之母”。新型材料是军事高技术发展的物质基础和突破口，谁能更快地开发和应用具有特定功能的材料，谁就拥有更强大的技术潜力。这一点在武器装备的研制中表现得特别明显。在许多情况下，新研制的武器装备性能上不去，并不是技术原理不对，也不是结构设计有问题，而是由于找不到、造不出、买不来符合特定要求的材料。正因为如此，各国的军用高技术研发计划，无不把新材料的研究与开发作为重要内容之一。

目前，世界各国主攻的军用新型材料主要集中在高温材料、功能材料和复合材料几个方面。高温材料主要用于各种各样的发动机的制造，如汽车、坦克、军舰、飞机的发动机，发射导弹和人造卫星的运载火箭。一般来说，材料耐高温性能越好，用它制作的发动机水平就越高。根据理论计算和试验发现，发动机的工作温度每提高 100 摄氏度，它的推力就可提高 15%左右。从 20 世纪 50 年代起，喷气发动机的性能有了很大的提高（推重比增加了 2 倍，燃烧效率提高了 1 倍，大修间隔时间由 100 小时延长到 10000 小时，提高了近 100 倍），其中一个重要原因，就是提高了发动机材料的耐高温性能。目前正在研究中且比较有希望的耐高温材料是陶瓷材料。用陶瓷材料做发动机的涡轮，不用冷却，工作温度就可达到 1500 摄氏度至 1600 摄氏度，但缺点是易碎，用作发动机叶片，实验中最好的结果是连续工作 7 个小时。7 个小时，作为飞机发动机不行，但作为导弹发动机却绰绰有余，比如，洲际导弹射程 12000 千米，只需半个小时。

功能材料是指具有各种各样特殊功能的材料，如电光材料、电声材料、隐身材料、“记忆”材料等。这些材料在军事上的应用效果令人叹为观止。比如，使用对红外线敏感的材料做成的“光电眼”，能够从离地数万千米的太空，发现地球表面的导弹发射；使用对气味敏感的材料做成的“电鼻子”，能够代替人发现某些特殊的气味；除了敏感材料外，还有一种叫作“形状记忆合金”的功能材料，这种材料的特点是，一旦赋予它所要求的形状，就可以改变环境条件，随心所欲地把它变成别的样子，什么时候想恢复原状，只需要把环境条件再变回去就行了。美国人进行阿波罗登月计划的时候，需要把一个很大的半球形天线放到月球表面上，可是登月舱很小，怎么办呢？技术人员想出一个点子：先在地面上用记忆合金造一个又大又薄的天线，造好后，经过冷却，折叠弯曲成一个小球，到月球上经阳光一照射，又恢复到原来的形状。

所谓复合材料，是指把两种或两种以上不同性质的材料经过加工，复合形成一种材料，从而克服单一材料所存在的某些弱点，发挥各种材料的优点，提高材料的综合性能。复合材料的特点是强度大，比重小，成形容易，性能优异，可以兼有电磁波透过性、抗腐蚀、导热、隔热、耐高（低）温、隔音、减震等性能，是制造飞机、火箭、航天飞行器的理想材料。军用新材料是高技术武器装备的“命根子”，各个国家都控制都非常严格。在军火市场上，你可以买到火炮、坦克、飞机、军舰，可能买到导弹、雷达、电子设备，却很难买到制造这些装备的新材料。如果想得到制造这些新材料的高技术，那就更难了。要想独立自主地发展本国的国防科技和武器装备，非得下功夫自力更生地解决各种新型材料不可。

4. 遥感技术

遥感技术具有军民兼用性。所谓遥感技术，是指探测设备不与探测物体直接接触，在高空、外空或其他远距离处，借助遥感器接收物体辐射或反射的电磁波信息，经过加工处理，从而揭示被探测物体的性质、形状和变化过程的技术。目前，我们所采用的遥感技术有可见光遥感、红外线遥感和微波遥感。可见光遥感实际上就是可见光照相，是把照相机装在卫星等遥感平台上，对远距离目标进行探测。目前可见光照相所使用的胶片有黑白和彩色之分，彩色胶片比黑白胶片能平均多判读出 15%的目标。到了晚上，可见光遥感就会失去作用，于是人们开始使用红外线遥感，这种遥感不仅能接收赤、橙、黄、绿、青、蓝、紫光线，而且还能接收到红光以外的光。比如，我们用折下的树枝编成一个草帽，潜伏在草丛中，如果用普通可见光相机拍照，就照不出它们的区别来；如果用红外线遥感仪来探测，就可以鉴别出来。因为长在地上的植物是发亮的，而折下来做成伪装帽的植物是暗淡的。无论可见光遥感还是红外线遥感，都怕云层遮挡。为了克服云层的遮蔽作用，人们又发明了微波遥感。所谓微波遥感，是指采用波长短、频率高的微波作为探测电磁波来传递被探测目标的信息。微波遥感最大的特点就是直线传播，无论天气阴晴，它的探测效果始终如一。比如，中央电视台通过卫星转播的节目就是采用的微波通信，因而我们绝不会因为哪一天是阴天而收不到中央电视台的节目。

除了上述三种遥感方式外，目前国外还有一种叫雷达成像的遥感技术。这种遥感不仅能探测到地表的目标特性，而且还能透过地表发现埋在地下的目标。目前美国正在使用的长曲棍球侦察卫星就属于这种雷达成像遥感，它不仅可以拍摄到地面目标，而且可以探测到埋在地下几十米深处的文物，甚至可以看到建在地下的工事。按照美国提供的数据，如果地面是干燥的沙子，那么它可以探测到沙漠下 20 米深处埋藏的文物。此外，美国等一些发达国家正在研制一种采用“红外焦平面阵列技术”制造的新型侦察设备。这种侦察设备对红外图像敏感，并且其工作原理与人眼相同。以前的红外装置采用扫描方式进行侦察，效果较差，而且一旦被敌方掌握规律，很容易被欺骗。现在采用凝视型红外侦察设备，就可以弥补这一缺陷，因为它就像“眼睛”一样，时刻盯住地球表面的目标，一有动静它就可以发现。美国目前已把这种设备安装在地球同步卫星上。这种设备由几千个像素点构成，每个像素点仅有几微米大，别看它个头小，但威力却非常大，因为每个像素点就是一个小眼睛，它可以对应观察地面上 13.7 万平方公里的范围，地球表面哪一个地方发射导弹，它马上就可以探测出来。

5. 定向能技术

所谓定向能技术，就是把强激光、高能粒子束或强微波等产生的高温、电离或辐射效应集合，而后以束的形式向一定方向发射，借以摧毁或损伤目标的技术。这种技术具有军民兼用的性质。在军事领域，按照使用范围的不同，定向能武器一般可分为战略和战术两大类。

战略定向能武器主要用于攻击飞机、导弹和卫星，其技术成熟程度以激光武器为最高。激光武器最大的特点是速度快，精度高，单发成本低，附带毁伤小。正因为如此，不仅各国竞相研制，而且有一段时间被吹得神乎其神。当然，实际研发并不容易，会遇到各种各样的难关——能源关、聚焦关、瞄准关、传输关等，哪一关都不好过。目前已经试验成功的战略激光武器有美国的陆基中型红外高级化学激光器（MIRACL）。它曾是美国星球大战计划的一部分，是美国为防止敌国核打击以及免受他国卫星对自己的威胁而秘密研制的一种反卫星武器。1997 年 10 月 17 日，美国在新墨西哥州南部沙漠深处的白沙导弹靶场高能激光系统试验中心就成功地进行了一次激光打卫星试验。这次试验使用的激光器是由汤普森—拉莫—伍尔德里奇公司研制的，耗资 8 亿美元，激光器发射的光束宽约 2 米，波长 3.8 微米，输出能量 200 万瓦。作为“靶子”的是美国空军 1996 年 5 月发射升空的 MSTI—3 号气象卫星，该卫星大小相当于一台电冰箱，携带有红外探测器，轨道高度约 420 千米，飞行速度 26800 千米/小时。试验中，激光武器向快速移动的卫星发射了两束高能激光，第一波束用于测定高速运行中的卫星的准确位置，然后再发射 10 秒左右的强激光脉冲，从而准确击中了这颗日益老化的卫星。

战术定向能武器主要用来使人致盲和武器失效。1995 年 3 月，美国和以色列两国曾联手实施“鹦鹉螺”战术高能激光器概念评估计划。1996 年 2 月 9 日，一枚 EM—21 短程火箭在飞经美国白沙导弹靶场上空时被美以联合研制的战术高能激光器击落。2000 年 6 月 6 日、8 月 28 日和 9 月 22 日，美以两国又连续三次进行了战术激光武器打靶试验，并成功地击落了 5 枚短程喀秋莎火箭。2013 年，美国海军展示了用舰载战术激光器击落敌方无人机的能力；2014 年 11 月，美国海军首次在海上用激光武器打击敌方小艇。目前美国正抓紧研制第六代战机，将配备用于近距离防身的激光与微波定向能武器，据称可以实现对敌机的近距离“秒杀”。2017 年 5 月，美国《防务新闻》介绍了美国陆军如何运用激光武器进行反导的技术进展。报道称，太空和导弹防御司令部已经把 5 千瓦级激光武器安装在装甲战车上，并在测试中取得成功。除激光武器外，还有微波武器。它不仅能毁坏电子设备中的时钟，而且对其他灵敏元器件也具有破坏作用。此外，微波对人的生理和心理也具有较大的损害。如果一个人长期受微波照射，那么他的身体肯定会受影响，甚至整天头昏脑涨，无法进行正常工作。

军事高技术的发展及其在军事领域的广泛应用，已经对武器装备和作战行动产生了巨大影响，其形势概括起来就是“八化”，即侦察立体化、打击精确化、反应高速化、防护综合化、电子武器化、控制智能化、信息多媒化、现装年轻化。

二、正确认识和对待高技术武器与高技术战争

1. 以发展的眼光看待战争

我们对待战争的态度，既要十分珍视过去的经验，又要高度重视变化的现实。

随着科学技术的发展，特别是信息技术的迅猛发展，战争本身也在不断变化，特别是战争观念与以往相比发生了重大变化。战争观念包括战争的胜负观，战争的平战观，战争的主权观。

信息时代的胜负观已不再以歼灭敌人多少有生力量为标准，而是以使作战对象失去多少战斗能力为标准。

信息时代的平战观表现为，信息技术的发展已使信息对抗成为最普遍的对抗形式，而信息对抗从一定意义上模糊了战争时期与和平时期的界限。和平时期对一个国家的电磁频谱进行大规模的侦察与干扰，严格地说，就是进行着一场无硝烟的战争。

信息时代主权观的变化主要体现为：信息时代的国家主权已不仅仅包括领土、领海和领空主权，而且还应包括频率资源在内的电磁领域的主权。保卫频率资源、电磁主权和信息安全已成为国家主权的重要内容。

在战争观念发生重大变化的同时，全球正在兴起一场新的军事革命，这场革命包括作战理论、火力打击、协同作战、信息作战、应急作战、作战力量的编制体制、军队组织的等级化、作战样式、作战部署的变化以及这些变化给作战训练、条令条例等带来的深刻影响。面对这些变化，我们必须以发展的眼光，认真研究其特点和规律。同时，针对未来我军将面临的战争环境，研究作战理论，探究作战方法，为打赢未来战争做好各项准备。

2. 以务实的态度研究战法

所谓务实，就是既要着眼于打高技术条件下的战争，又要立足于以劣势装备取胜。我们研究战法，不能脱离一个“中心”，这个中心就是中央军委提出的新时期积极防御的战略方针。离开了这个方针，我们的战法研究就要迷失方向，就要失去意义。同时我们还要着眼于“两个基本点”：一个基本点是打赢现代技术特别是高技术条件下的局部战争，2015 年中国发表首部专门阐述军事战略的专题型国防白皮书《中国的军事战略》，白皮书指出，根据战争形态演变和国家安全形势，军事斗争准备基点将放在打赢信息化局部战争上；另一个基本点是立足于以劣势装备或者以手中武器来取胜。

未来战争将是高技术战争，但从我国国力出发，目前我们还必须立足于以现有武器装备来打。同时，在力所能及的范围内，还应加紧研发我们的“撒手锏”。这些撒手锏，就是让“敌人丧胆，我们壮胆”的高技术武器装备。

3. 以全面的观点加强战备

所谓全面的观点，就是既要加速改善武器装备，又要抓紧人才素质的提高。我们不能只把眼睛盯在武器装备的差距上，还要看到人才素质方面的差距。我们应该“两条腿走路”，一条是改善武器装备，一条是提高人才素质。现代战争的经验告诉我们，不是光有高技术武器装备就能打赢高技术战争。作为一名当代大学生，一要有很高的觉悟，二要有很高的科学素养，二者缺一不可。

总之，只要按照中央军委制定的积极防御的战略方针，抓住机遇，盯住条件，迎接挑战，内紧外松，少说多干，那么，我们的国防科学技术就会几年上一个台阶，我们的武器装备就会不断地更新换代，实现中央军委提出的“打赢未来可能发生的现代技术特别是高技术条件下的局部战争”的要求。

第四节　武器装备

军事武器装备是构成军队战斗力的物质基础，是决定战争胜负的重要因素之一，也是衡量一个国家国防和军队现代化水平的重要标志。

在20世纪一百年的历史中，随着军事科学技术的重大突破和广泛应用，军事武器装备发生了一次又一次重大飞跃和变革。中华人民共和国成立后，党和国家十分重视我军武器装备的发展。经过60多年的努力，中国人民解放军的武器装备正向着家族系列化、电子化、智能化、制导化及控制自动化的方向发展。

一、轻武器

轻武器一般是指枪械及其他各种由单兵或班组携行战斗的武器，主要包括枪械系统和近战武器系统两大类别。枪械系统包括手枪、步枪、冲锋枪、机枪和特种枪械以及所使用的弹药和瞄准器材等；近战武器系统主要包括手榴弹、枪榴弹、榴弹发射器、火箭发射器、无坐力发射器、超近程单兵制导武器以及所使用的弹药和瞄准器材等。

1. 手枪

手枪是单手发射的短枪，它在50米以内具有良好的杀伤效力。手枪按用途可分为自卫手枪、战斗手枪和特种手枪，按结构可分为转轮手枪和自动手枪。自动手枪又分单发射击的半自动手枪和可以连发射击的全自动手枪。特种手枪包括微声手枪、各种隐形手枪和运动手枪等。微声手枪和隐形手枪用于执行诸如侦察、间谍活动等特殊任务，运动手枪只适用于体育运动中的射击比赛。

1892年，奥地利人约瑟夫·劳曼发明了人类历史上第一支自动手枪。1895年，德国毛瑟兵工厂生产出C96式毛瑟手枪，这是世界上第一支真正的军用手枪。1911年，美军装备了勃朗宁设计的11.43毫米口径柯尔特M1911自动手枪。德国造毛瑟1932年式7.63毫米手枪是世界上第一支广泛使用的冲锋手枪，中国人习惯上称之为“驳壳枪”或“匣子枪”。

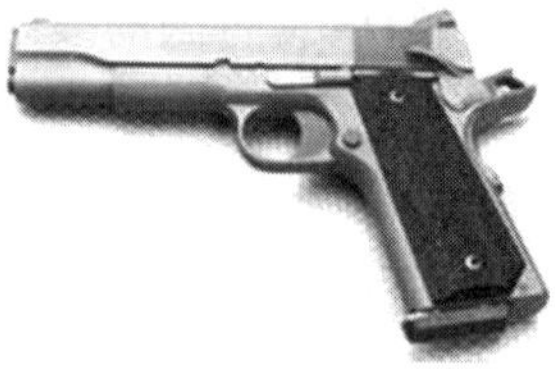

柯尔特 M1911A1 手枪

中国从 1913 年起开始制造近代手枪，但都是仿造国外的产品，如 54 式 7.62 毫米手枪。1958 年以后，中国开始独立设计手枪，先后定型的有 64 式手枪、67 式微声手枪、77 式手枪和 80 式自动手枪，口径均为 7.62 毫米。1999 年，在人民解放军驻澳门部队中首先装备了新型的 92 式 9 毫米战斗手枪。

中国 64 式手枪

2. 步枪

步枪是单兵肩射的长管枪械，是步兵的基本装备。它主要通过发射枪弹来杀伤暴露的有生目标，必要时也可用刺刀、枪托格斗，有的还可发射枪榴弹，杀伤有生目标或打击薄壁装甲目标。

步枪的战术技术性能介于冲锋枪和轻机枪之间，一般口径小于 9 毫米，有效射程为 400 米左右。

1943 年德国首先制造出了世界上第一支半自动步枪 G43，并将其命名为突击步枪。它可以连续射击，在一定程度上具有机枪火力猛的特点，但却比机枪轻得多。1947 年苏联制造出了性能更加优良的 7.62 毫米口径的 AK47 自动步枪。

苏联 AK47 自动步枪

中国的各种轻武器研究相对来讲与世界先进水平的差距较小，有的甚至已经达到或超过了世界先进水平。中国在 20 世纪 50 年代前主要是使用和仿制外国步枪，从 1958 年开始自行研制，先后定型生产了 63 式、81 式 7.62 毫米自动步枪和 87 式 5.8 毫米自动步枪等。20 世纪 90 年代，中国研制出性能优秀的 95 式 5.8 毫米小口径自动步枪，它和 95 式 5.8 毫米班用机枪等共同组成了新的 95 式 5.8 毫米枪族。该枪族采用无托结构，步枪和机枪的自动机件完全通用，通用件比例之高、通用组件之多，在国内外同类武器中名列前茅，标志着中国军队的轻武器迈上了一个新的台阶，已达到世界先进水平。

中国 81 式自动步枪

81 式自动步枪是中国军队装备的一种制式步枪。1979 年下达研制任务，1981 年设计定型，1983 年正式投入大批量生产并正式装备中国人民解放军。其中，采用木质固定枪托的称 81 式自动步枪，采用折叠金属枪托的称 81－1 式自动步枪。81 式自动步枪与 81 式 7.62 毫米轻机枪组成 81 式枪族。

中国 95 式自动步枪

除众多的自动步枪外，世界上著名的狙击步枪也比较多，如美国的 7.62 毫米 M24 狙击步枪、俄罗斯的 7.62 毫米德拉贡诺夫狙击步枪、法国的 7.62 毫米 FR－F2 狙击步枪和意大利的 7.62 毫米伯莱塔狙击步枪等。20 世纪 80 年代后期，中国还研制出一种新型的 88 式 5.8 毫米狙击步枪，现已与 95 式 5.8 毫米枪族一起装备了中国人民解放军的部分部队。这种小口径的狙击步枪在世界上并不多见。

3. 手榴弹

手榴弹是用手投掷的弹药，因早期的手榴弹外形像石榴，故此得名。手榴弹除可手投外，有的还能枪掷，靠爆炸的能量或其他化学作用杀伤有生力量、摧毁装甲目标或完成其他战术任务，是近战的有力兵器。手榴弹按用途可分为杀伤、反坦克、燃烧、发烟、照明、毒气和教练等弹种。杀伤手榴弹是手榴弹的基本弹种，它又可分为进攻型、防御型和攻防两用型三种类型；反坦克手榴弹也称反坦克手雷，垂直破甲厚度可达170毫米；燃烧、发烟、照明、毒气等手榴弹外形和结构与杀伤手榴弹相似，只是内装化学战剂或烟火药。

中国在20世纪50年代末之前是仿制外国的手榴弹，1959年开始自行研制了59式、61式、62式、63式、65式、67式、73式、77－1式手榴弹。70年代末至90年代初，是中国主用手榴弹持续发展时期，也是中国特种手榴弹发展最快的时期。据不完全统计，80年代初至90年代中期，中国自行研制的手榴弹有20种之多，如82式手榴弹系列、84式手榴弹、KFB催泪手榴弹等。82式手榴弹是其中比较突出的一种。82－2式手榴弹全弹质量260克，弹径48毫米，全弹长约85毫米，杀伤半径大于6米，平均投掷距离约40米。

82－2式无柄手榴弹

二、中国的先进武器

1. 辽宁号航空母舰

辽宁号航空母舰是中国人民解放军海军第一艘可以搭载固定翼飞机的航空母舰，中国海军001型航空母舰的首舰。它是在苏联海军的库兹涅佐夫元帅级航空母舰次舰瓦良格号航空母舰的基础上发展而来的，在总体设计上沿袭了原来的设计特点。其舰型特点、尺寸、排水量、动力装置等都与库兹涅佐夫元帅级航空母舰基本相同，而在上层建筑、防空武器、电子设备、舰载机配备等方面均做了较大的改进。

辽宁舰舰长约304.5米，舷宽约75米，吃水约10.5米，排水量满载约61390吨，舰上有船员1900余人，飞行员600余人，房间3000余个，动力系统8台蒸汽轮机，续航力7000海里/18节、3850海里/32节，航速29节，自持力45天。

辽宁舰舰载武装：红旗舰对空导弹系统，1130近防炮，FL3000N舰载反导系统，RBU1200反潜火箭，346型相控阵雷达，顶板（Top Plate）3D对空搜索雷达，346型对空/平面追踪雷达，可搭载50架左右各型舰载机。（以上参数及数据

仅供参考）

辽宁舰的编制等级为正师级，编制员额1000余人。首批舰员中，具有本科以上学历的军官达到98%以上，其中具有硕士和博士学历的有50余人。与其他国家的航空母舰一样，辽宁舰上有5%为女性人员。由于“辽宁号”航母上载舰员人数众多，其各种生活配套设施也十分完备，设有餐厅、超市、邮局、洗衣房、健身房、垃圾处理站等，生活相对比较便利。今后还将根据实际需要，创造良好的工作生活环境，最大限度地保障官兵的生理和心理健康。

辽宁号航空母舰

2. 歼－15战斗机

歼－15战斗机是中国参考从乌克兰获得的苏－33战斗机原型机T－10K－3号机，以国产歼－11战斗机为基础研制和发展的重型双发舰载战斗机。

舰载机歼－15战斗机

歼－15在战斗机世代划分上属于第四代战斗机改进型，即第四代半战斗机。歼－15融合了歼－11B的技术，在歼－11的基础上新增鸭翼，配装2台大功率发动机，实现了机翼折叠，全新设计了增升装置、起落装置和拦阻钩等系统，使得飞机在保持优良的作战使用性能条件下，实现了着舰要求的飞行特性。

歼－15战斗机长约22.28米，翼展全幅约15米，高约5.92米，机翼面积约62.04米，空重17500千克，正常起飞重量27000千克，最大起飞重量32500千克，发动机为2×WS－10加力涡扇发动机，最大速度2.4马赫，最大航程3500公

里，推重比 0.97。(以上参数及数据仅供参考)

歼—15 机载武装：1×30 毫米 GSH—30—1 机炮；外有 12 个外挂点，可挂载空空导弹和反舰导弹以及火箭弹与航空炸弹。

2009 年 8 月，歼—15 战斗机首飞成功。2012 年 11 月，歼—15 战斗机成功降落在辽宁号航空母舰甲板上。

3. 052D 型驱逐舰

052D 型驱逐舰是 052C 型驱逐舰的改良型，也是中国继 052C 型驱逐舰后又一种配备相控阵雷达与垂直发射区域防空导弹系统的现代化防空驱逐舰。

052D 型驱逐舰

052D 型驱逐舰长约 157 米，舷宽约 19 米，吃水约 6 米，满载排水量约 7000 吨，航速 32 节。

052D 型驱逐舰舰载武装：1×H/PJ—38 130mm 70 倍径舰炮，8×八联装新型垂直发射系统（装填防空导弹、巡航导弹与火箭助飞鱼雷），1×730 型近程防御武器系统，1×24 单元 HQ—10 滚体近防导弹系统，2×三联装 324mm 7424 型鱼雷发射器等。(以上参数及数据仅供参考)

首艘 052D 型驱逐舰昆明号于 2012 年 8 月下水，2014 年 3 月正式加入中国人民解放军海军战斗序列。

4. 歼—20 战斗机

歼—20 战斗机是中国成都飞机工业（集团）有限责任公司为中国人民解放军研制的第四代双发重型隐形战斗机，用于接替歼—10、歼—11 等第三代空中优势战机，担负未来对空、对海的主权维护任务。

2018 年 2 月 9 日，歼—20 战斗机开始列装空军作战部队。

歼—20 战斗机采用单座、双发、全动双垂尾、DSI 鼓包式进气道、上反鸭翼带尖拱边条的鸭式气动布局。机头、机身呈菱形，垂直尾翼向外倾斜，起落架舱门为锯齿边设计，机身以深黑色涂装。侧弹舱采用创新结构，可将导弹发射挂架预先封闭于外侧，同时配备中国国内最先进的新型格斗导弹。

中国歼－20战斗机

思考题：

1. 什么是军事高技术？它的主要分类与特点是什么？
2. 军事高技术的主要发展趋势是什么？
3. 简述军用微电子技术在现代高技术武器装备发展过程中的主要作用。
4. 如何正确认识和对待高技术武器与高技术战争？

第五章 信息化战争

随着科学技术的发展，人类早已步入信息化时代，信息化战争以全新的形式登上了战争的历史舞台。近十多年来相继发生了海湾战争、科索沃战争、阿富汗战争和伊拉克战争。这四场具有划时代意义的高技术局部战争，孕育了一个全新的战争形态——信息化战争。

第一节 信息化战争概述

信息化战争作为一种全新的战争形态，无论是概念定义、形成动因、发展阶段，还是战场环境、战争力量，都有别于传统的战争形态。

一、信息、信息技术、信息化战争的基本含义

信息就是事物运动形态或存在方式的不确定性的描述，是人们直接或间接感知事物运动、发展、变化的情况和动态，并对其内容进行处理。

信息技术是用于管理和处理信息所采用的各种技术的总称。信息技术分为两类，一类是信息基础技术，另一类是信息应用技术。

信息化是以信息技术的广泛应用为主导，信息资源为核心，信息网络为基础，信息产业为支撑，信息人才为依托，法规、政策、标准为保障的综合体系。

信息化战争作为一种全新的战争形态出现，目前其概念尚无统一定义和规范解释。我们知道人类社会进入信息化时代后，交战双方依托信息化战场，以信息化军队为主要作战力量，以信息化武器装备为主要作战手段而进行的战争行为，是由信息时代战争形势、军事力量状态和主导兵器的技术形态等决定的战争动因、性质、规模等整体的表现形态。从本质上看，信息化战争是以大量使用信息技术、信息化武器装备为物质基础和技术基础，以信息与能量结合为基本的能量释放形态，以信息网络化战场为其活动舞台而存在的。

总之，信息化战争就是信息时代的基本战争形态，是信息化军队运用信息、信息系统、信息化武器装备，在陆、海、空、天、网络等全方位进行的战争。信息化

战争不同于农业时代的冷兵器战争，也不同于工业时代的热兵器战争，它属于知识经济、信息时代的高技术战争形态，是信息技术主导的机械化战争的高级形态。

二、信息化战争的产生和发展

信息化战争是新军事变革、社会发展、战争实践和理论探索等多种因素综合作用的结果，这也是导致战争形态由机械化战争向信息化战争演变的主要动因。

一是新军事变革推动的结果。20 世纪 90 年代以来信息技术的突飞猛进，对世界政治、经济、军事、科技、文化、社会等领域带来了深刻的影响，并开始从根本上改变世界的面貌。在军事领域，迅速发展和广泛运用的信息技术猛烈地冲击着传统的军事思想与战争观念，引发了一次空前的新军事变革。这次新军事变革，是对工业时代的军事形态进行脱胎换骨的改造，实质上是一次军事信息化革命，信息化正在成为军队战斗力的倍增器。新军事变革推动了信息化战争的产生和发展。

二是信息社会孕育的结果。随着电子计算机的问世和“信息化”“全球信息社会”等概念的相继提出，经过半个多世纪的发展，信息革命的内涵及其影响已远远超出了经济的范畴，渗透到社会的各个方面，人类开始步入以信息为中心的信息社会时代。信息时代的到来，信息社会的生产理念、信息技术、信息网络以及信息经济的运行模式，强制性地渗入军事领域，军事体系在信息社会的强力支撑和全面引领下，开始全面向信息化迈进。随着社会形态的转型，战争形态由机械化战争向信息化战争转移也就成为历史的必然。

三是现代战争实践催生的结果。20 世纪末的前后十多年间，人类社会相继发生了海湾战争、科索沃战争和伊拉克战争等高技术局部战争。这几场局部战争在信息技术的推动下，使传统的战争理念发生了变革，战争面貌也随之一新，显现了陆、海、空多维一体的立体战特征，催生了以信息作战为主导的信息化战争。尤其是 2003 年爆发的伊拉克战争，由于战场空间态势空前透明，作战效率高，一体化作战特征明显，制信息权成为战争的关键，信息系统的作用突出，被认为是一场典型的信息化战争，标志着人类历史上的战争形态正式步入信息化战争时代。

四是理论探索牵引的结果。理论是行动的先导。信息化战争理论的研究探索，牵引了信息化战争这一战争形态的发展。美军提出了“信息战”“21 世纪战场”“网络中心战”等新概念，确立了未来战争信息制胜的指导思想，并以打赢信息化战争作为根本出发点和落脚点，牵引美军的信息化建设。

我军紧跟世界新军事变革的发展步伐，积极借鉴发达国家的经验，认真开展了信息化战争理论研究，推出了一大批与信息化战争相关的研究成果，初步构成了一个内涵丰富、整体性强的信息化战争理论体系，从而使信息化战争这一新的战争形态不仅在实践中日渐成熟，而且在理论上日臻完善。

第二节　信息化战争的特征与发展趋势

一、信息化战争的特征

信息化战争与机械化战争相比，具有以下特征：

1. 战场形态发生转变

信息化战争的战场形态与过去的战争有着本质的区别，这是信息化战争的标志性特征。所谓战场形态，是指作战活动开展的各个空间的组合状态。战场形态的深刻变化，是战争形态转变的直观体现。当今战场正在由机械化战场向信息化战场转变，主要表现在以下几个方面：

（1）战场空间多维化。

随着军用卫星的运用以及立体化远程武器的增多，战场空间不断拓展。第二次世界大战时期和战后的战争形态——机械化战争，是以陆、海、空为基本领域的三维对抗。随着高空物理、天体物理和航天技术的发展，人们将探索的目光投向过去从未涉足的天空。未来天空战争将出现导弹拦截战、卫星攻击战、天对地攻击战和天空武器作战平台之间的攻击战等作战样式。信息化战争的战场将形成陆、海、空、天、电磁、网络六维为主体的实体空间。被称为典型信息化战争的伊拉克战争中，美军“国防信息系统网”的通信带宽比海湾战争时扩大了10倍；空中作战指挥中心的数据交换能力提高了100倍；投射精确弹药的比重，从海湾战争的8%上升到68%。显然，随着信息技术的高速发展和大量使用，信息化战争已经走向战争的舞台。

（2）战场空间的状态由线状向立体网点状转变。

冷兵器时期，作战双方交战通常是把兵力呈几何图形摆开，实施两军对战，交战时整个战场的作战线表现为断续的线状、点状。热兵器时代，坦克、火炮和飞机运用于战场后，拓展了双方的交战空间，但由于侦察、机动和打击效率与能力有限，战斗只有在双方接触后才能分出胜负，作战行动具有平面几何形变化状态。机械化战场上的空间形态仍然是线形的。随着信息化的不断深入发展，先进的战场信息探测系统、网络化指挥控制系统、远程精确制导武器出现和发展，战场空间呈现多维化，要求部队打造能够在六维空间全纵深实施进攻的作战行动的能力。

（3）战场对抗方式由近距离对抗向远距离遥控对抗转变。

无论是冷兵器时代还是热兵器时代的战场对抗，都表现为人和火器的近距离交火、格斗。20世纪50年代后，信息技术等高新技术得到很大的发展，军队的武器装备发生了质的飞跃，如中远程导弹、精确制导导弹、无人机等高尖端武器逐步普及，智能机器人逐步在战场上使用，远距离、超视距打击能力成为可能，战场对抗逐步由近距离对抗向远距离遥控对抗转变。

（4）战场打击目标由有生力量向C4ISR系统转变。

20世纪80年代前的战争制胜之道，主要是通过大量杀伤、消耗敌人有生力量、毁灭敌国战争资源来改变作战双方的力量对比，从而最终赢得战争胜利。随着科技的发展、社会文明的进步，以及对战争研究的深入，人们意识到赢得战争胜利的途径不再仅仅是消灭敌人有生力量。未来战争主要是精确打击敌人作战体系中心——计算机、通信、指挥、控制、情报收集、侦察监视探测及杀伤系统（C4ISR系统），使敌人作战体系瘫痪，从而赢得战争胜利。随着战场信息化的不断深化，C4ISR系统逐渐成为军队整个作战体系的中枢神经，成为主要的战场打击目标。

2. 军队结构发生变化

（1）部队种类多元化。

信息化战争强调通过数字通信系统将侦察探测、指挥控制及火力打击系统连成一体，以“信息流”来运作“物质流”和“能量流”，实现人与武器装备的最佳结合。近几年，各国分别建立有特种部队、数字化部队、心理战部队、太空部队、网络部队等。

（2）军队总体规模精干化。

部队总类越来越多，人员也越来越精干。军队从人力密集型向技术密集型和质量效能型转变，不断提升部队的作战能力。

（3）军队指挥体制扁平化。

所谓外形扁平，就是纵向指挥层次少。未来，原有的集团军、军、师、旅（团）、营的编制体制将不复存在，代之以军、旅、营的编制体制，从而减少指挥层次，缩短信息流程，提高指挥效率。

（4）内部结构优化。

从总体上看，呈现以下发展趋势：在武装力量构成上，现役兵力比例下降，预备役兵力比例上升；在陆、海、空三军兵力对比上，陆军兵力比例下降，海、空军兵力比例上升；在战斗部队和保障部队的比例上，战斗部队的比例减小，保障部队的比例增大；在保障部队中，技术保障兵力增加，勤务保障兵力减少；在轻、重型部队的比例上，轻型部队的比例上升，重型部队的比例下降；在军官构成上，技术军官的比例增大，指挥和一般参谋军官的比例减少。

（5）部队组织小型、一体、多能和模块化。

主要战斗部队实行旅—营体制，把旅作为主要作战单位，打破军种、兵种的界限，形成诸军兵种合成的一体化作战单位，有利于灵活、方便、快速地完成各种作战任务。

3. 制胜机理产生变革

(1) 信息制胜规律。

信息优势是指在信息对抗的某一阶段，信息有利于一方而不利于另一方的一种非平衡状态。拥有信息优势的一方最终将赢得战争的胜利。

(2) 整体制胜规律。

打赢现代化信息战争，不仅需要军事力量，而且需要政治、经济、科技、文化、外交等多种国家综合战略能力。

(3) 人机融合规律。

信息化战争是人机一体的战争，人与武器装备有机结合，能充分发挥武器装备的打击效能。

4. 战争思维发生嬗变

首先，信息化战争带来了战争思维观念的巨大变化。主要表现在战争概念将进一步扩大，“战争”与“非战争”、“军事行动”与“非军事行动”之间的界限变得模糊。

其次，信息化战争带来了战争思维方式的转型。信息化战争时代的战争思维是人机结合的战争思维，不可能离开计算机智能系统来进行战争思维和决策，也不能完全依赖机器智能系统，人的创造性和不循常规的艺术性在这里将起到独特的作用。

二、信息化战争的发展趋势

信息化战争是一种崭新的战争形态。目前正处于机械化战争向信息化战争转型时期，并将继续向更成熟的阶段发展。未来信息化战争的发展主要体现在以下几个方面。

1. 传统战争内涵将得到极大的拓展

未来信息化战争的最终目的将发生变化，即战争目的将从对人力、土地、能源等有形资源的争夺为主向对信息、知识等无形资源的争夺为主转变。传统的机械化战争的主体是军队，而未来信息化战争的主体除了军队外，每一个人、每一台计算机都有可能成为作战的有效单元，因此战争的主体可能是社会团体，还有可能是个人、恐怖组织、犯罪集团、宗教极端分子等。

2. 软打击与硬摧毁有机结合将成为作战的普遍法则

在未来信息化战争中，软打击与硬摧毁组合运用将成为信息化作战的鲜明特征。随着信息化战场的形成，电子领域、网络领域、心理领域的斗争更加激烈，交战双方主要运用信息和信息系统在电子空间和网络空间进行“软”攻防对抗，这种“不流血的战争”蕴含着巨大的破坏和毁伤能力。

未来信息化战争中软打击与硬摧毁有机结合，主要体现在三个方面：一是电子杀伤与物理摧毁并举；二是网络攻击与火力攻击并重；三是心理战与歼灭战结合。

3. 网络中心战将成为信息化战争的新样式

网络中心战是指利用信息化网络系统，把地理上分散部署在陆、海、空、天广阔区域内的各种探测系统、指挥系统和武器系统集成为一体化的作战体系。

网络中心战的主要特点：依托网络整合兼容各种武器平台、装备器材和作战人员等诸多要素；运用网络工作原理，呈指数式倍增地提高作战效能；极大地提高一体化联合作战指挥控制的能力；充分发挥一体化联合作战的各种潜能。

4. 智能化、无人化将成为未来信息化战争的新景观

信息化条件下军队组织高度智能化，武器装备也越来越智能化，未来军队的指挥控制手段也将高度自动化和智能化。

由于大量的智能化武器系统和平台将装备军队并投入作战，以及无人化武器技术的发展，在未来信息化战争中，具有发射后不管和自动寻功能的智能化弹药将得到更加广泛的应用，无人驾驶的智能化坦克、飞机和舰船也将规模化投入战场。

第三节 信息化战争与国防建设

信息化战争时代的到来，不但加剧了世界各国战略力量对比的不平衡性，而且对世界各国的国防和军队建设提出了严峻的挑战。我国必须加强军事理论创新，加快国防信息化建设进程，加速培养国防信息化人才队伍，加大信息化武器装备的发展力度，以求在未来信息化战争中立于不败之地。

一、高度重视军事理论的先导作用

1. 构建面向信息化战争的中国特色军事理论体系

加强国防建设，推进中国特色军事变革，打赢未来信息化战争，必然依赖于先进的军事理论体系的重塑。这个体系主要包括：一是党的军事指导理论，要运用综合集成的方法系统研究党的军事指导理论，增强对军事斗争和军事理论创新的指导性；二是军事基础理论，应构建面向信息化战争的军事理论体系，着力设计好军事科学基础理论的总体框架，奠定中国军事理论创新的坚实基础；三是军事应用理论，应加强军事指导理论和军事基础理论研究，为军事应用理论的创新服务。

2. 努力转变军事理论创新模式，增强军事理论创新的科学性和实用性

我军传统的理论创新模式需要彻底更新，才能适应信息化战争和军事变革对理论创新的需求。一是要努力实现由定性研究为主向定性定量结合型研究的转变，二是要着力于面向信息化战争的军事理论创新机制的建设和健全。

二、加快国防信息化建设进程

打赢信息化战争的根基是国家国防信息化的总体水平，信息化条件下国防建设的目标指向也是国防信息化总体水平的提高。

1. 大力加强国家信息基础建设

在信息化时代，国家的信息基础建设是国家战略能力的重要组成部分，也是国家国防信息化的基础。

2. 加强国防信息基础建设

我国在加强国家信息基础建设的同时，还要充分考虑国防信息化的需要，在国家信息化基础建设中系统、配套地加强国防信息化基础建设。

3. 走军民融合式发展道路，提高国防信息化基础建设的整体效益

一方面，国家信息化建设水平是整个国防建设和军队建设的基础，国家信息化建设水平的不断提高，能够为国防和军队信息化建设提供更高的起点。

另一方面，国防和军队信息化建设有自身的特点和优势，在系统推进国防和军队信息化建设的同时，也要将先进的军用信息技术与民用相结合，让国防和军队信息化建设切实为国家经济和社会发展服务。

三、努力培养国防信息化人才队伍

人才是强国之本，也是兴军之本。信息化人才队伍建设是强国强军的战略性问题。高素质军事人才是打赢信息化战争之本。

1. 努力构建我国新型的信息化人才培养体系

国防信息化人才队伍既是国家发展的宝贵战略资源，也是国防建设的力量源泉。要打牢国家信息化人才队伍的基础，这是国防信息化人才队伍的坚实依托。要以科学的培养模式和高效的培养机制缩小我国信息化人才队伍与发达国家信息化人才队伍的“信息技术差”和“知识差”，以适应国防信息化建设及未来信息化战争对人才的需要。

2. 完善信息化军事人才培养机制

军事人才的选拔、培养、成长是一个长期的过程，可从以下方面着手：

（1）革新军事人才培养思路，重视超前培养复合型指挥人才、智能型参谋人才和专家型科技人才。

（2）建立良好的继续教育机制，加大对人才的轮训力度，掌握新知识、新理论、新技能，确保信息化军事人才队伍建设更好地适应信息化战争需要。

（3）大力改进院校教育模式。信息化军事人才的培养，既要依靠军队院校，也要依托国民教育体系。新型信息化军事人才的培养，要以国民教育为主，解决学历教育、知识教育等基础性问题。

（4）大力拓宽军事人才培养渠道。要加强指挥与技术专业军官间的岗位轮换，

尽快实现指技合一。

（5）拓展吸引地方人才进入军队的渠道。要根据军队信息化建设和未来战争的需要，吸收地方科技素质高的人才入伍，改善现有官兵知识结构，扩展战斗力增长点。

四、加速发展信息化武器装备

信息化战争的飞速发展，要求我军乘国家信息化发展之势，加速发展信息化武器装备，以适应未来信息化战争的需要。如果按部就班地先完成机械化，再发展信息化，我军将无法赶上发达国家军队建设的步伐。

1. 努力实现我军武器装备建设的跨越式发展

西方发达国家的军队在机械化和信息化武器装备发展上大致出现三种趋势：2010 年之前，基本实现机械化，具有一定的信息作战能力；2010—2020 年，全面实现机械化，信息化能力有较大提升；2020—2050 年，武器装备从信息化初期向中期发展，传统的机械化装备概念将不复存在。而我军目前仍然处于机械化尚未完成，信息化挑战又非常严峻的“双重历史任务”时期。我军在未来数十年中，既要实现机械化，又要实现信息化，要“两步并作一步走”，努力提升武器装备的信息化水平，为打赢未来信息化战争铸造“撒手锏”。

2. 全力打造高水平的信息化武器装备系统

一是要树立信息主导和“系统集成”的观念，在武器装备上，要大力发展信息化、智能化的远程精确作战武器系统，集作战、侦察、预警、指挥与控制于一体的 C4ISR 系统；在战场建设上，要建立数字化、网络化战场。

二是要树立“虚拟实践”观，要充分利用“虚拟现实”技术，创造“人工合成环境”和“战斗实验室”，增强我军武器装备发展的预研能力和预检能力，提高信息化武器装备发展的效益。

三是要树立“信息嵌入”观，跟踪世界军事技术的发展趋势，增强利用计算机、移动通信、生物、纳米材料等先进技术对现有的武器和弹药系统进行信息化改造的能力，进一步提高我军现有主战平台的集成化、精确化、智能化、隐身化和体系化水平。

五、进一步提高我国的国家战略能力

信息化战争本质上是国家整体战略能力的较量，而不是单纯的军事力量的比拼。进一步提高我国的国家战略能力，要注意以下几个方面的问题：

一是要在经济持续发展的基础上，大力加强我国的信息能力建设。在信息能力的测算指标中，根据国家统计局 2000 年对世界 28 个国家和地区的测算，美国、日本和澳大利亚分别为 71.76 分、69.97 分、65.59 分，而我国只有 6.17 分。因此，我国必须进一步加大信息能力建设，在拥有强大的经济实力的同时拥有领先的信息

能力，才能把国家的政治、经济、军事、文化、科技等领域的实力和潜力转化为打赢信息化战争的能力，才能确保我军赢得未来信息化战争的胜利。

二是要大力加强国家战略组织力建设。信息化战争更加依赖国家的战略组织力。虽然信息化战争目的更加有限，规模更小，持续时间相对短暂，直接交战空间缩小，暴力性更弱，但它涉及的领域却比以往任何战争都更多、更大。信息化战争是对国家的包括战略情报获取与决策能力、政治组织力、外交能力、战争动员能力、战略输送能力、战略指导能力等在内的战略组织力的全面考验。

三是要大力加强国家“软实力”建设。打赢未来信息化战争，不仅凭“硬实力”，也要靠“软实力”，甚至“软实力”是“硬实力”发挥作用的决定性因素。全面加强中国特色软实力的建设，才能增强中华民族自身的内在凝聚力和创造力，增强国家在国际社会中的影响力、协调力、融合力和竞争力，增强国家维护世界和平和打赢信息化战争的能力。

思考题：

1. 什么是信息化战争？信息化战争有哪些特征？
2. 信息化战争形成的基本动因是什么？
3. 信息化战争的发展趋势是什么？
4. 信息化战争对国防建设的要求是什么？

第六章　人民防空

第一次世界大战期间，交战双方不仅对战场上的军事目标进行空袭，而且对后方居民集中居住区和经济目标进行轰炸。因此，许多参战国家开始对居民和国民经济目标采取防护措施。第二次世界大战期间，由于空袭兵器的迅速发展，空袭的规模和破坏程度都极大增加，交战双方都把对方城市、军事目标和经济目标作为重点打击对象，从而破坏战争潜力，动摇民心士气，以此作为赢得战争胜利的重要手段。许多国家对人民防空极为重视，积极构筑防护工程，发布防空警报，组织人员疏散隐蔽，消除空袭后果，从而减少空袭所造成的损失。

第一节　人民防空概述

一、人民防空的含义

防空，是指对来自航空空间或外层空间的敌方飞行器进行斗争的措施和行动。现代防空，主要是抗击敌方各型来袭飞机、巡航导弹、弹道导弹和军用航天器等。人民防空是指动员和组织人民群众防备敌方空中袭击和消除空袭后果所采取的措施和行动，简称人防。国外多把民众参与实施的战时防空与平时救灾相结合，称为民防。人民防空同国土防空、野战防空共同组成国家防空体系，是现代国防的重要组成部分。

二、人民防空的基本原则及基本措施

（一）基本原则

人民防空建设的基本原则：必须走中国特色的建设之路，坚持人民防空建设与经济建设相协调，与城市建设相结合；坚持人民防空与要地防空、野战防空相结合；坚持战时防空与平时防灾减灾救灾相结合；坚持长远建设与应急建设相结合；坚持国家建设与社会、集体、个体建设相结合。做到着眼全局、统筹规划，同步建设、协调发展，突出重点、分步实施，科技强业、注重效益，依法建设、依法

管理。

（二）基本措施

人民防空的基本措施：一是规定人民防空接受军地双重领导，保证居民能尽快获得敌空袭信息，并参加联合防空袭斗争；二是建立人防警报通信系统，及时指导居民开展防护；三是建立人防工程或疏散基地，保证居民的安全隐蔽；四是组织和训练人防专业队伍，及时消除空袭后果；五是普及人防知识和防护技能，提升居民的自救互救能力；六是人防机构协助社区、企业等制订防空袭、防灾害预案，保证一旦遭受敌方空袭或灾害，能够立即组织居民进入防护状态。

三、人民防空的意义

随着现代化战争的发展，空袭兵器的重要性日益凸显，特别是高技术空袭兵器的发展，空袭的破坏效能迅速提高，空袭已成为高技术强敌制胜的主要手段，从而使防空不仅越来越困难，而且越来越重要。防空作战的成败已成为高技术局部战争胜负的决定性因素。因此，人民防空具有特别重大的意义：

第一，人民防空能有效地保存国家经济潜力。我国人民防空的重点是国家政治、经济中心和大中城市，这些城市中重要的交通、通信、电力、水利、仓库等设施，是国民经济的支柱。加强人民防空建设，严密组织防护，对于保证国民经济发展无疑将发挥重要作用。高技术空袭虽然难以彻底防范，但通过合理的分散布局，尽可能地地下化，严格的伪装保护，积极组织抢救、抢修等，将空袭损失控制在一定范围内还是可能的。

第二，人民防空能有效保存人力资源、稳定民心士气。人力资源是战争潜力的重要组成部分，是维持战争能力的源泉。我国人民防空以保护人民群众的生命和财产安全为重要任务，强调通过人民防空教育和训练，增强全民的防空意识和防护技能，注重修建规模合适的人员防护工程和人口疏散地域，力求战时快速救治，这必将在未来保存人力资源方面发挥巨大作用。高技术空袭一旦发生，大量建筑物将被摧毁，居民生活环境恶化，生命财产受到严重威胁，极易引起心理恐慌和行动失措，动摇民心士气。对此，只有通过平时的人民防空教育，战时广泛深入的人民防空动员以及切实有效的人民防空措施，才能使广大群众做好心理准备，增强防护信心，从而处乱不惊，始终保持旺盛的斗志。

第三，人民防空在城市建设中发挥着多重作用。城市是人防建设的载体。加强人防建设，能够在满足战时需要的同时，增强抗震抗损毁的能力，降低各种灾害事故的破坏程度，适应建设安全型城市的需要。人防建设在提高城市土地利用效率，降低城市中心密度，促进人车立体分流，扩大基础设置容量，减少环境污染，改善城市生态，完善城市功能等方面有着独特的作用。

第二节 防空的方法

普及对各类人员的人防知识与防护技能教育，能使人民学会保护自己和家庭成员生命及财产安全的知识技能，了解救助友邻和参加社区应急行动的方法，并能在突发事件、灾害应急中得到有效应用和提高。防空的方法主要有：

一、防空警报

（一）防空警报的含义

防空警报是在城市受到空袭威胁时鸣响的提醒人们防空的警报。防空警报是防空袭行动的信号，对于战时保护人员生命财产安全，夺取防空袭斗争主动权，具有十分重要的意义。

防空警报是城市防空工程的重要组成部分，平时用于抗灾救灾和突发事故情况下的灾情预报和紧急报知，战时用于人民防空，是各级人民政府实施人民防空指挥，组织人员疏散的基本手段。

（二）防空警报的种类

防空警报分为预先警报、空袭警报和解除警报三种。

1. 预先警报

鸣响 36 秒，停 24 秒，反复 3 遍为一个周期，时间 3 分钟。市民听到警报后立即停止一切工作，把家中电源拉闸断电，关好煤气，熄灭火种，关好门窗，携带有效证件、生活必需品及防护器材，迅速撤离到附近的地下防空避难所、人防工程、防空洞。

2. 空袭警报

鸣响 6 秒，停 6 秒，反复 15 遍为一个周期，时间 3 分钟。听到警报后，无法进入地下防空避难所、人防工程、防空洞的市民利用地形地物就近隐蔽，趴在地上，双手抱头。

3. 解除警报

连续鸣响一长声，时间 3 分钟。听到警报后，市民可以走出地下防空避难所、人防工程、防空洞，恢复正常工作。

二、疏散防护

（一）疏散防护的含义

疏散防护，通常是指在战争爆发前后，把城市或者重要目标内的人员、物资等有计划地转移到安全区，以达到减少人员伤亡和经济损失，保存战争潜力的目的。其主要对象首先是人力资源，其次是交通、通信、能源等经济设施。

（二）疏散防护的种类

疏散防护可分为早期疏散、临战疏散和紧急疏散三种。

1. 早期疏散

早期疏散是指在国家预测并侦察到战争将要爆发至国家宣布进入战争状态之前这段时间内，按照国家或战区发布的动员令，组织城市居民、物资、工厂、设施等按计划分批进行的疏散。

2. 临战疏散

临战疏散是指在国家宣布战争状态后至战争爆发之前这段时间内，按计划组织的以城市居民为主的疏散。

3. 紧急疏散

紧急疏散通常是指首次空袭前24小时内，或在空袭的间隙实施的撤退隐蔽行动。在组织紧急疏散时，应根据城市的地形条件、人口数量和密度、工事布局等情况，按照统筹兼顾、保障重点的原则，进行全面安排，有重点地分配使用人防工事，组织各种保障工作，科学确定疏散工作的程序，协调好各方面的关系，运用好专业力量，迅速将计划疏散的人员疏散到预定的地区和工事内。

总之，人民防空教育是国防教育的组成部分，是增强全民的国防观念和人防意识的重要手段。做好新形势下人民防空知识教育，是高等学校国防教育的一项重要教学任务。

思考题：

1. 什么是人民防空？
2. 人民防空有什么意义？
3. 人民防空的基本原则有哪些？
4. 防空的方法有哪些？

第七章 普通高等学校军事技能训练

第一节 解放军条令与队列训练

条令，是指每个军人在平时的工作、学习、训练和生活中都必须遵守的有关条文及法规。其目的是规范部队的管理教育。共同条令，是由中央军委制定、颁发的，用以调整全军内务建设、纪律建设和队列建设中的内部军事关系的法律规范的总称。它由《内务条令》《纪律条令》《队列条令》构成，俗称“三大条令”(2018年4月，中央军委主席习近平签署命令，新修订的“三大条令”自2018年5月1日起施行)。它与专门条令是一般与特殊的关系，在我军条令体系中处于最高地位，是一切条令制定和实施的依据。

一、内务条令

《中国人民解放军内务条令（试行)》是中国人民解放军内务建设的基本依据，适用于中国人民解放军现役军人和单位（不含企事业单位)，以及参训的预备役人员。它是为了规范中国人民解放军的内务制度，加强内务建设，根据有关法律和军队建设的实际而制定的。

《中国人民解放军内务条令（试行)》是中华人民共和国军事法之一，是规定军人职责、军队内部关系和日常生活制度的法规，由军队最高领导机关或领导人颁发全军执行。它是军队生活的准则，是进行行政管理的依据。其目的在于建立和维护良好的内部关系、正规的生活秩序，培养严整的军容、优良的作风、自觉而严格的组织纪律，巩固和提高战斗力。

（一）军人宣誓

1. 军人宣誓的概念和内容

军人宣誓是军人对自己肩负的神圣职责和光荣使命的承诺和保证。公民入伍后，必须进行军人宣誓。

军人誓词：我是中国人民解放军军人。我宣誓：服从中国共产党的领导，全心全意为人民服务，服从命令，严守纪律，英勇战斗，不怕牺牲，忠于职守，努力工作，苦练杀敌本领，坚决完成任务，在任何情况下，绝不背叛祖国，绝不叛离军队。

2. 军人宣誓的基本要求

（1）宣誓时间，应当在新兵政治审查和身体检疫复查合格之后，但不迟于入伍（入校）后 90 天。

（2）军人宣誓，部队以连（营、团）为单位，由连（营、团）首长主持召开大会实施；军队院校由学员队或者院校首长主持召开大会实施。

（3）军人宣誓前，部队（分队）首长应当对宣誓人进行中国人民解放军性质、宗旨、任务、军人使命等教育。

（4）宣誓必须庄重严肃，着装整齐。宣誓地点尽可能选择在具有教育意义的场所。以团为单位进行宣誓时，通常举行迎军旗和送军旗仪式。

（5）军人宣誓，可以结合授衔、授装进行。

（6）宣誓结束后，宣誓人应当在所在连队的宣誓名册上签名。连队首长将宣誓名册呈交部队首长，由部队首长签名后交司令部存档。

（二）礼节

1. 军队内部的礼节

为体现军队内部的团结友爱和互相尊重，军人必须有礼节。

军人敬礼分为举手礼、注目礼和举枪礼。着军服戴军帽或者不戴军帽，通常行举手礼。携带武器装备，不便行举手礼时，可以行注目礼。举枪礼仅限于执行阅兵和仪仗任务时使用。

2. 军人之间的称呼

军人之间通常称职务，或者是姓加职务，或者是职务加同志。首长和上级对部属和下级以及同级之间，可以称姓名或者姓名加同志；下级对上级，可以称首长或者首长加同志。在公共场所和不知道对方职务时，可以称军衔加同志或者同志。军人听到首长和上级呼唤自己时，应当立即答“到”。回答首长问话时，应当自行立正。领受首长口述命令、指示后，应当回答“是”。

3. 分队在下列时机和场合的礼节

（1）分队在行进间相遇，由带队指挥员互相敬礼；遇见首长和上级，由带队指挥员敬礼。

（2）分队在停止间，当上级首长来到时，带队指挥员向分队发出“立正”口令，而后向首长敬礼和报告；当上级首长两人以上到场时，应当向职务最高的首长敬礼和报告；职务相当的首长先有一人在场，则对后到的首长，只由本分队在场职务最高者向其敬礼和报告。

（3）未列队的分队，不论在室内还是在室外，当上级首长来到时，由在场职务最高者或者先见者发出“立正”口令（当人员处于坐姿时，应当先发出“起立”口令)，并由在场职务最高者向首长敬礼和报告。

4. 分队不敬礼的时机和场合

(1) 在就餐、文体活动和体力劳动时(集体学唱歌曲时除外)。

(2) 在演习、实弹射击中和行军休息时。

(3) 在修理间、飞机库(场)、船坞(码头)、车场、炮场、机械场等处进行作业时。

(4) 其他不便于敬礼的时机和场合。

5. 其他时机和场合的礼节

升国旗时，列队军人应当自行立正，行注目礼，位于指挥位置的军官、文职干部，行举手礼；单个活动的军人，应当自行立正，着军服时行举手礼，着便服时行注目礼。奏唱国歌时，应当自行立正。

(三) 军容风纪

1. 仪容

军人应当军容严整，遵守下列规定：

(1) 着军服在室外应当戴军帽；戴大檐帽(卷檐帽)、作训帽时，帽檐前缘与眉同高；戴贝雷帽时，帽徽位于左眼上方，帽口下缘距眉约 1.5 厘米；戴冬帽时，护脑下缘距眉约 1.5 厘米；水兵帽稍向右倾，帽墙下缘距右眉约 1.5 厘米，距左眉约 3 厘米；军官大檐帽饰带应当并拢，并保持水平；士兵大檐帽风带不用时应当拉紧并保持水平；大檐帽(卷檐帽)、水兵帽松紧带不使用时，不得露于帽外。

(2) 除授衔仪式、授枪仪式等重要活动和卫兵执勤外，着军服进入室内，通常要脱帽；因其他特殊情况不适宜脱帽时，由在场最高首长临时规定。

(3) 着军服时应当穿军鞋；在实验室、重要洞库等特殊场所，可以统一穿具有防尘、防静电等功能的工作用鞋；不得赤脚穿鞋。

(4) 着军服时应当按照规定扣好衣扣，不得挽袖(着作训服时除外)，不得披衣、敞怀、卷裤腿。

(5) 军服内着毛衣、绒衣、绒背心、棉衣时，下摆不得外露；着衬衣(内衣)时，下摆扎于裤内。

(6) 军人非因公外出应当着便服；军级以上机关、院校、医院、科研和文艺、体育单位的军官、文职干部下班后通常着便服；女军人怀孕期间和给养员外出采购时，可以着便服。

(7) 不得将军服外衣与便服外衣混穿。

(8) 不得将摘下标志服饰的军服作便服穿着。

(9) 不得着印有不文明图案、文字的便服。

(10) 不得着仿制的军服。

2. 举止

军人的举止应遵守下列规定：

（1）军人必须举止端正，谈吐文明，精神振作，姿态良好。不得袖手、背手和将手插入衣袋，不得边走边吸烟、吃东西、扇扇子，不得搭肩挽臂。

（2）军人参加集会、晚会，必须按照规定的时间和顺序入场，按照指定的位置就座，遵守会场秩序，不得迟到早退。散会时，依次退场。

（3）军人外出，必须遵守公共秩序和交通规则，遵守社会公德，举止文明，自觉维护军队的声誉。不得猬集街头、嬉笑打闹和喧哗，不得携带违禁物品。乘坐公共汽（电）车、火车时，主动给老人、幼童、孕妇和伤、病、残人员让座。与他人发生纠纷时，应当依法处理。

（4）军人遇到人民群众生命财产受到严重威胁时，应当见义勇为，积极救助。

（5）军人不得赌博、打架斗殴，不得参加迷信活动。

（6）军人不得酗酒，不得酒后驾驶机动车辆或者操作武器装备。

（7）军人不得参加宗教组织和宗教活动，不得围观和参与社会游行、示威、静坐等活动，不得传抄、张贴、私藏非法印刷品，不得组织和参与串联、集体上访。

（8）军人不得购买、传看渲染色情、暴力、迷信和低级庸俗的书刊和音像制品。

（9）军人在公共场所和其他禁止吸烟的场所不得吸烟。

（10）文艺工作者扮演我军官兵，以及军人给报纸、杂志等提供军人肖像，着军服主持电视节目、参加电视访谈，必须严格执行军容风纪的规定，维护军队和军人形象。

（11）军人不得摆摊设点、叫买叫卖，不得以军人的名义、肖像做商业广告。

（四）作息

1. 起床

听到起床号（信号）后，全连人员立即起床（连值班员应当提前十分钟起床），按照规定着装，迅速做好出操准备。

2. 开饭

按照规定时间开饭，就餐人员应当遵守食堂秩序。休息日和节假日坚持三餐制。

3. 办公

遵守办公时间，按时上下班，不得迟到、早退。因病、因事不能按时上下班时，必须请假。办公时间应当保持肃静，不得大声喧哗、闲聊、办私事，不得因私事在办公室会客。文件资料应当放置有序，秘密载体按照保密要求妥善保管。办公设施和用具摆放整齐，图表张贴悬挂在适当位置，保持室内清洁。上、下午办公时间各休息一次，每次十五至二十分钟。

4. 午睡（午休）

午睡时间通常卧床休息，保持肃静。午休时间由个人支配，但不得影响他人休息。

5. 业余活动

晚饭后至就寝前的业余活动时间，除组织必要的集体活动外，通常由个人支配。因事外出，按照规定请假。

6. 就寝

按时就寝。因故不能按时就寝时，应当保持肃静，不得影响他人休息。

（五）军歌的奏唱

中国人民解放军军歌是中国人民解放军性质、宗旨和精神的体现。

（1）军歌可以于下列时机、场合奏唱：

①军队举办的庆典和重要集会。

②军队领导人主持的外事活动和军队主办的重大国际性集会。

③部队迎军旗、校阅、队列行进和集会。

④其他维护以及显示军队威严的时机、场合。

（2）军歌不得在下列时机、场合奏唱：

①婚、丧、悼活动。

②舞会、一般联谊会等娱乐活动。

③商业活动。

④其他不宜奏唱军歌的时机、场合。

二、纪律条令

《中国人民解放军纪律条令（试行）》围绕听党指挥、备战打仗和全面从严治军，提出了政治纪律、组织纪律、作战纪律、训练纪律、工作纪律、保密纪律、廉洁纪律、财经纪律、群众纪律、生活纪律等十个方面纪律的内容要求。它是为了维护和巩固中国人民解放军的纪律，正确实施奖惩，保证军队的高度集中统一，加强革命化、现代化、正规化建设，巩固和提高战斗力，根据有关法律的规定，结合军队实际而制定。《中国人民解放军纪律条令（试行）》是中国人民解放军维护纪律、实施奖惩的基本依据，适用于中国人民解放军现役军人和单位，以及参战、支前的预备役人员。

（一）中国人民解放军纪律的基本内容

（1）执行中国共产党的路线、方针、政策。

（2）遵守国家的宪法、法律、法规。

（3）执行军队的条令、条例和规章制度。

（4）执行上级的命令和指示。

（5）执行三大纪律、八项注意。

（二）中国人民解放军纪律要求

中国人民解放军纪律要求每个军人必须做到：

（1）听从指挥，令行禁止；

（2）严守岗位，履行职责；

（3）尊干爱兵，团结友爱；

（4）军容严整，举止端正；

（5）提高警惕，保守秘密；

（6）爱护武器装备和公物；

（7）廉洁奉公，不谋私利；

（8）拥政爱民，保护群众利益；

（9）遵守社会公德，讲究文明礼貌；

（10）缴获归公，不虐待俘虏。

（三）奖励

奖励的目的在于维护纪律，鼓励先进，调动官兵的积极性、创造性，发扬爱国主义、共产主义和革命英雄主义精神，保证作战、训练和其他各项任务的完成。

奖励应当坚持下列原则：①严格标准，按绩施奖；②发扬民主，贯彻群众路线；③以精神奖励为主，物质奖励为辅。

奖励的项目：①嘉奖；②三等功；③二等功；④一等功；⑤荣誉称号。奖励项目，依次以嘉奖为最低奖励，荣誉称号为最高奖励。

（四）处分

处分的目的在于严明纪律，教育违纪者和部队，加强集中统一，巩固和提高部队战斗力。

处分应当坚持下列原则：①依据事实，惩戒恰当；②惩前毖后，治病救人；③纪律面前，人人平等。

1. 对士兵的处分项目

对士兵的处分项目：①警告；②严重警告；③记过；④记大过；⑤降职或者降衔（衔级工资档次）；⑥撤职或者取消士官资格；⑦除名；⑧开除军籍。

处分项目，依次以警告为最低处分，开除军籍为最高处分。降职不适用于副班长；降衔不适用于列兵和各级士官；降衔级工资档次不适用于最低衔级工资档次的各级士官；降职或者降衔（衔级工资档次）通常只降一职或者一衔（一档）。

2. 对军官、文职干部的处分项目

对军官、文职干部的处分项目：①警告；②严重警告；③记过；④记大过；⑤降职（级）或者降衔（级）；⑥撤职；⑦开除军籍。

处分项目，依次以警告为最低处分，开除军籍为最高处分。第五项中，降职（级），即降低非专业技术军官、文职干部的职务等级和专业技术军官、文职干部的专业技术等级；降衔（级），即降低军官军衔和文职干部的级别等级。

降职（级）不适用于排职和专业技术十四级军官，办事员级和专业技术十四级文职干部；降衔（级）不适用于少尉军官和九级文职干部。降职（级）、降衔（级）通常只降一职（级）或者一衔（级）。对被撤职的军官、文职干部，至少降低一职（级）待遇（不适用于排职和专业技术十四级军官、办事员级和专业技术十四级文职干部）。

三、队列条令

《中国人民解放军队列条令（试行）》是规范全军队列动作、队列队形、队列指挥的军事法规，是全军官兵必须共同遵守的行为准则，是中国人民解放军队列生活的准则和队列训练的基本依据。全体军人必须严格执行本条令，加强队列训练，培养良好的军姿、严整的军容、过硬的作风、严格的纪律性和协调一致的动作，促进军队正规化建设，巩固和提高战斗力。

（一）队列纪律

（1）坚决执行命令，做到令行禁止。

（2）姿态端正，军容严整，精神振作，严肃认真。

（3）按照规定的位置列队，集中精力听指挥，动作迅速、准确、协调一致。

（4）保持队列整齐，出列、入列应当报告并经允许。

（二）队列指挥

1. 指挥位置

指挥位置应当便于指挥和通视全体。通常是：停止间，在队列中央前；行进间，纵队时在左侧中央前，必要时在中央前，横队、并列纵队时在左侧前或者左侧，必要时在右侧前（右侧）或者左（右）侧后。

2. 队列指挥方法

队列指挥通常用口令。行进间，动令除向左转走和齐步、正步互换时落在左脚，其他均落在右脚。变换指挥位置，通常用跑步（5 步以内用齐步），进到预定的位置后，成立正姿势下达口令。纵队行进时，可以在行进间下达口令。

3. 队列指挥要求

（1）指挥位置正确。

（2）姿态端正，精神振作，动作准确。

（3）口令准确、清楚、洪亮。

（4）清点人数，检查着装，认真验枪。

（5）严格要求，维护队列纪律。

（三）队列队形

1. 基本队形

队列的基本队形为横队、纵队、并列纵队。需要时，可以调整为其他队形。

2. 列队的间距

队列人员之间的间隔（两肘之间）通常约10厘米，距离（前一名脚跟至后一名脚尖）约75厘米。需要时，可以调整队列人员之间的间隔和距离。

（四）单个军人的队列动作

1. 立正

立正是军人的基本姿势，是队列动作的基础。军人在宣誓、接受命令、进见首长和向首长报告、回答首长问话、升降国旗、迎送军旗、奏唱国歌和军歌等严肃庄重的时机和场合，均应当立正。

口令：立正。

要领：两脚跟靠拢并齐，两脚尖向外分开约60度；两腿挺直；小腹微收，自然挺胸；上体正直，微向前倾；两肩要平，稍向后张；两臂下垂自然伸直，手指并拢自然微曲，拇指尖贴于食指第二节，中指贴于裤缝；头要正，颈要直，口要闭，下颌微收，两眼向前平视。

2. 跨立（跨步站立）

跨立主要用于军体操、执勤和舰艇上分区列队等场合。可以与立正互换。

口令：跨立。

要领：左脚向左跨出约一脚之长，两腿挺直，上体保持立正姿势，身体重心落于两脚之间。两手后背，左手握右手腕，拇指根部与外腰带下沿（内腰带上沿）同高；右手手指并拢自然弯曲，手心向后。携枪时不背手。

3. 稍息

口令：稍息。

要领：左脚顺脚尖方向伸出约全脚的三分之二，两腿自然伸直，上体保持立正姿势，身体重心大部分落于右脚。携枪（筒）时，携带的方法不变，其余动作同徒手。稍息过久，可以自行换脚。

4. 停止间转法

(1) 向右（左）转。

口令：向右（左）——转。

要领：以右（左）脚跟为轴，右（左）脚跟和左（右）脚掌前部同时用力，使身体协调一致向右（左）转90度，体重落在右（左）脚，左（右）脚取捷径迅速靠拢右（左）脚，成立正姿势。转动和靠脚时，两腿挺直，上体保持立正姿势。

半面向右（左）转，按照向右（左）转的要领转45度。

(2) 向后转。

口令：向后——转。

要领：按照向右转的要领向后转180度。

5. 行进

行进的基本步法分为齐步、正步和跑步，辅助步法分为便步、踏步、移步和礼步。

（1）齐步。

齐步是军人行进的常用步法。

口令：齐步——走。

要领：左脚向正前方迈出约 75 厘米，按照先脚跟后脚掌的顺序着地，同时身体重心前移，右脚照此法动作；上体正直，微向前倾；手指轻轻握拢，拇指贴于食指第二节；两臂前后自然摆动，向前摆臂时，肘部弯曲，小臂自然向里合，手心向内稍向下，拇指根部对正衣扣线，并高于春秋常服最下方衣扣约 5 厘米（着夏常服、水兵服时，高于内腰带扣中央约 5 厘米；着作训服时，与外腰带扣中央同高），离身体约 30 厘米；向后摆臂时，手臂自然伸直，手腕前侧距裤缝线约 30 厘米。行进速度每分钟 116～122 步。

（2）正步。

正步主要用于分列式和其他礼节性场合。

口令：正步——走。

要领：左脚向正前方踢出约 75 厘米（腿要绷直，脚尖下压，脚掌与地面平行，离地面约 25 厘米），适当用力使全脚掌着地，同时身体重心前移，右脚照此法动作；上体正直，微向前倾；手指轻轻握拢，拇指伸直贴于食指第二节；向前摆臂时，肘部弯曲，小臂略成水平，手心向内稍向下，手腕下沿摆到高于春秋常服最下方衣扣约 15 厘米处（着夏常服、水兵服时，高于内腰带扣中央约 15 厘米处；着作训服时，高于外腰带扣中央约 10 厘米处），离身体约 10 厘米；向后摆臂时（左手心向右，右手心向左），手腕前侧距裤缝线约 30 厘米。行进速度每分钟 110～116 步。

（3）跑步。

跑步主要用于快速行进。

口令：跑步——走。

要领：听到预令，两手迅速握拳（四指蜷握，拇指贴于食指第一关节和中指第二关节），提到腰际，约与腰带同高，拳心向内，肘部稍向里合。听到动令，上体微向前倾，两腿微弯，同时左脚利用右脚掌的蹬力跃出约 85 厘米，前脚掌先着地，身体重心前移，右脚照此法动作；两臂前后自然摆动，向前摆臂时，大臂略垂直，肘部贴于腰际，小臂略平，稍向里合，两拳内侧各距衣扣线约 5 厘米；向后摆臂时，拳贴于腰际。行进速度每分钟 170～180 步。

（4）便步。

便步用于行军、操练后恢复体力及其他场合。

口令：便步——走。

要领：用适当的步速、步幅行进，两臂自然摆动，上体保持良好姿态。

（5）踏步。

踏步用于调整步伐和整齐。

停止间口令：踏步——走。

行进间口令：踏步。

要领：两脚在原地上下起落（抬起时，脚尖自然下垂，离地面约15厘米；落下时，前脚掌先着地），上体保持正直，两臂按照齐步或者跑步摆臂的要领摆动。

（6）移步（5步以内）。

移步用于调整队列位置。

①向右（左）跨步。

口令：右（左）跨×步——走。

要领：上体保持正直，每跨一步并脚一次，其步幅约与肩同宽，跨到指定步数停止。

②向前或者后退。

口令：向前×步——走；后退×步——走。

要领：向前移步时，应当按照单数步要领进行（双数步变为单数步）。向前1步时，用正步，不摆臂；向前3步、5步时，按照齐步走的要领进行。向后退步时，从左脚开始，每退一步靠脚一次，不摆臂，退到指定步数停止。

（7）礼步。

礼步用于纪念仪式中礼兵的行进。

口令：礼步——走。

要领：左脚向正前方缓慢抬起（腿要绷直，脚尖上翘，与腿约成90度，脚后跟离地面约30厘米），按照脚跟、脚掌顺序缓慢着地，步幅约55厘米，右脚照此法动作；上体正直，两臂下垂自然伸直、轻贴身体（抬祭奠物除外）；手指并拢自然微曲，拇指尖贴于食指第二节，中指贴于裤缝。行进速度每分钟24~30步。

（8）携枪行进。

持枪时，听到行进口令的预令，将枪提起，使枪身略直，拇指贴于右胯，使枪身稳固，其余要领同徒手。

背枪、肩枪、挂枪、托枪、提枪时，听到行进口令，保持携枪姿势，其余要领同徒手。

（9）携便携式折叠写字椅行进。

携折叠写字椅行进时，左手提握支脚上横杠，左臂下垂自然伸直，写字板面朝外。

6. 立定

口令：立——定。

要领：齐步、正步和礼步时，听到口令，左脚再向前大半步着地（脚尖向外约30度），两腿挺直，右脚取捷径迅速靠拢左脚，成立正姿势。跑步时，听到口令，再跑两步，然后左脚向前大半步（两拳收于腰际，停止摆动）着地，右脚取捷径靠拢左脚，同时将手放下，成立正姿势。踏步时，听到口令，左脚踏一步，右脚靠拢左脚，原地成立正姿势（跑步的踏步，听到口令，继续踏两步，再按照上述要领进行）。

7．步法变换

步法变换，均从左脚开始。

齐步、正步互换，听到口令，右脚继续走一步，即换正步或者齐步行进。

齐步换跑步，听到预令，两手迅速握拳提到腰际，两臂前后自然摆动；听到动令，即换跑步行进。

齐步换踏步，听到口令，即换踏步。

跑步换齐步，听到口令，继续跑两步，然后换齐步行进。

跑步换踏步，听到口令，继续跑两步，然后换踏步。

踏步换齐步或者跑步，听到“前进”的口令，继续踏两步，再换齐步或者跑步行进。

8．行进间转法

（1）齐步、跑步向右（左）转。

口令：向右（左）转——走。

要领：左（右）脚向前半步（跑步时，继续跑两步，再向前半步），脚尖向右（左）约 45 度，身体向右（左）转 90 度时，左（右）脚不转动，同时出右（左）脚按照原步法向新方向行进。

半面向右（左）转走，按照向右（左）转走的要领转 45 度。

（2）齐步、跑步向后转。

口令：向后转——走。

要领：左脚向右脚前迈出约半步（跑步时，继续跑两步，再向前半步），脚尖向右约 45 度，以两脚的前脚掌为轴，向后转 180 度，出左脚按照原步法向新方向行进。

注意：转动时，保持行进时的节奏，两臂自然摆动，不得外张；两腿自然挺直，上体保持正直。

9．坐下、蹲下、起立

（1）坐下。

①徒手坐下。

口令：坐下。

要领：左小腿在右小腿后交叉，迅速坐下（坐凳子时，听到口令，左脚向左分开约一脚之长；女军人着裙服坐凳子时，两腿自然并拢），手指自然并拢放在两膝上，上体保持正直。

②携枪坐下。

口令：枪靠右肩——坐下。

要领：携枪坐下时，两腿按照徒手坐下的要领进行，而后枪靠右肩（枪面向右），右手自然扶贴护木，左手手指自然并拢放在左膝上。肩冲锋枪、81 式自动步枪坐下时，听到预令，右手移握护木，使背带从肩上滑下，将枪取下。

携 95 式自动步枪坐下时，听到“右手扶枪——坐下”的口令，两腿按照徒手坐下的要领进行，同时将枪置于右小腿前侧，枪身与地面垂直，枪面向后；右手自然扶握上护盖前端，左手手指自然并拢，放在左膝上。肩枪坐下时，听到预令，右手移握下护手前端，使背带从肩上滑下，将枪取下。

③携 40 火箭筒坐下。

口令：筒靠右肩——坐下。

要领：携 40 火箭筒坐下时，两腿按照徒手坐下的要领进行，而后筒靠右肩（筒面向左），右手自然扶握护板，左手手指自然并拢放在左膝上。肩筒坐下时，听到预令，用右手腕的旋转力迅速将筒转到右肩前，同时左手接握护板，右手移握提把，将筒取下。

④携便携式折叠写字椅坐下。

要领：听到“放凳子”的口令，左手将折叠写字椅提至身前交于右手，右手反握支脚上横杠，左手移握写字板和座板上沿，两手协力将支脚拉开；而后上体右转，两手将折叠写字椅轻轻置于脚后，写字板扣手朝前，恢复立正姿势；当听到“坐下”的口令，迅速坐在折叠写字椅上。

使用折叠写字椅的靠背或者写字板时，应当按照“打开靠背”或者“打开写字板”的口令，调整折叠写字椅和坐姿；组合使用写字板时，根据需要确定组合方式和动作要领。

⑤背背囊（背包）坐下。

要领：听到“放背囊（放背包）”的口令，两手协力解开上、下扣环，握背带；取下背囊（背包），上体右转，右手将背囊（背包）横放在脚后，背囊口向右（背包口向左）；按照口令坐在背囊（背包）上。携枪（筒）放背囊（背包）时，先置枪（架枪、筒），后放背囊（背包）。

（2）蹲下。

口令：蹲下。

要领：右脚后退半步，前脚掌着地，臀部坐在右脚跟上（膝盖不着地），两腿分开约 60 度（女军人两腿自然并拢），手指自然并拢放在两膝上，上体保持正直。蹲下过久，可以自行换脚。

持枪时，右手移握护木（95 式班用机枪，握上护盖前端；冲锋枪、自动步枪和 40 火箭筒的携带方法不变），左手手指自然并拢，放在左膝上。

（3）起立。

口令：起立。

要领：全身协力迅速起立，成立正姿势或者成持枪、肩枪（筒）立正姿势。

班用机枪架枪和40火箭筒架筒时，起立后取枪、筒。

携背囊（背包）起立时，当听到“取背囊（背包）——起立”的口令后，按照放背囊（背包）的相反顺序进行。

携便携式折叠写字椅起立时，当听到“取凳子——起立”的口令后，按照放折叠写字椅的相反顺序进行。

10. 脱帽、戴帽

（1）脱帽。

口令：脱帽。

要领：立姿脱帽时，双手捏帽檐或者帽前端两侧，将帽取下，取捷径置于左小臂，帽徽朝前，掌心向上，四指扶帽檐或者帽墙前端中央处，小臂略成水平，右手放下。

坐姿脱帽时，双手捏帽檐或者帽前端两侧，将帽取下，置于桌（台）面前沿左侧或者膝上（帽顶向上，帽徽朝前），也可以置于桌斗内。

戴贝雷帽，脱帽不便放置时，将帽左右向内折叠，左手将左肩袢提起，右手将帽插入左肩袢下，帽顶向上，帽徽朝前。

（2）戴帽。

口令：戴帽。

要领：双手捏帽檐或者帽前端两侧，取捷径将帽迅速戴正。

携枪（筒）时，用左手脱帽、戴帽。

11. 宣誓

口令：宣誓、宣誓完毕。

要领：听到“宣誓”的口令，身体保持立正姿势，右手握拳取捷径迅速抬起，拳心向前，稍向内合；拳眼约与右太阳穴同高，距离约10厘米；右大臂略平，与两肩略成一线；高声诵读誓词。

听到“宣誓完毕”的口令，将手放下。

12. 整理着装

整理着装，通常在立正的基础上进行。

口令：整理着装。

要领：两手（持自动步枪时，将枪夹于两腿间）从帽子开始，自上而下，将着装整理好。必要时，也可以相互整理。整理完毕，自行稍息。听到“停”的口令，恢复立正姿势。

（五）班、排、连、营、团的队列动作

1. 集合

集合，是使单个军人、分队、部队按照规范队形聚集起来的一种队列动作。

集合时，指挥员应当先发出预告或者信号，如“全连（或者×排）注意”，然后站在预定队形的中央前，面向预定队形成立正姿势，下达“成××队——集合”

的口令。所属人员听到预告或者信号，原地，面向指挥员成立正姿势；听到口令，跑步到指定位置，面向指挥员集合（在指挥员后侧的人员，应当从指挥员右侧绕过），自行对正、看齐，成立正姿势。

（1）班集合。

口令：成班横队（二列横队）——集合。

要领：基准兵迅速到班长左前方适当位置，成立正姿势；其他士兵以基准兵为准，依次向左排列，自行看齐。

成班二列横队时，单数士兵在前，双数士兵在后。

口令：成班纵队（二路纵队）——集合。

要领：基准兵迅速到班长前方适当位置，成立正姿势；其他士兵以基准兵为准，依次向后排列，自行对正。

成班二路纵队时，单数士兵在左，双数士兵在右。

（2）排集合。

口令：成排横队——集合。

要领：基准班在指挥员前方适当位置，成班横队迅速站好；其他班成班横队，以基准班为准，依次向后排列，自行对正、看齐。

口令：成排纵队——集合。

要领：基准班在指挥员右前方适当位置，成班纵队迅速站好；其他班成班纵队，以基准班为准，依次向右排列，自行对正、看齐。

（3）连集合。

口令：成连横队——集合。

要领：队列内的连指挥员或者基准排，在指挥员左前方适当位置，成横队迅速站好；各排和连部成横队，以连指挥员或者基准排为准，依次向左排列，自行对正、看齐。

口令：成连纵队——集合。

要领：队列内的连指挥员或者基准排，在指挥员前方适当位置，成纵队迅速站好；各排和连部成纵队，以连指挥员或者基准排为准，依次向后排列，自行对正、看齐。

口令：成连并列纵队——集合。

要领：队列内的连指挥员或者基准排，在指挥员左前方适当位置，成纵队迅速站好；各排和连部成纵队，以连指挥员或者基准排为准，依次向左排列，自行对正、看齐。

（4）营集合。

营集合，通常规定集合的时间、地点、方向、队形、基准分队以及应当携带的武器、器材和装具等事项。

各连按照营的规定，由连长整队带往营的集合地点，随即向基准分队取齐，然后跑步到距主持集合的指挥员 5～7 步处报告人数。例如："营长同志：×连应到××名，实到××名，请指示。"

（5）团集合。

参照营集合的规定实施。

2. 离散

离散，是使列队的单个军人、分队、部队各自离开原队列位置的一种队列动作。

（1）离开。

口令：各营（连、排、班）带开（带回）。

要领：队列中的各营（连、排、班）指挥员带领本队迅速离开原列队位置。

（2）解散。

口令：解散。

要领：队列人员迅速离开原列队位置。

3. 方向变换

方向变换，是改变队列面对的方向的一种队列动作。

（1）横队和并列纵队方向变换。

停止间，通常是左（右）转弯或者左（右）后转弯，必要时可以向后转。

停止间口令：左（右）转弯，齐（跑）步——走；或者左（右）后转弯，齐（跑）步——走。向后——转，齐（跑）步——走（当需要向后转走时，应当先下"向后——转"的口令，待方向改变后，再下"齐步——走"或者"跑步——走"的口令）。

行进间口令：左（右）转弯——走，或者左（右）后转弯——走。

要领：一列横队方向变换时，轴翼士兵踏步，并逐渐向左（右）转动；外翼第一名士兵用大步行进并同相邻士兵动作协调，逐步变换方向（愈接近轴翼者，其步幅愈小），其他士兵用眼睛的余光向外翼取齐，并保持规定的间隔和排面整齐，转到 90 度或者 180 度时踏步并取齐，听口令前进或者停止。

数列横队和并列纵队方向变换时，第一列轴翼士兵停止间用踏步，行进间用小步，外翼士兵用大步行进，保持排面整齐，边行进边变换方向，转到 90 度或者 180 度后，听口令前进或者停止；后续各列按照上述要领，保持间隔、距离，取捷径行进到前一列转弯处，转向新方向跟进。

（2）纵队方向变换。

停止间，通常是左（右）转弯，或者左（右）后转弯，必要时可以向后转。

停止间口令：左（右）转弯，齐（跑）步——走；或者左（右）后转弯，齐（跑）步——走。向后——转，齐（跑）步——走（按照横队和并列纵队向后转走的方法实施）。

行进间口令：左（右）转弯——走，或者左（右）后转弯——走。

要领：一路纵队方向变换，基准兵在左（右）转弯时，按照单个军人行进间转法（停止间，左转弯走时，左脚先向前一步）的要领实施，在左（右）后转弯时，用小步边行进边变换方向，转到 90 度或者 180 度后，照直前进；其他士兵逐次进到基准兵的转弯处，转向新方向跟进。

数路纵队方向变换时，按照数列横队和并列纵队方向变换的要领实施。

（六）乘坐汽车

分队乘坐汽车，通常在汽车的后侧适当位置列队，每辆车指定一名车长，负责组织乘车。

1. 登车、下车

口令：登车/下车。

要领：听到车长“登车”的口令后，通常情况下，驾驶员与安全员打开后车厢板，乘车人员成二路或者四路纵队依次从车厢后侧上车，前一名上车后协助后一名上车。乘车人员上车后按照指定的位置就位：车长位于驾驶室，两名观察员分别位于车厢左前角和右后角，安全员位于车厢左后角。携枪时，将枪置于两腿间，两手扶枪或者左右手交替扶枪。背囊（背包）通常置于脚后或者集中放置。上车后，安全员或者右后角观察员协助驾驶员关好后车厢板，并挂好安全链。清点人员、装备、物资后，车长向指挥员报告：“第×号车，登车完毕。”

听到“下车”的口令后，通常由安全员或者右后角观察员协助驾驶员打开后车厢板，乘车人员按照上车的相反顺序下车。下车后，按照指挥员的命令，到指定地点集合。

2. 开车、停车

口令：开车/停车。

要领：车长根据指挥员的命令，及时下达“开车”或者“停车”口令，各车依次前进或者停止。

3. 车辆行进中的调整

（1）调整哨的设置。

为了保证车辆安全顺利行进，根据需要，在车辆必经的交叉路口和复杂路段，可以设置调整哨。

调整哨应当设置在便于观察和指挥的位置，通常由一人担任，徒手或者持红旗、绿旗，对行进中需要停止、转弯和直行的车辆进行调整指挥；必要时可以增设游动调整哨，协助调整指挥。调整哨应当按照规定携带武器装备、指挥和通信器材等。

（2）调整指挥的要领。

①示意车辆停止：调整人员徒手时，面对车辆，左臂向前上方直伸，与水平面成 45 度，掌心向前，五指并拢，两眼平视前方；右手不动。持旗时，面对车辆，左手持红旗，左臂向前平伸，与身体略成 90 度；右手持绿旗不动。

②示意车辆左转弯：调整人员徒手时，面向调整方向，右臂向前平伸，与身体略成 90 度，掌心向前，五指并拢，同时向左转头 45 度；左臂与手掌（五指并拢，掌心向右）平直，向右前方摆动，与身体略成 45 度，拇指根部不超过衣扣线，回摆时中指不超过裤缝线，重复摆动 3 次。持旗时，面对车辆，左手持红旗，左臂伸直由前向上高举；右手持绿旗，右臂向前平伸指向车辆，而后水平摆向右侧，与两肩略成一线。

③示意车辆右转弯：调整人员徒手时，面向调整方向，左臂向前平伸，与身体略成 90 度，掌心向前，五指并拢，同时向右转头约 45 度；右臂与手掌（五指并拢，掌心向左）平直，向左前方摆动，与身体略成 45 度，拇指根部不超过衣扣线，回摆时中指不超过裤缝线，重复摆动 3 次。持旗时，面对车辆，左手持红旗，左臂伸直由前向上高举；右手持绿旗，右臂向前平伸指向车辆，而后小臂向左内折约 90 度。

④示意车辆由左向右直行：调整人员通常位于车辆行进路线一侧，面向公路。徒手时，右臂向右平伸，与身体略成 90 度，掌心向前，五指并拢，同时向右转头约 45 度；而后左臂向左平伸（要领同右臂），同时向左转头约 90 度；左臂向右摆动，摆至身体正前方时，小臂内折与大臂约成 90 度，左小臂略成水平，同时向右转头约 90 度。持旗时，左手持红旗，左臂伸直由前向上高举；右手持绿旗，右臂向右平伸，与身体略成 90 度。

⑤示意车辆由右向左直行：调整人员位置同本项第 4 目。徒手时，左臂向左平伸，与身体略成 90 度，掌心向前，五指并拢，同时向左转头约 45 度；而后右臂向右平伸（要领同左臂），同时向右转头约 90 度；右臂向左摆动，摆至身体正前方时，小臂内折与大臂约成 90 度，右小臂略成水平，同时向左转头约 90 度。持旗时，左手持红旗，左臂伸直由前向上高举；右手持绿旗，右臂向右平伸指向车辆，而后向左摆动，摆至身体正前方时，小臂向左内折约 90 度。

（七）敬礼

1. 举手礼

口令：敬礼。

要领：上体正直，右手取捷径迅速抬起，五指并拢自然伸直，中指微接帽檐右角前约 2 厘米处（戴卷檐帽、无檐帽或者不戴军帽时微接太阳穴，约与眉同高），手心向下，微向外张（约 20 度），手腕不得弯曲，右大臂略平，与两肩略成一线，同时注视受礼者。

2. 注目礼

要领：面向受礼者成立正姿势，同时注视受礼者，并目迎目送（右、左转头角度不超过 45 度）。

3. 举枪礼（用于阅兵式或者执行仪仗任务）

口令：向右看——敬礼。

要领：右手将枪提到胸前，枪身垂直并对正衣扣线，枪面向后，离身体约 10 厘米，枪口与眼同高，大臂轻贴右肋；同时左手接握表尺上方，小臂略平，大臂轻贴左肋；同时转头向右注视受礼者，并目迎目送（右、左转头角度不超过 45 度）。

4. 礼毕

口令：礼毕。

要领：行举手礼者，将手放下；行注目礼者，将头转正；行举枪礼者，将头转正，右手将枪放下，使托前踵轻轻着地，同时左手放下，成持枪立正姿势。

5. 单个军人敬礼

要领：单个军人在距受礼者 5～7 步处，行举手礼或者注目礼。

徒手或者背枪时，停止间，应当面向受礼者立正，行举手礼，待受礼者还礼后礼毕；行进间（跑步时换齐步），转头向受礼者行举手礼（手不随头转动），并继续行进，左臂仍自然摆动，待受礼者还礼后礼毕。

携带武器（除背枪）等不便行举手礼时，不论停止间或者行进间，均行注目礼，待受礼者还礼后礼毕。

6. 分队、部队敬礼

（1）停止间敬礼。

要领：当首长进到距本分队（部队）适当距离时，指挥员下达“立正”的口令，跑步到首长前 5～7 步处敬礼，待首长还礼后礼毕，再向首长报告。例如：“团长同志，×连正在进行队列训练，应到××名，实到××名，请指示，连长×××。”报告完毕，待首长指示后，答“是”，再敬礼。待首长还礼后，跑步回到原来位置，下达“稍息”口令，或者继续进行操练。

（2）行进间敬礼。

要领：由带队指挥员按照单个军人行进间敬礼的规定实施，队列人员按照原步法行进。

（八）国旗、军旗的掌持升降、授予与迎送

1. 国旗的掌持

国旗由一名掌旗员掌持，两名护旗兵护旗，护旗兵位于掌旗员两侧。掌旗员和护旗兵应当具备良好的军政素质和魁梧匀称的体形。

掌持国旗的姿势为扛旗。扛旗要领：右手将旗扛于右肩，旗杆套稍高于肩，右臂伸直，右手掌心向下握旗杆，左手放下。听到“齐步——走”的口令，开始行进。

2. 国旗的升降

要领：升旗时，掌旗员将旗交给护旗兵，由两名护旗兵协力将国旗套（挂）在旗杆绳上并系紧，掌旗员将国旗抛展开的同时，由护旗兵协力将旗升至旗杆顶。

降旗时，由护旗兵解开旗杆绳并将旗降下，掌旗员接扛于肩。

下半旗时，先将国旗升至旗杆顶，然后徐徐降至旗顶与旗杆顶之间的距离为旗

杆全长的三分之一处；降旗时，先将国旗升至旗杆顶，然后再降下。

升、降国旗时，掌旗员应当面向国旗行举手礼。

3. 军旗的掌持

军旗由部队首长指派一名掌旗员掌持，两名护旗兵护旗。护旗兵携自动步枪（冲锋枪）成挂枪姿势，位于掌旗员两侧。

掌旗员通常由连、排级军官或者士官充任，护旗兵由士兵充任。掌旗员和护旗兵应当具备良好的军政素质和魁梧匀称的体形。

（1）掌旗姿势。

掌持军旗的姿势分为持旗、扛旗和端旗。

持旗要领：立正时，右臂自然下垂，右手持旗杆，使旗杆垂直立于右脚外侧。稍息时，持旗姿势不变。

扛旗要领：听到“齐步——走”的预令后，左手握旗杆套下方约10厘米处，两手协力将旗上提，扛于右肩，旗杆套稍高于肩，右臂伸直，右手掌心向下握旗杆，左手放下。听到动令，开始行进。

端旗要领：右手握旗杆套下约10厘米处，右臂向前伸直，右手约与肩同高，左手握旗杆下部，左小臂斜贴于腹部。

（2）扛旗、端旗互换。

①扛旗换端旗。

口令：正步——走。

要领：听到“正步——走”的口令后，在左脚落地时，左手在右手腕处握旗杆；在右脚落地时，右手移握距旗杆套约10厘米处；在出左脚的同时，右臂向前伸直，左手向后压，两手协力转换成端旗姿势，继续行进。

②端旗换扛旗。

口令：齐步——走。

要领：听到“齐步——走”的口令后，在左脚落地的同时，收右臂，左手前推，将旗扛于右肩；在右脚落地时，右手移握旗杆下部，右臂伸直；在出左脚的同时，左手放下，换齐步行进。

掌旗员、护旗兵行进中变换方向时，以掌旗员为轴。迎送军旗时，其行进、转弯、步法变换和停止的口令由掌旗员下达。

4. 军旗的授予

团以上部队和院校被授予军旗时，应当组织部队列队举行授旗仪式，由上级首长授旗。

要领：授旗前，应当将旗套在旗杆上，由一名掌旗员持旗，护旗兵位于掌旗员两侧，成横队立于授旗台左侧适当位置，面向部队。当听到授旗仪式主持人宣布“授旗”时，掌旗员、护旗兵右转弯面向授旗首长持旗正步向前，将旗交给授旗首长；然后掌旗员、护旗兵按照相反方向正步撤至预定位置。被授旗单位首长带领掌旗员、护旗兵正步走到授旗首长面前（掌旗员位于首长后面，护旗兵在掌旗员两侧成横队），被授旗单位首长向授旗首长行举手礼。

当授旗首长将旗授予被授旗单位首长时，被授旗单位首长双手接旗，然后面向部队。此时，授旗仪式主持人下达“向军旗敬礼”的口令，在场全体军人向军旗敬礼。当下达“礼毕”口令后，被授旗单位首长将军旗交给掌旗员，掌旗员持旗与护旗兵正步行至授旗台右侧适当位置，然后面向部队，成持旗立正姿势。

5. 迎军旗

将展开的军旗持入队列时，部队应当整队举行迎军旗仪式。摩托化步兵团迎军旗时，通常成营横队的团横队。特殊情况下，可以由机关和指定的分队参加，按照部队首长临时规定队形列队。

摩托化步兵团迎军旗时，主持迎军旗的指挥员下达“立正”“迎军旗”的口令，听到口令后，掌旗员（成扛旗姿势）、护旗兵齐步行进，当由正前或者左前方向本团右翼进至距队列 40～50 步时，主持迎军旗的指挥员下达“向军旗——敬礼——”的口令，听到口令后，位于指挥位置和阅兵台的军官行举手礼，其余人员行注目礼；掌旗员（由扛旗换端旗）、护旗兵换正步，取捷径向本团右翼排头行进，当超过团机关队形时，主持迎军旗的指挥员下达“礼毕”口令，部队礼毕；掌旗员（由端旗换扛旗）、护旗兵换齐步。军旗进至团指挥员右侧 3 步处时，左后转弯立定，成立正姿势。

6. 送军旗

将军旗持出队列时，部队应当整队举行送军旗仪式。摩托化步兵团送军旗时，参加人员和队形与迎军旗仪式同。

摩托化步兵团送军旗时，主持送军旗的指挥员下达“立正”“送军旗”的口令。听到口令后，掌旗员（成扛旗姿势）、护旗兵按照迎军旗路线相反方向齐步行进。军旗出列后行至团机关队形右侧前时，主持送军旗的指挥员下达“向军旗——敬礼——”的口令。听到口令后，掌旗员（由扛旗换端旗）、护旗兵换正步，全团按照迎军旗的规定敬礼。当军旗离开距队列正面 40～50 步时，主持送军旗的指挥员下达“礼毕”的口令，部队礼毕；掌旗员（由端旗换扛旗）、护旗兵换齐步，返回原出发位置。

第二节 轻武器射击

一、轻武器的基本常识

（一）轻武器的概念

轻武器通常指枪械及其他各种由单兵或班组携行战斗的武器，又称“轻兵器”。轻武器的主要装备对象是步兵，也广泛装备于其他军种和兵种。其主要作战用途是杀伤有生力量，毁伤轻型装甲车辆，破坏其他武器装备和军事设施。

（二）轻武器的分类及用途

轻武器的分类是多种多样的，按武器的口径，可分为大口径武器和小口径武器；按武器的自动方式，可分为半自动武器和全自动武器。在很多情况下，轻武器是按用途分类的。现装备的轻武器按用途可分为手枪、步枪、冲锋枪、机枪、火箭筒和榴弹发射器等。

1. 手枪

手枪是以单手射击为主要射击方式，主要用于自卫的短枪管枪械的总称。有半自动手枪、自动手枪、冲锋手枪、转轮手枪、微声手枪等各种型号。主要装备指挥员和特种兵，用以杀伤近距离的有生目标。

单发射击的手枪，由于其重量轻、尺寸小，便于隐蔽和突然射击，精度较高，通常配备给特种兵和营以上的指挥人员。我军现装备的77式手枪就属于这一类。营以下的指挥人员，由于要直接参加战斗，所配备的手枪不仅要用来自卫，而且还要便于指挥战斗，必要时还能作为冲锋枪使用。我国新研制的80式战斗手枪就属于此种类型。而对于侦察兵来讲，由于其所执行的战斗任务的特殊性，很多情况下要求武器的射击声音要小，为此，微声手枪主要配备给侦察兵等执行特殊任务的分队使用。

无论哪种手枪，都具有如下特点：突然、及时、可靠、准确和隐蔽。

2. 步枪

步枪是单兵使用的长枪管抵肩射击的枪械，有半自动步枪、自动步枪、突击步枪、狙击步枪等各种型号。它以火力、枪刺和枪托杀伤敌人有生力量。现代步枪还可以发射枪榴弹，用以杀伤敌人的集团有生力量；使用穿甲榴弹、穿甲燃烧榴弹，还可以射击敌人的轻型装甲目标。

步枪由于枪管和瞄准基线较长，精度相对较高，战场上主要遂行精确射击的任务，对单个、点状目标进行射击，其有效射程通常为400米。狙击步枪由于配备有光学瞄准镜和使用专用子弹，射击精度有了很大提高，有效射程可达1000米以上，战场上主要对敌指挥人员和点状重要目标进行射击。

步枪一般具有如下特点：精度高、弹道低伸、足够的杀伤力、良好的可靠性和勤务性。

3. 冲锋枪

冲锋枪是双手控持、发射手枪弹、近距离火力猛烈的全自动枪械的总称。装备于步兵和其他军兵种，以其较强的火力杀伤近距离的有生目标。

最初的冲锋枪是根据手枪子弹设计的，现代的冲锋枪有些也使用步枪弹。冲锋枪身管短小，重量较轻，能够进行单发、连发射击，火力猛烈，战场上可以遂行多种战斗任务。对于远距离目标可以进行单发精确射击，对于近距离目标可以进行短点射、长点射和连续射击，这样既保证了精度，又能够节省弹药。微声冲锋枪具有微声、微光、微烟的性能，是侦察兵使用的主要武器。

4. 机枪

机枪是配有枪架、枪座或两脚架并能实施连发射击的自动枪械的总称。机枪可分为班用轻机枪、重机枪和通用机枪。

班用轻机枪是步兵班的主要自动武器，它具有良好的机动性、隐蔽性和一定的射程以及足够的战斗射速，所以成为中、近距离作战的有力武器。它能伴随步兵班在各种条件下作战，用以杀伤中、近距离的集团和单个重要的有生目标。有效射程一般为1000米。配用穿甲弹或穿甲燃烧弹，能够对500米内低空飞行的敌机和伞兵进行射击。

重机枪是步兵分队的主要自动武器，支援步兵分队进行战斗，用以杀伤中距离上暴露的或隐蔽在小起伏地形后面的集团有生目标，以及压制和消灭敌人的火力点。有效射程一般为1000米。配用穿甲弹或穿甲燃烧弹，可对500米低空飞行的飞机和伞兵射击，在300米内可射击敌人轻型装甲目标。重机枪可实施间隙射击、翼后射击、散布射击和超越射击等。

通用机枪亦称轻重两用机枪，是第二次世界大战以来轻、重机枪发展的一个分支。当使用脚架时，可作为轻机枪使用，履行轻机枪的任务；若使用比较稳固的三脚架，就可作为重机枪使用，履行重机枪的任务。

5. 火箭筒

火箭筒是单人使用，发射火箭弹的轻型反坦克武器。它具有良好的机动性、隐蔽性和一定的射程，能伴随步兵在各种条件下作战，是步兵中、近距离反坦克的主要武器。有效射程多为100～250米，破甲威力随火箭筒口径的不同而不同。

6. 榴弹发射器

榴弹发射器是一种发射小型榴弹的多用途武器，威力大，火力强，主要用来杀伤有生力量，也可用来打击轻装甲目标。它能填补手榴弹最大投掷距离和迫击炮射程之间的火力空白，具有点面杀伤作用。

按射击方式或自动化程度，榴弹发射器可分为下列几种：

（1）专用肩射型，又称榴弹枪，如美国的 M79 型。

（2）枪挂式，如美国的 M203 型。它装在 M16A1 型、M16A2 型步枪上。

（3）半自动式，如南非的 MGL 型。

（4）全自动式，如美国的 MK19 型，中国的 W87 型。这种自动榴弹发射器又叫榴弹机枪。

（三）轻武器的性能和构造

1. 81 式自动步枪

81 式自动步枪是一种近距离消灭敌人的自动武器，既可对 400 米内的单个人员目标实施有效射击，也可集中火力射击 500 米内的集团目标。弹头在 1500 米处仍有杀伤力。该枪使用 7.62 毫米的子弹，采用弹匣送弹、气体操纵，既可进行半自动射击（打单发），又可进行自动射击（打连发），还可以射枪榴弹。弹匣可装 30 发子弹，当弹匣的最后一发子弹发射出去时，滑机退回至后面挂机。该武器在 100 米距离上，使用 56 式普通弹，可射穿 6 毫米厚的钢板、15 厘米厚的砖墙、30 厘米厚的土层或 40 厘米厚的木板。

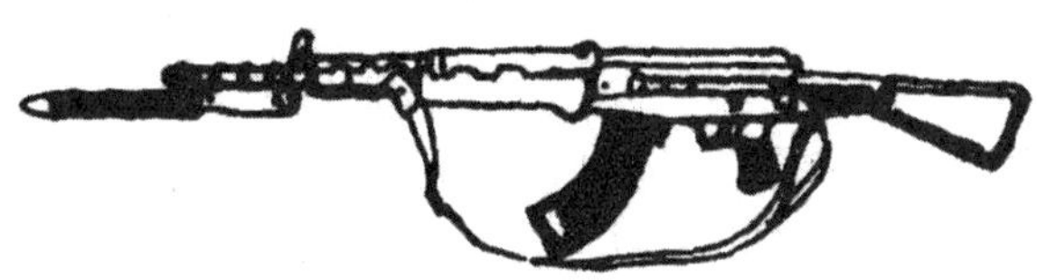

枪全长：1105 毫米	最大射程：2000 米
不带刺刀：955 毫米	有效射程：400 米
枪托折回：760 毫米	理论射速：680 发/分钟—750 发/分钟
枪全重：3.5 千克	战斗射速：点射 90 发/分钟—110 发/分钟
装满子弹的弹匣重量：0.92 千克	单发射速：40 发/分钟

81 式自动步枪

81 式自动步枪主要由十大部件组成：刺刀、枪管、瞄准具、导气装置、枪机、复进机、击发机、弹匣和枪托；另有一套附品。

其各部件用途如下：

刺刀：用以刺杀敌人。

枪管：用以赋予弹头及枪榴弹飞行方向。

瞄准具：由表尺和准星组成，用以瞄准。

导气装置：用以调节和承受火药气体的压力，推压枪机向后。

机匣：用以容纳枪机、复进机，固定击发机和弹匣。

枪机：用以送弹、闭锁、击发和退壳，并能使击锤向后成待发状态。

复进机：由导管、导杆、导管座、复进簧和支撑环组成，用以使枪机回到前方位置。

击发机：用以与枪机相互作用，形成待发和击发。

弹匣：用以容纳和托送子弹，可装 30 发子弹。

枪托：用以操枪、据枪。

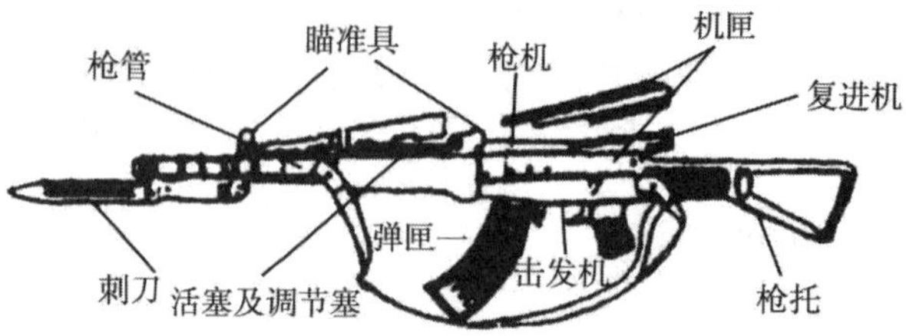

81 式自动步枪十大部件

附品包括擦拭杆、鬃刷、附品盒、通条、油壶、背带和弹匣袋，用以分解结合、擦拭上油和排除故障。

2. 95 式自动步枪

95 式自动步枪是我军比较新式的一种近距离消灭敌人的自动武器，能有效杀伤 400 米内的单个目标和 5000 米内的集团目标。

该枪使用 5.8 毫米的子弹，弹匣送弹（装 30 发），既可进行单发射，也可进行短点射（2～5 发）和长点射（5～10 发），还可发射 40 毫米系列枪榴弹。该武器使用 87 式 5.8 毫米普通弹，在 300 米距离上，能射穿 10 毫米厚的 A3 钢板；在 600 米距离上，射穿 2 毫米厚的冷轧钢板后，仍能穿透 14 厘米厚的松木板。

枪全长（不带刺刀）：746 毫米　　刺刀长：302 毫米

枪全重：3.3 千克　　装满子弹的弹匣重量：0.54 千克

理论射速：650 发/分钟　　单发射速：40 发/分钟

95 式自动步枪

95 式自动步枪也由十大部件组成，其各部件的名称及用途同 81 式自动步枪。

3. 56 式半自动步枪

56 式半自动步枪是我军步兵分队装备较早的一种半自动武器，主要用于对 400 米以内的单个目标实施射击，精度较好。该枪使用 7.62 毫米子弹，弹仓（内装 10 发）送弹，每扣动扳机一次，发射一发子弹，不能打连发。当弹仓的最后一发子弹发射出去时，滑机退回至后面挂机。该武器在 100 米距离上使用 56 式普通弹，可射穿 6 毫米厚的钢板、15 厘米厚的砖培、30 厘米厚的土层或 40 厘米厚的木板。

枪全长：1260 毫米	装满子弹的弹匣重量：0.18 千克
折回刺刀长：1020 毫米	初速：710 米/秒
枪全重：3.85 千克	战斗射速：35 发/分钟—40 发/分钟

56 式半自动步枪

56 式半自动步枪也由十大部件组成，其各部件的名称及用途同 81 式自动步枪。

4. 子弹

枪与弹是不可分离的有机整体，二者互为条件，发挥作用。

子弹的种类比较多，常用的有以下几种：

普通弹，用以杀伤敌人的有生力量。

曳光弹，主要用以试射和指示目标以及作信号用，曳光距离可达 800 米。弹头头部为绿色。

燃烧弹，主要用以引燃易燃物体。弹头头部为红色。

穿甲燃烧弹，主要用以射击飞机和轻装甲目标（在 200 米距离上穿甲厚度为 7 毫米，并能在穿透装甲后引燃汽油）。弹头头部为黑色并有一道红圈。

除此之外，还有空包弹、教练弹、空炸弹等训练用的辅助弹。

二、简易射击学理

1. 发射

火药气体压力将弹头从膛内推出去的现象叫发射。

发射的过程：扣动枪的扳机，击针撞击子弹底火，使起爆药发火，火焰通过导火孔引燃发射药，产生大量的火药气体，在膛内形成很大的压力，迫使弹头脱离底部弹壳，沿膛线旋转加速前进，直至推出枪口。

2. 后坐

发射时，武器向后运动的现象称为后坐。

后坐形成的原因：发射药燃烧时，气体同时作用于各方向，向前作用于弹头后部的压力推送弹头前进，向后作用于弹壳的压力通过枪机传给整个武器，使武器向后运动，形成后坐。

后坐对单发（连发首发）射击的命中影响极小，对连发射击的命中却有一定的影响。因为连发射击时，第一发子弹出膛后，由于枪身的后坐明显改变了原来的瞄准线，使得第二发以后的射弹产生偏差。但只要射手据枪要领正确，适应连发武器射击时的后坐规律，就能减小后坐对连发命中的影响，提高连发射击精度。

3. 弹道

弹头在飞行运动中所经过的路线称为弹道。

弹道形成的原因：弹头脱离枪口后，一方面受到地心吸引力的作用，逐渐下降；另一方面受到空气阻力的作用，越飞越慢，由此形成一条不均等的弧线。升弧较长较直，降弧较短较弯曲。

4. 直射和直射距离

瞄准线上的弹道高在整个表尺距离上不超过目标的射击叫直射，这段表尺的距离叫直射距离。直射距离的大小取决于目标的高低和弹道的低伸程度。目标越高，弹道越低伸，直射距离就越大；反之，则相反。

直射距离的意义：对在直射距离内的目标射击时，瞄准目标下沿，不变更表尺分划即可连续射击，以增大战斗射速，提高射击效果。如 81 式步枪对人头目标高（30 厘米）直射距离为 200 米，人胸目标高（50 厘米）直射距离为 300 米，半射目标高（100 厘米）直射距离为 400 米。

5. 选定瞄准角和瞄准点

弹道是弧线，而不是直线，如果用枪管直接瞄向目标射击，射弹就会打低、打近。

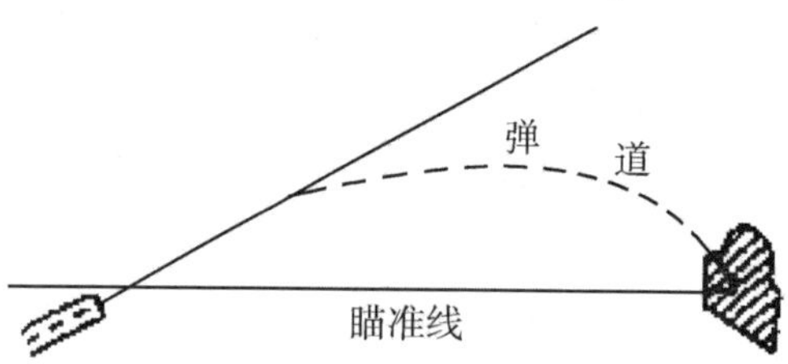

抬高枪口对目标射击情况

为了命中目标，必须将枪口抬高，使枪身轴线和瞄准线之间形成一定的角度，即瞄准角。

瞄准角的大小，是根据射弹在不同距离上的降落量来确定的。

距离越远，降落量越大，所需要的瞄准角就越大；距离越近，降落量越小，所需要的瞄准角也就越小。

三、操枪

操枪是指士兵携带枪支的动作和方法。就自动步枪、冲锋枪和半自动步枪而言，通常分为持枪、肩枪、挂枪和背枪。

（一）持枪

持枪时，右臂自然下垂，左手将背带挑起、拉直，由右手拇指在内压住，余指并拢在外将枪握住（半自动步枪握上护木），同时左手放下，托底板在右脚外侧全部着地，枪托后踵同脚尖齐。

95 式自动步枪通常不持枪。

（二）肩枪

肩枪一般由持枪换成。听到“肩枪”的口令，右手握护木将枪向前送出，左手反方向（掌心向外）接握护木，并将枪倒置于胸前，弹匣向右（半自动步枪肩枪时，右手将枪提起置于胸前，左手接握下护木）；右手移握背带（拇指由内顶住），以两手的合力将枪送于肩上，右大臂轻贴右肋，成肩枪立正姿势。

（三）挂枪

挂枪通常由肩枪换成。听到“挂枪”的口令，右手移握护木将枪口转向前，左手掌心向下在右肩前握背带；两手协力将背带从头上套过，落在左肩，使枪身在胸前成 45 度；右手移握枪颈（枪把折叠时，握复进机盖后端），左手放下（也可握护木），成挂枪立正姿势。

半自动步枪通常不挂枪。

挂枪恢复成肩枪时，左手移握护木，右手移握背带，两手协力将背带从头上套过，落在右肩，枪口向下，枪身垂直；右手移握背带（拇指由内顶住），左手放下，成肩枪立正姿势。

士兵挂枪

（四）背枪

1. 挂枪换背枪

听到“背枪”的口令，右手握准星座，稍向上提；左手在左肩前提背带；两手协力将枪转到背后；两手放下，成背枪立正姿势。背枪恢复成挂枪时，右手掌心向前移握准星座，稍向上提；左手在右肋处握背带；两手协力将枪转到胸前；右手移握枪颈（枪把折叠时，提复进机盖后端），左手放下或握护木，成挂枪立正姿势。

2. 肩枪换背枪

听到“背枪”的口令，左手在右手上方握背带，右手掌心稍向后移握准星座

（半自动步枪，右手提下背带环）；两手协力将枪上提，左手将背带从头上套过，落在左肩；两手放下成背枪立正姿势。背枪恢复成肩枪时，右手掌心向后握准星座（半自动步枪，右手握下背带环）；左手在左后前握背带，两手协力将背带从头上套过，落在右肩；右手握背带（拇指由内顶住），左手放下，成肩枪立正姿势。

四、验枪及射击准备

验枪及射击准备均是在射击训练或实弹射击前应做的准备工作，是保证训练和射击安全的重要措施。自动步枪和冲锋枪验枪及射击准备通常是在肩枪的基础上实施的，半自动步枪验枪及射击准备通常是在持枪的基础上进行的。

（一）验枪

验枪是一项保证安全的重要措施。使用武器前后及必要时均应验枪，认真检查弹膛、弹匣和教练弹中有无实弹。验枪时，严禁枪口对人。

口令：验枪、验枪完毕。

动作要领：听到“验枪”口令后，以右脚掌为轴，身体半面向右转，左脚顺势向前迈出一步（两脚约与肩同宽），同时右手移握护木将枪向前送出（半自动步枪右手将枪向前送出），左手接握下护木，左大臂紧靠左肋，枪托贴于右胯，准星约与肩同高；右手打开保险，卸下弹匣（半自动步枪打开枪仓），交给左手。当指挥员检查时，拉枪机向后到定位。验过后，自行送回枪机，装上弹匣（半自动步枪关上弹仓），扣扳机，关保险，移握枪颈。

听到“验枪完毕”的口令后，左手反握护木，将枪倒置于胸前，上背带环约与肩同高，右手挑起背带，身体半面向左转，在右脚靠拢左脚的同时，两手协力将枪送上右肩，恢复背枪姿势（半自动步枪右手握上护木，成持枪立正姿势）。

（二）射击准备

射击准备主要包括向弹匣（夹）内装填子弹和采取各种射击姿势装、退子弹。

1. 向弹匣（夹）内装子弹

射击前，应正确地向弹匣（夹）内装子弹，如果子弹装得不好，在射击中就会出现卡壳、不上膛等问题，影响射击效果。装弹时，左手握弹匣，使弹匣口向上，挂耳向前，右手将子弹放于弹匣口，两手协力将子弹压入弹匣内（半自动步枪向弹夹中装弹）。

2. 卧姿装、退子弹及定、复表尺

口令：卧姿——装子弹、退子弹——起立。

动作要领：卧姿装、退子弹，是射击准备中最常用的动作。当听到“卧姿——装子弹”的口令后，右手移握护木，使枪口向前（背带从肩上脱下），左脚向右脚前迈出一大步，左臂伸出，稍向内弯，掌心向下（手指稍向右），按照手、肘、膝的顺序顺势卧倒，以身体左侧、左肘支持全身；右手将枪向目标方向送出，左手接握下护木，枪面稍向左，枪托着地；右手卸下空弹匣（弹匣口朝后，挂耳向下），交给左手，握于护木右侧（半自动步枪右手拉枪机到定位），解开弹袋扣，换上实弹匣，将空弹匣装入弹袋内并扣好（半自动步枪将子弹夹插入弹夹），拇指打开保险，拉枪机送子弹上膛，右手定表尺，然后移握握把，全身伏地，两脚分开约与肩同宽，目视前方，准备射击。

卧姿装子弹

射击完毕，听到“退子弹——起立”口令后，身体稍向左侧，右手卸下实弹匣交给左手（半自动步枪打开弹仓，接住落下的子弹，装入弹袋），打开保险，拇指轻拉枪机向后，余指接住从腔内退出的子弹，倒回枪机，将子弹压入弹匣内，解开弹袋扣，换上空弹匣，把实弹匣装入弹袋内并扣好；扣扳机，关保险，复表尺；右手移握护木，将枪收回；同时左小臂向里合，屈左腿于右腿下，以左手和两脚撑起身体，左脚向前一大步，右脚再向前一步；左手反握护木，将枪倒置于胸前，右手挑起背带，在右脚靠拢左脚的同时，两手协力将枪送上右肩，恢复肩枪姿势（半自动步枪成持枪姿势）。

接住退出的子弹

3. 跪姿装、退子弹及定、复表尺

口令：跪姿——装子弹、退子弹——起立。

动作要领：听到“跪姿——装子弹”的口令后，右手移握上护木，使枪口向前（背带从肩上脱下），左脚向右脚前方迈出一步，右手将枪向目标方向送出；左手接握下护木，同时右膝向下跪下，臀部坐在右脚跟上，左小腿略成垂直，两腿约成90度角；左小臂放在左大腿上，枪面稍向左，准星约与肩同高。然后，按要领换上实弹匣，打开保险，拉枪机送子弹入膛，定表尺，右手移握握把，目视前方，准备射击。

听到“退子弹——起立”的口令后，按要领卸下实弹匣，打开保险，退出膛内子弹，换上空弹匣，将实弹匣装入弹袋内并扣好；扣扳机，关保险，复表尺；移握上护木，左脚尖向外打开，同时起立；左手反握护木，将枪倒置于胸前，右手挑起背带，在右脚靠拢左脚的同时，两手协力将枪送上右肩，恢复肩枪姿势。

4. 立姿装、退子弹及定、复表尺

口令：立姿——装子弹、退子弹。

动作要领：听到“立姿——装子弹”的口令后，右手移握上护木，以右脚掌为轴，身体大半面向右转，左脚顺势向前迈出一步（两脚分开，约与肩同宽），体重落在两脚上，右手将枪向目标方向送出，背带从肩上脱下；左手接握下护木，左大臂紧靠左肋，枪托贴于右胯，准星约与肩同高；然后，按要领换上实弹匣，打开保险，拉枪机送子弹上膛，定表尺，右手移握握把，目视前方，准备射击。

听到“退子弹”的口令后，按要领卸下实弹匣，打开保险，退出膛内子弹，换上空弹匣，将实弹匣装入弹袋内并扣好；扣扳机，关保险，复表尺；右手移握上护木，身体大半面向左转，左手反握护木，将枪倒置于胸前，右手挑起背带，在右脚靠拢左脚的同时，两手协力将枪送上右肩，恢复肩枪姿势。

五、射击动作

（一）据枪

1. 有依托据枪

（1）卧姿有依托据枪。

下护木或枪管放在依托物上，右手握握把，食指第一节靠在扳机上；左手握下护木（也可握弹匣），两肘保持稳固；上体自然下垂，使枪托确实抵于肩窝，自然贴腮。

（2）跪姿有依托据枪。

在构筑好的掩体内跪姿据枪，通常跪左膝，右膝靠掩体前崖或右脚向右后蹬；上体紧靠掩体前崖，两肘抵在臂座上。

如利用土坑、矮墙、沟坎等地物跪姿据枪时，通常跪右膝（也可跪左膝），右大臂自然下垂。瞄准需要修正方向时，可左右移动膝或脚。

（3）立姿有依托据枪。

在构筑好的掩体内立姿据枪时，上体左前侧紧靠掩体前崖，左腿微曲；右脚向后蹬，两肘抵在臂座上。

利用墙壁、较高的堤坎立姿据枪时，左手握弹匣，小臂里合，右手握握把，大臂自然抬起；将弹匣或下护木放于依托物上，两手正直向后用力，使枪托确实抵于肩窝外侧。瞄准需要修正方向时，可移动两脚。

2. 无依托据枪

（1）卧姿无依托据枪。

卧姿无依托据枪时，81 式自动步枪左手托握下护木或弹匣，95 式自动步枪左手托握小握把或下护盖，79 式冲锋枪左手托握表尺下方或弹匣；左小臂尽量合于枪身下方，小臂与大臂约成 90 度角，将枪自然托住；右手握握把，大臂略成垂直，两肘保持稳定，两手正直向后用力，使枪托确实抵于肩窝，自然贴腮。实施点射时，弹匣着地，右手握紧握把，内合下塌，左手握下护木，适当向下用力。

(2) 跪姿无依托据枪。

跪姿无依托据枪时，右膝向右跪下，左小腿略成垂直。左手托握下护木（盖）或弹匣，左肘尖略过左膝盖或在膝盖后，使枪、左小腿和左小臂略在同一垂直面上；右手握握把，大臂自然下垂；上体稍向前倾，两手正直向后用力，使枪托确实抵于肩窝。

(3) 立姿无依托据枪。

立姿无依托据枪时，两腿分开约与肩同宽，左手握弹匣，大臂紧靠左肋，小臂尽量里合于枪身下方；也可左手托握下护木，大臂不靠左肋。右手握握把，大臂自然抬起，两手正直向后用力，使枪托下部确实抵于肩窝外侧。

跪姿无依托据枪

立姿无依托据枪

(二) 瞄准

1. 正确的瞄准

正确的瞄准是整个射击过程的重要环节。其方法是：右眼通视缺口和准星，使准星上沿位于缺口中央，并与缺口上沿平齐，指向瞄准点。

准星与缺口的正确关系

正确的瞄准景况

2. 瞄准误差对命中的影响

如果准星与缺口关系不正确，对射弹命中目标影响很大，准星偏哪边，弹着就偏哪边。如准星尖在缺口内偏差 1 毫米，在 100 米距离上射弹将偏差 32 厘米。距离增加几倍，偏差就增大几倍。

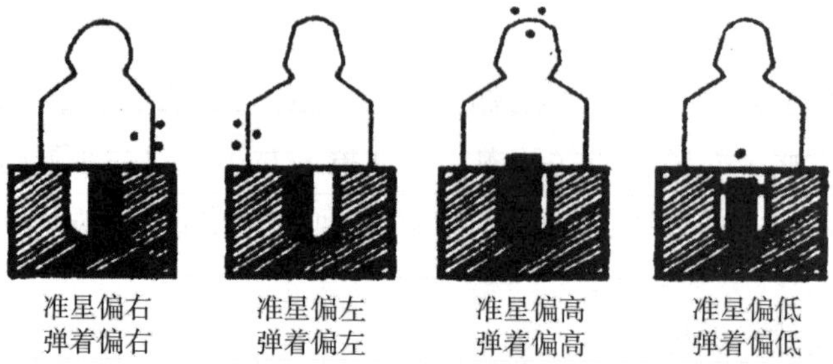

准星与缺口关系不正确对命中的影响

枪面倾斜对命中精度也有一定影响。枪面偏左，射弹偏左下；枪面偏右，射弹偏右下。

3. 瞄准的方法

用瞄准器瞄准时应集中主要精力于准星与缺口的平正关系上，以防造成大的瞄准误差。正确的瞄准景况应是：准星与缺口的平正关系看得较清楚，而目标看得模糊。

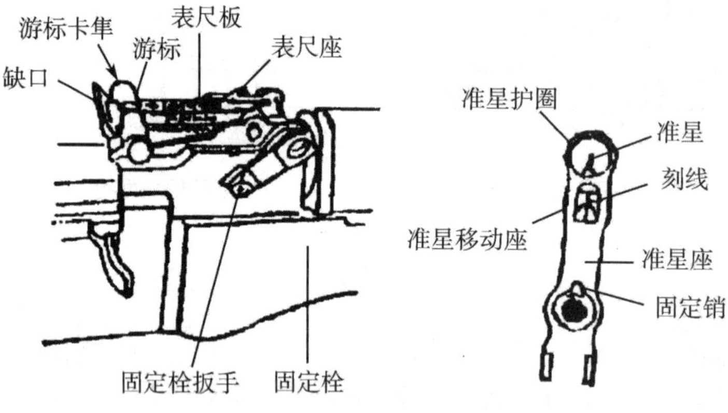

瞄准器

瞄准时应先平正好瞄准基线，使瞄准线自然指向目标。若未指向目标，可左右移动身体、两肘或两脚修正方向，调整依托物或两肘里合、外张修正高低。

（三）击发

击发是完成射击的最后一个环节。均匀正直的击发是准确射击的关键，击发动作的正确与否直接关系到射击效果的好坏。因此，士兵必须准确掌握击发的动作要领。

击发时，射手用右手食指第一节均匀正直地向后扣压扳机（食指内侧与枪机应有一点空隙），余指力量不变。当瞄准线接近瞄准点时，开始预压扳机，并减缓呼吸。当瞄准线稳定地指向瞄准点时，应停止呼吸，继续增加对扳机的压力，直至击发，击发瞬间应做到瞄准、姿势、用力三不变。

据枪、瞄准、击发是互相联系和互相影响的整体动作。稳固持久的据枪、正确一致的瞄准和均匀正直的击发，三者正确的结合是准确射击的关键。因此，必须反复训练，熟练掌握。

第三节 战 术

一、军事战术

军事战术（希腊语：Taktikē，管理军队的艺术）是使用武器或军事单位，进行攻击或防御敌人的行动。

随着时间的推移，军事战术亦随着科学技术的进步而发展变化。

二、战术基本原则

（一）概念

战术反映战斗的客观规律，是一切战斗行动的基本依据。战术源于战斗实践，并以最简洁、准确的语言概括。战术可区分为基本原则和具体原则。

中国人民解放军在长期的革命战争中，吸取了古今中外战术原则的合理成分，结合自己的实践经验，形成了一套反映以劣势装备军队战胜优势装备敌人规律的战术原则。

（二）基本原则

基本原则是根据战斗基本规律和军队的实际情况制定的，抽象程度高，稳定性强，适用面广。

（1）知彼知己，因势制敌。

（2）消灭敌人，保存自己。

（3）集中兵力，各个歼敌。

（4）战必有备，不失战机。

（5）巧布兵力，发扬火力。

（6）协同一致，合力破敌。

（7）力争主动，灵活机动。

（8）出其不意，突然打击。

（9）力求夜战，注重近战。

（10）勇敢顽强，连续作战。

（11）作战保障，周全严密。

（12）利用战隙整顿休息。

战术原则要根据实际情况灵活运用，切忌机械搬用。

（三）具体原则

具体原则适用于不同类型、样式的具体战斗。

（1）根据战斗企图、敌防御性质、地形条件、部队战斗力等因素选定突破口。通常选在敌人防御比较薄弱，便于隐蔽接近和展开，便于突破和向纵深发展，且能迅速破坏敌防御体系、分割歼灭敌人的地方。必要时，也可选在敌防御的强点上。

（2）把兵力、火力和器材集中用于主要攻击方向，对敌形成优势，并做纵深、疏散、梯次配置。

（3）以主要攻击方向上的步兵或坦克兵为主，在突破地段内，按时间、目标周密组织步兵、炮兵、坦克兵之间的协同。

（4）先行火力准备，突然发起攻击，进行重点突破，实施连续突击，分割围歼敌人，不断投入后续力量，发展突破成果。战术突破可以在行进间或与敌直接接触时实施，一般从突然猛烈的火力准备开始，以炮兵、航空兵火力消灭突破口上敌有生力量，歼灭其反坦克火力点及其防御工事，压制两侧支撑点和纵深的炮兵阵地和预备队。步兵、坦克兵充分利用火力准备效果，协调一致行动，发起勇猛冲击，迅速通过通路，实施连续重点突击。打开口子后，迅速向两翼卷击，或实施钳形攻击，割裂敌战斗部署，攻击敌浅近纵深支撑点。向敌纵深发展突破成果时，及时投入预备力量，与迂回或包围部队相互配合，适时使用穿插部队、机降突击或袭击支队，突破敌战术防御地幅，为战役突破创造条件。随着高技术兵器的发展，能充分发挥各种火力突击效果，在行进间发起攻击，从正面、侧翼、立体同时突破。有时战术与战役突破也可能同时实施。

三、单兵战术动作

（一）卧倒

卧倒是隐蔽身体，避免敌火杀伤的一种最低姿势。根据携枪姿势的不同，可分为持枪卧倒与端枪卧倒；根据卧倒方向的不同，可分为向前卧倒、向（左）右侧卧倒、向侧后卧倒；根据地形情况，可分为上步卧倒与撤步卧倒；根据两腿运动前后，可分为上左脚卧倒与上右脚卧倒。

1. 持枪卧倒

口令：“持枪向××——卧倒”或“卧倒”。

要领：在持枪的基础上，右手提枪并握背带，左（右）脚向卧倒方向迈出一大步（受地形限制不便于迈步时，也可后撤一大步），左（右）脚弯曲，右（左）脚伸直，身体前倾下压，两眼注视前方，左手顺左（右）脚方向伸出，掌心向下稍向后，按左膝、左手、左肘、身体左侧的顺序卧倒，右手迅速出枪，左手接握弹匣（弹仓）或下护木，两腿伸直，两脚分开约与肩同宽，右手移握握把（枪颈），成卧姿无依托射击姿势。无射击任务时，卧倒后，左小臂横贴于地面，右手将枪轻贴身体右侧，枪面向右，枪管放在左小臂上，成卧姿隐蔽姿势。

持班用机枪卧倒时，右手提枪，左手打开脚架，左脚向卧倒方向迈出一大步，两眼注视前方，将枪前送，对向目标，架于地上，两手在枪托两侧撑地，迅速卧倒，右手握握把，左手握枪颈，成卧姿射击姿势。

2. 端枪卧倒

口令："端枪——卧倒"或"卧倒"。

要领：在端枪前进的基础上，上体前倾，左脚向前迈一大步，按左膝、两肘的顺序身体迅速着地卧倒，卧倒后两手协力出枪，同时两腿后伸，全身俯地，成卧姿射击姿势。

训练步骤：

（1）分解动作练习；

（2）卧倒后出枪和收枪练习；

（3）连贯动作练习。

分解动作练习方法的口令："分解动作卧倒——2——3"。

分解动作练习的要领：当听到"分解动作卧倒"的口令后，左（右）脚向卧倒方向迈出一大步，左手前伸，听到"2"的口令后，按左膝、左肘、身体左侧的顺序着地卧倒。听到"3"的口令时，右手将枪向目标方向送出成卧姿准备射击姿势。

卧倒后出枪和收枪练习的要领：在卧倒的基础上听到"1"的口令出枪，听到"2"的口令收枪，反复练习。

连贯动作练习。重点练习动作的连贯性和熟练程度。

训练重点：

（1）上步要大，重心要低。

（2）掌握好卧倒时身体各部位着地顺序。

（3）出枪要快，接枪要稳，动作要协调。

（二）起立

起立是在卧倒的基础上恢复站立的姿势，在转移和再次向敌接近的跃起动作时用。起立可分为支身起立和团身起立，也可分为持枪起立和端枪起立。

1. 支身起立

口令："支身——起立"。

要领：右手移握护木收枪，同时转体向右，两眼注视前方，左小臂稍向里合，屈左腿于右腿下，以左手、左膝、左脚的支撑力将身体支起，同时出右脚前进；停止间时，右脚向前一大步，左脚再向前一大步，右脚靠拢左脚，成持枪立正姿势；也可右手收枪置于身体右侧，枪面向右，手背着地，同时左手移至左肩外侧，掌心着地，以两手的支撑力和两脚尖的蹬力迅速起立，同时左脚向前迈一步，出右脚前进，或右脚靠拢左脚，成持枪立正姿势。

携班用机枪起立时，两手在枪托两侧撑地，将身体支起，同时右脚向前一步，左脚再向前一步，右手提枪前进。

2. 团身起立

口令："团身端枪——起立"或"团身持枪——起立"。

要领：两手协力收枪，使枪轻贴身体右侧，手背着地，枪面向右（也可右手收枪，左小臂稍向里合，左手掌着地），屈身向右转体，同时屈左腿，使左膝位于胸前，右脚收置于左脚腕前，以两手（左手）的支撑力和身体左转的力量迅速起立，出左脚成持（端）枪前进姿势，或左脚向前一步，右脚靠拢左脚，成持枪立正姿势。

训练步骤：

（1）分解动作练习；

（2）连贯动作练习。

分解动作练习口令："分解动作，起立——2——3"。

分解动作练习的要领：当听到"分解动作，起立"的口令后，身体稍向右转，左小臂里合，左腿屈于右腿下；听到"2 "的口令后，利用左手和两脚的支撑力将身体支起，而后上右脚；听到"3"的口令后，成持枪（肩枪）立正姿势。

训练重点：

（1）动作要准确协调；

（2）起立要迅速，两眼目视前方。

（三）前进

1. 直身前进

直身前进是在地形隐蔽、敌人观察不到时采用。通常以大步或快步持枪前进。

2. 屈身前进

屈身前进通常是在遮蔽物略低于人体时采用。其要领：右手持枪，上体前倾，两腿弯曲，屈身程度视遮蔽物高低而定，目视前方，以大步或快步前进。

3. 壕内前进

跳入壕内时，应根据壕的深浅，采取不同方法：壕较浅时，右脚踏壕沿，左脚迈出的同时收枪，以右脚掌的弹力顺势跳入壕内，两脚着地的同时（或下落中）劈枪；壕较深时，右手持枪紧贴右侧，左手扶壕沿，左脚踏壕沿，以左手的撑力和左脚的蹬力顺势跳入壕内。在壕内运动时，根据壕的深浅，通常采取直身前进或屈身前进。其要领：右手持枪紧贴身体右侧，左手扶装具，目视前方，隐蔽地前进。运动中要做到：姿势低，速度快，不断地观察敌情和前进路线，同时，防止枪托碰撞壕壁。

（四）跃进

跃进是在敌火力下迅速通过开阔地时经常采用的运动方法。其要领：跃进前，可左右移动（滚动）以迷惑敌人，迅速收枪，屈左脚于右腿下，右手提枪，以左手、左膝、左脚的力量将身体撑起，迈出右脚，突然跃起前进；也可在收枪的同时，屈左腿于腹下，以左手、右膝和左小腿的外侧支撑身体，迈出右脚，突然跃起前进。跃进时，右手持枪，目视敌方，屈身快跑。跃进的距离、速度应根据敌火力强弱和地形情况而定。地形越开阔，敌火力越猛烈，跃进的距离应越短，速度应越快。每次跃进的距离通常为 20～40 步。停止时，应迅速隐蔽或卧倒。卧倒时，左脚向前一大步，按左小腿的外侧、左手、左肘的顺序卧倒；或右脚向前一大步，左手撑地迅速卧倒，并做好射击准备或继续前进的准备。

（五）匍匐前进

匍匐前进在通过敌火力封锁下的较短地段或利用较低遮蔽物时采用。根据遮蔽物的高低分为低姿匍匐前进、高姿匍匐前进、侧身匍匐前进和高姿侧身匍匐四种。

1. 低姿匍匐前进

在遮蔽物高约 40 厘米时采用的运动方式。其要领：右手掌心向上，枪面向右，虎口卡住机柄，余指握住背带，枪身紧贴右臂内侧；或右手虎口向上，握住背带环处，食指卡枪管，使枪置于右小臂上。前进时，屈回右腿，伸出左手，用右腿和左臂的力量使身体前移，同时屈回左腿，伸出右手，再用左腿和右臂的力量使身体继续前移，依此法交替前进。

2. 高姿匍匐前进

在遮蔽物高约 60 厘米时采用。其要领：携枪的方法同低姿匍匐前进，也可两手横托握枪，枪托向右。前进时，以两小臂和两膝的内侧支撑身体前进。

3. 侧身匍匐前进

在遮蔽物高约 60 厘米时采用。其要领：收枪的同时向右转身，左小臂着地，左大臂向前倾斜，左腿弯曲，右脚靠近臀部着地，右手持枪，用左臂的支撑力和右脚的蹬力使身体前移。

4. 高姿侧身匍匐前进

在遮蔽物高约 80～100 厘米时采用。其要领：收枪的同时屈左腿于腹下，以左手、左小腿的外侧将身体撑起，右手提枪，以左手的撑力和右脚的蹬力使身体前移。

（六）滚进

滚进是在为避开敌人的观察和射击而左右移动或通过棱线时采用。其要领：关上枪的保险，滚动的同时微收枪，两臂肘向里合，两腿自然伸直，全身用力向移动的方向滚进；也可在卧倒的同时（通常是侧卧）右手将枪顺置于胸腹前，两臂紧贴两肋，两腿自然伸直，全身用力向移动方向滚进。

第四节　军事地形学

军事地形学是军事上研究和利用地形的一门学科，是军事训练的共同科目之一。军事地形学主要研究地形对战斗行动影响的规律，军用地图和航空、航天相片的识别与应用原理，战场简易测量方法以及调制要图的方法要领等。军事地形学所研究的内容，都是围绕研究和利用地形而选定的。现代战争的需要，军事测绘技术的不断发展，特别是地图品种的增多，将为军事地形学增添新的内容。

一、地形对军队战斗行为的影响

地形是组织指挥作战所依据的重要条件，是影响部队作战行动的基本因素之一，利用地形为历代军事家所重视。中国春秋末期军事家孙武说："夫地形者，兵之助也。料敌制胜，计险厄远近，上将之道也。知此而用战者必胜，不知此而用战者必败。"《孙子·地形》列举了作战中经常遇到的通、挂、支、隘、险、远等六种地形，指出了利用各类地形的原则。孙武的这些论述从不同角度说明了地形与作战行动的密切关系，强调将帅要重视对地形的研究和利用。

《汉书·萧何传》载：汉高祖元年（前 206），"沛公至咸阳……（萧）何独先入，收秦丞相御史律令图书藏之。沛公具知天下厄塞，户口多少，强弱处，民所疾苦者，以何得秦图书也"。

随着现代战争的突发性增大，战场范围扩大，参战军种、兵种多，部队机动能力提高，研究和利用地形愈益显得重要。加之军事测绘成果的不断丰富，军事地形学逐渐发展为一门专门学科，并成为军事训练的一个重要科目。

二、地形图基本知识

（一）地形图的概念

地形图指的是地表起伏形态和地物位置、形状在水平面上的投影图。具体来讲，将地面上的地物和地貌按水平投影的方法（沿铅垂线方向投影到水平面上），并按一定的比例尺缩绘到图纸上，这种图称为地形图。

（二）地形图的分类

地形图按比例尺大小、内容、用途等的不同可进行如下分类：

1. 按比例尺大小分类

(1) 大比例尺地形图，比例尺为 1/2000、1/5000、1/10000 等；

(2) 中比例尺地形图，比例尺为 1/50000、1/25000 等；

(3) 壤尺地形图，比例尺小于 1/100000。

2. 按地形图的内容分类

(1) 普通地形图，是指有区域的自然地理和社会经济等方面要素的地形图；

(2) 专门地形图，除具有普通地形图的各要素外，还包括某些特有的专门资料要素。

3. 按地形图的用途分类

按地形图的用途可分为参考图、教学图、军用图、飞行图、航海图等。

三、地形图的内容

地形图包括的内容很多，但总的来说可分为以下四个方面。

(一) 地形图的符号

地球表面的地物、地貌在地形图上的反映，绝大部分是按比例的，但为了突出某些要素，往往也会出现超比例现象。构成地形图的符号很多，国家测绘总局和中国人民解放军总参谋部测绘导航局都有共同的统一规定，按其符号形式可归纳为四类：

(1) 轮廓地物符号：较大的房屋、湖泊、果园、森林等，其轮廓按比例缩绘；

(2) 线状符号：如公路、铁路、河流、沟渠等，其长度按比例尺缩绘，宽度无法按比例尺表示；

(3) 独立物体的超比例符号：如水井、独立树、独立屋、塔及有方位意义的地物；

(4) 数字和文字注记：图上用文字和数字说明各种内容所表达的意义、名称和数量。

(二) 比例尺

1. 概念

所谓比例尺，就是图上线段长度与实地对应的水平线段长度之比。

$$比例尺=\frac{图上线段长度}{实地对应的水平线段长度}=\frac{1}{N}$$

式中：$1/N$ 表示实地水平线段长度的缩小倍数，如 1/10000 表示缩小为一万分之一。

2. 比例尺的表示方法

(1) 灵长字式，即用数字的比例式或分数式表示比例尺的大小。例如，地图上

1 厘米代表实地距离 500 千米，可写成 1∶50000000 或 1/50000000。

（2）线段式，即在地图上画一条线段，并注明地图上 1 厘米所代表的实际距离。

（3）文字式，即在地图上用文字直接写出地图上 1 厘米代表实地距离多少千米。如：图上 1 厘米相当于地面距离 500 千米，或五千万分之一。

三种表示方法可以相互转换。

3. 比例尺的精度

比例尺越大，精度越高；反之，则越低。因为大比例尺地形图能够在某一图幅内比较全面而完整地反映实地的各种地物、地貌，所以精度高，清晰易看。壤尺地形图对一些较小的地物、地貌无法表示出来，其精度较大比例尺地形图低。

（三）地形图的分幅和编号

1. 经、纬度的一般概念

在地图上有纵向和横向的细线，纵向的线叫“经线”，横向的线叫“纬线”。经线和纬线交织成的网状的格子叫“经纬网”，在经纬线两端注有的“×××°××′”称作经、纬度。

地形图除了在图幅角上注有经纬度外，还按一定规则在图幅上绘制互相垂直的网状格子，由于每一小格这样的格子相当于实地边长为 1 千米的正方形，所以称为“公里网”。

经度表示东西方向上的位置。将地球表面按纵向划分为 360 等分，每一等分为 1 度，以英国格林尼治天文台所在的经线为 0 度，分别向东、向西分成 0～180 度，向西为“西经”，向东为“东经”。

纬度表示南北方向上的位置。以赤道为起始点（0°）将地球南北表面分别划分为 90 等分，每一等分为 1 度，向北为“北纬”，向南为“南纬”。

2. 分幅与编号

为了便于使用地形图，常常对大面积地形图进行分幅和编号。地形图的分幅和编号是国际上统一规定的，故称国际分幅，这是 1891 年第五届国际地理学代表大会决定的。各种比例尺图幅的划分和编号都是以经差 6 度、纬差 4 度的百万分之一比例尺图为基础的。

（四）等高线

1. 等高线的概念

等高线就是地面上高程相等的相邻各点彼此相互连接而成的封闭曲线。它是用来表示各种地貌的曲线。

2. 等高线的分类

（1）基本等高线，又称主曲线或首曲线。它是地图上用来表示各种地貌的主要曲线。

(2) 加粗等高线，又称计曲线。它除具有等高线的作用外，还有助于判读和计量高程，是将基本等高线每隔一定的数目（一般五条）加粗而成的曲线。

(3) 半距等高线，又称间曲线。在地形比较平缓的情况下，基本等高线不能准确地反映变化情况，于是在相邻两条等高线之间插入 1/2 等高距的虚线，这种虚曲线便是半距等高线。

(4) 补助等高线，又称助曲线。在用半距等高线仍无法表示地形变化时，加绘 1/4 等高距的短虚线，这就是补助等高线。

3. 等高线的特点

(1) 在同一条等高线上所有点的高程相等。

(2) 每一条等高线都是封闭曲线，不在本幅图上闭合，必在另一幅图上闭合，不会中断。

(3) 两条不同高程的等高线不能相交，除非在垂直的悬崖峭壁处，才可能有两条或多条等高线重合的现象。

(4) 等高线与山脊线（分水线）、山谷线（合水线）成正交，在山脊线处的等高线凸面向着低处，在山谷线处的等高线凸面向着高处。

(5) 几条等高线相套，越向内表示地势越高，一般最小的闭合曲线中心就是山峰。如在低洼处几条等高线相套，则越向内表示地势越低。在山顶封闭曲线凸面相对两外侧绘垂直于曲线的短线指向下坡，或在洼地封闭曲线凹面相对两内侧绘垂直于曲线的短线也是指向下坡，这条短线就叫作示坡线。

(6) 等高线密集处表示陡坡，稀疏处表示缓坡，间隔相等的表示均匀坡。

(7) 两对闭合等高线的凸侧互相对峙时，中间所夹的部分就是曲面上的鞍部。

(8) 等高线之间的最短距离（与等高线成垂直的距离）的方向是地面上最大坡度的方向。

4. 利用等高线判读地形、地貌

在地形图上，根据等高线的特点可以辨别各种地形、地势，如山头、山峰、分水线、合水线、鞍部等。

在判读时，必须准确地掌握方位，使图上的方位与实地的方位相吻合。图面方位的判读方法是上北下南，左西右东。

(1) 山头、山峰。

在地形图上，有一些最小的封闭等高线（对许多圈封闭等高线而言），有的有数字注记，有的则没有。有的最小封闭等高线的中心部位即是山头或山峰。主要的山头和山峰都有数字标注，表示该山头或山峰的绝对高程，又称海拔高（以黄海海平面为基准计算，到该山头或山峰的垂直高度）。

(2) 分水线（山脊线）。

在地形图上，可以看到许多从山头向四周呈凸出状况的曲线，这些曲线就是通过分水线的等高线。垂直于等高线凸出状况急弯处的连接线，便是分水线。

注：平缓山脊的分水线一般是通过等高线凸出状况的中央部位；若分水线两侧的坡度陡缓不一致时，分水线必然靠近陡坡的一侧。

(3) 鞍部。

在地形图上，两组等高线的凸侧互相对称的地方为山岳的鞍部。鞍部相邻两条等高线的高程相等。

(4) 合水线（排水沟）。

在地形图上，通过合水线的等高线的弯曲方向相反。通常是等高线的凸部朝向山麓的是分水线，而等高线的凹部朝向山麓的是合水线。

在地形复杂、图上所示分水线和合水线难以判定时，可先回到山头或河流，还可以通过等高线上的高程注记来帮助判读，因为注记的字头总是朝向高处。

第五节　综合训练

一、行军与宿营

行军与宿营，是部队有组织的移动和驻止。

(一) 行军

行军是部队沿指定路线有组织地移动，是机动的基本方法，目的是转移兵力，争取主动，形成有利态势。按方式，分为徒步行军和摩托化行军；按强度，分为常行军、急行军和强行军。行军目标容易暴露，隐蔽困难，对道路依赖性大，必须预先查明情况，确定行军部署，并按前卫、本队（通常编组若干梯队）、后卫的顺序编成行军序列。通常徒步行军平均时速为 4～5 千米，日行程 25～35 千米；摩托化行军平均时速为 20 千米，日行程 150～250 千米。行军中，必须保持充分的战斗准备，严密组织对空防御等各种保障，适时组织休息和宿营。

(二) 宿营

宿营，是部队行军或战斗后的临时住宿，分为舍营、露营以及两者结合的宿营。宿营前，要预先组织侦察，派出设营队勘察，选择便于隐蔽和防护、便于抗击敌突然袭击、便于行军和随时投入战斗、有充足的水源和良好的进出道路的宿营地域。宿营时，必须充分利用地形隐蔽、疏散、配置兵力兵器，加强侦察、警戒、防空、工程、伪装等措施。宿营部署力求与战斗部署一致，以便紧急情况下可以随时投入战斗。

野外宿营地的选择要注意以下几点：

(1) 近水。营地要选择离水源近的地方，这样既能保证饮用水，又能提供洗漱用水。但在深山密林中，靠近水源可能会遇到野生动物，要格外注意。

（2）背风。最好是在小山丘的背风处、林间或林边空地、山洞、山脊的侧面和岩石下面等。

（3）避险。营地上方不能有滚石、滚木；不要在泥石流多发地安营；雷雨天不要在山顶或空旷地安营，以免遭到雷击。

（4）防兽。建营地时要仔细观察营地周围是否有野兽的足迹、粪便和巢穴，不要建在多蛇、多鼠地带，以防伤人或损坏装备设施。要有驱蚊、虫、蝎的药品和防护措施。在营地周围遍撒草木灰，能有效地防止蛇、蝎、毒虫的侵扰。

（5）日照。营地要尽可能选在日照时间较长的地方，这样会使营地比较温暖、干燥，便于晾晒衣服、物品和装备。

（6）平整。营地的地面要平整，没有树根、草根和尖石、碎物，也不要有凹凸或斜坡，以免损坏装备或刺伤人员，以及影响人员的休息质量。

此外，还要注意在野外要保护自然环境，撤营时必须将燃火彻底熄灭；垃圾废物要尽可能带出，丢放在指定的地方，特殊情况下无法带走时可将垃圾挖坑掩埋。

二、野外生存

（一）概念

野外生存，即人在住宿无着的山野丛林中求生。深入敌后的特种部队、侦察兵和空降兵、海军陆战队，以及在战斗中与部队失去联系的战士和失事的空勤人员，在孤立无援的敌后或生疏的荒野丛林和孤岛上，在仪器断绝的情况下，更需要具备野外生存的能力。

（二）野外生存常识

1. 利用自然特征判定方向

在没有地形图和指北针等制式器材的情况下，要掌握一些利用自然特征判定方向的方法。

利用太阳判定方位。可以用一根标杆（直杆），使其与地面垂直，把一块石子放在标杆影子的顶点 A 处，约 10 分钟后，当标杆影子的顶点移动到 B 处时，再放一块石子。将 A、B 两点连成一条直线，这条直线的指向就是东西方向，与这条直线垂直的方向则是南北方向，向太阳的一端是南方。

利用指针式手表对着太阳的方法判定方向。方法：手表水平放置，将时针（24 小时制）指示的时间数减半后的位置朝向太阳，表盘上 12 时刻度所指示的方向就是北方。假如现在时间是 16 时，则将手表上 8 时的刻度指向太阳，12 时刻度所指的就是北方。

夜间天气晴朗的情况下，可以利用北极星判定方向。寻找北极星首先要找到大熊星座（北斗星），该星座由七颗星组成，就像一把勺子一样。当找到北斗星后，沿着勺边A、B两颗星的连线向勺口方向延伸，约在A、B两颗星间隔的5倍处一颗较明亮的星就是北极星。北极星指示的方向就是北方。还可以利用与北斗星相对的仙后星座寻找北极星。仙后星座由5颗与北斗星亮度差不多的星组成，形状像“W”。在“W”缺口中间的前方约为整个缺口宽度的两倍处，即可找到北极星。

利用地物特征判定方位是一种辅助方法。使用时，应根据不同情况灵活运用。独立的一棵树通常南面枝叶茂盛，树皮光滑；树桩上的年轮线通常是南面稀、北面密；农村的房屋门窗和庙宇的正门通常朝南开；建筑物、土堆、田埂、高地上的积雪通常是南面融化得快，北面融化得慢；大块岩石、土堆的南面草木茂密，而北面则易生青苔。

在野外迷失方向时，切勿惊慌失措，要立即停下来，冷静地回忆一下所走过的道路，想办法根据一切可能利用的标志重新确定方向，然后再寻找道路。最可靠的方法是“迷途知返”，即退回原出发地。

在山地迷失方向后，应先登高远望，判断应该向什么方向走。通常应向地势低的方向走，这样容易碰到水源。顺河而行最为保险，这一点在森林中尤为重要。因为道路、居民点常常是滨水临河而筑的。

如果遇到岔路口，道路多而令人无所适从时，首先明确要去的方向，然后选择正确的道路。若几条道路的方向大致相同，无法判定，则应先走中间那条路，这样可以左右逢源，即便走错了路，也不会偏差太远。

2. 复杂地形行进方法

在山地行进，为避免迷失方向，节省体力，提高行进速度，应力求有道路就不穿林翻山，有大路就不走小路。如没有道路，可选择在纵向的山梁、山脊、山腰、河流或小溪边缘，以及树高林稀、空隙大、草丛低疏的地形上行进。要力求走梁不走沟，走纵不走横。

行进时，能大步走就不小步走，这样几十千米下来，可以少迈许多步；疲劳时，应该用放松的慢步来休息，而不停下来。

攀登岩石时，应对岩石进行细致的观察，慎重地识别岩石的质量和风化程度，确定攀登的方向和路线。攀登岩石的基本方法是“三点固定”法，即两手一脚或两脚一手固定后再移动剩余的一手或一脚，使身体重心上移。手脚要很好地配合，避免两点同时移动，一定要稳、轻、快。要根据自己的情况选择最合适的距离和最稳固的支点，不要跨大步和抓、蹬过远的点。

攀登30度以下的山坡时可沿直线上升。攀登时，身体稍向前倾，全脚掌着地，两膝弯曲，两脚呈外“八”字形，迈步不要过大过快。坡度大于30度时，一般采取“之”字形攀登路线。攀登时，腿微曲，上体前倾，内侧脚尖向前，全脚掌着地，外侧脚尖稍向外撇。在行进中不小心滑倒时，应立即面向山坡，张开两臂，伸直两腿，脚尖翘起，使身体尽量上移，以降低滑行的速度。这样，就可设法在滑行中寻找攀引物和支撑物。千万不要面朝外坐，因为那样不但会滑得更快，而且在较陡的斜坡上还容易翻滚。

河流是山区和平原地区经常遇到的障碍。遇到河流不要草率入水，要仔细观察之后再确定渡河的地点和方法。山区河流通常水流湍急，水温低，河床坎坷不平。涉渡时，为了保持身体平衡，应当用一根竹子或木棍支撑在河水的上游方向，或者手执一块较重的石头。集体涉渡时，可三人或四人一排，彼此环抱肩部，身体最强壮的位于上游方向。

3. 采捕食物的方法

野外生存获取食物的途径主要有两种：一种是猎捕野生动物，另一种是采集野生植物。

猎捕野生动物首先要知道动物的栖息地，掌握动物的活动规律，然后再采取压捕、套猎、捕兽夹以及射杀等方法进行猎捕。这需要在专家指导下经过较长时间的训练和实践后才能真正掌握。下面仅简单介绍一下可食用昆虫和可食用野生植物的种类和食用方法。

常见的可食用昆虫有蝗虫、螳螂、蜻蜓、蝉、蜈蚣、天牛、蚂蚁等。可食用野生植物包括可食用的野果、野菜、藻类、地衣、蘑菇等。

对可食用野生植物的识别是野外生存知识的主要内容。我国地域辽阔，适合各种植物生长，其中能食用的就有2000种左右。常见的可食用野果有山葡萄、笃斯、黑瞎子果、茅莓、沙棘、火把果、桃金娘、胡颓子、余甘子等。特别是野栗子、椰子、木瓜更容易识别，是应急求生的上好食物。常见的野菜有苦菜、蒲公英、鱼腥草、马齿苋、刺儿草、荠菜、野苋菜、扫帚菜、菱、莲、芦苇、青苔等。野菜可生食、炒食、煮食。

一般人需要在专家指导下经过一定时间的训练才能掌握这些知识，这里介绍一种最简单的鉴别野生植物有毒无毒的方法，供紧急情况下使用：将采集到的植物割开一个小口子，放进一小撮盐，然后仔细观察是否改变原来的颜色，通常变色的植物不能食用。

4. 获取饮用水的方法

获取饮用水的途径通常有两种：一种是挖掘地下水，另一种是净化地面水。我们只介绍一下从地表水中获取饮用水的方法。

通常雨水可以直接饮用。下雨时，可用雨布、塑料布大量收集雨水，也可用空罐头盒、杯子、钢盔等容器接收雨水。

当没有可靠的饮用水又无检验设备时，可以根据水的色、味、温度和水迹，概略鉴别水质的好坏。纯净水在水层浅时无色透明，在水层深时呈浅蓝色，可以用玻璃杯或白瓷杯盛水观察。通常水越清说明水质越好，水越浑则说明杂质越多。一般清洁的水是无味的，而被污染的水则通常带有一些异味。地面水的水温，因气温变化而变化，浅层地下水受气温影响较小，深层地下水水温低而恒定。如果所取样的水不符合这些规律，水质一般都有问题。此外，还可以用一张白纸，将水滴在上面晾干后观察水迹。清洁的水无斑迹，如有斑迹则说明水中有杂质，水质差。

在野外最好不要饮用从杂草中流出的水，而以从断崖或岩石中流出的清水为佳。饮用河流或湖泊中的水时，可在离水边 1～2 米的沙地上挖个小坑，坑里渗出的水较直接从河湖中提取的水清洁。

在野外，可以用饮水消毒片、漂白粉精片以及明矾等药品净化水。

切记，不论多么口渴，都不要饮用不洁净的水，万不得已时，也要把水煮开再喝。

5. 野外常见伤病的防治

昆虫叮咬的防治。在野外为了防止昆虫的叮咬，人员应穿长袖衣裤，扎紧袖口、领口，在皮肤暴露部位涂搽防蚊药。不要在潮湿的树荫和草地上坐卧。宿营时，烧点艾叶、青蒿、柏树叶、野菊花等驱赶昆虫。被昆虫叮咬后，可用氨水、肥皂水、盐水、小苏打水、氧化锌软膏涂抹患处止痒消毒。

蚂蟥叮咬的防治。蚂蟥是危害很大的虫类。遇到蚂蟥叮咬时，不要硬拔，可用手拍或用肥皂液、盐水、烟油、酒精滴在其前吸盘处，或用燃烧着的香烟烫，让其自行脱落，然后压迫伤口止血，并用碘酒涂搽伤口以防感染。部队行进中，应经常查看有无蚂蟥爬到脚上。如在鞋面上涂些肥皂水、防蚊油，可以防止蚂蟥上爬。涂一次的有效时间约为 4～8 小时。此外，将大蒜汁涂抹于鞋袜和裤脚，也能起到驱避蚂蟥的作用。

昏厥。野外昏厥多是由摔伤、疲劳和饥饿过度等原因造成的。主要表现为脸色突然苍白，脉搏微弱而缓慢，失去知觉。遇到这种情况，不必惊慌，一般过一会儿便会苏醒。醒来后，应喝些热水，并注意休息。

中毒。其症状是恶心、呕吐、腹泻、胃疼、心脏衰弱等。遇到这种情况，首先要洗胃，快速喝大量的水，用指触咽部引起呕吐，然后吃蓖麻油等泻药清肠，再服用解毒药及其他镇静药，多喝水，以加速排泄。为保证心脏正常跳动，应喝一些糖水、浓茶，暖暖脚，立即送医院救治。

中暑。其症状是突然头晕、恶心、昏迷、无汗或湿冷，瞳孔放大，发高烧。发病前，常感口渴头晕，浑身无力，眼前阵阵发黑。此时，应立即在阴凉通风处平躺，解开衣裤带，使全身放松，再服用十滴水、人丹等药。发烧时，可用凉水浇头或冷敷散热。如昏迷不醒，可掐人中穴、合谷穴使其苏醒。

冻伤。如发现皮肤有发红、发白、发凉、发硬等现象，应用手或干燥的绒布摩擦伤处，促进血液循环，减轻冻伤。轻度冻伤用辣椒泡酒涂搽便可见效。如发生身体冻僵的情况，不要立即将伤者抬进温暖的室内，应先摩擦肢体，做人工呼吸，待伤者恢复知觉后，再抬到较温暖的地方抢救。

蜇伤。被蝎子、蜈蚣、黄蜂等毒虫蜇伤，伤口红肿、疼痒，并伴有恶心、呕吐、头晕等症状。此时，要先挤出毒液，然后用肥皂水、氨水、烟油、醋等涂搽伤口，或用马齿苋捣碎，汁冲服，渣外敷，也可将蜗牛洗净捣碎后涂在伤口上。此外，蒜汁对蜈蚣咬伤很有疗效。

6. 被毒蛇咬伤后的急救方法

（1）患者应保持镇定，切勿惊慌、奔跑，以免加速毒液吸收和扩散；迅速将患者护送至医院。

（2）绑扎伤肢。立即用止血带、橡胶带或随身所带之绳、带等在肢体被咬伤的上方扎紧。结扎紧度以阻断淋巴和静脉回流为准（成人一般将止血带压力保持在13.3千帕左右）。结扎时应留一较长的活的结头，便于解开。每15～30分钟放松1～2分钟，避免肢体缺血坏死。急救处理结束后，可以解除。一般不要超过2小时。

（3）扩创排毒。缠扎止血带后，可用手指直接在咬伤处挤出毒液，在紧急情况下可用口吸吮（口腔应无破损或龋齿，以免吸吮者中毒），边吸边吐，再以清水、盐水或酒漱口。首次吸吮毒液至少0.5～1小时，重症或肿胀消退前，做十字形切开后再吸吮，之后可将患肢浸在2%的冷盐水中，自上而下用手指不断挤压20～30分钟。被毒蛇咬伤后超过24小时，一般不再排毒，如伤口四周肿胀明显，可在肿胀处下端每隔3～6厘米处，用消过毒的钝头粗针平刺直入2厘米。如手足部肿胀，上肢者穿刺八邪穴（四个手指指缝之间），下肢者穿刺八风穴（四个脚趾趾缝之间），以排除毒液，加速消肿。

（4）口服或外敷蛇药。蛇药为中草药制成的成药，可供口服和外敷，亦有针剂。其中蛇药、蛇伤解毒片及注射液、蛇药酒等，对多种毒蛇的咬伤有显著的解毒作用。

这里介绍一下有毒蛇和无毒蛇的区分和预防。

区别：①毒蛇一般头大颈细，头呈三角形，尾短而突然变细，体表花纹比较鲜艳；②无毒蛇一般头呈钝圆形，颈细粗，尾部颀长，体表花纹多不明显；③毒蛇与无毒蛇最根本的区分是毒蛇的牙痕为单排，无毒蛇的牙痕为双排。

预防：①打草惊蛇，把蛇赶走；②在山林地带宿营时，睡前和起床后应检查有无蛇潜入；③不要随便在草丛和蛇可能栖息的场所坐卧，禁止用手伸入鼠洞和树洞内；④进入山区、树林、草丛地带应穿好鞋袜，扎紧裤腿；⑤遇见毒蛇，应远道绕过，若被蛇追逐，应向上坡跑，或忽左忽右地转弯跑，切勿直线跑或直接向下坡跑。

思考题：

1. 什么是共同条令？
2. 军人宣誓的基本要求有哪些？
3. 中国人民解放军的纪律要求每个军人必须做到哪些？
4. 战术基本原则有哪些？
5. 举例说明野外常见伤病的防治方法。

附　录　成都大学预备役建设综述及大学生应征入伍政策解读

一、成都大学预备役分队建设情况

为深入贯彻落实习主席关于把军民融合发展上升为国家战略的重要指示，积极响应中央《关于预备役部队编兵整组范围向大中专院校扩展》的号召，成都大学党委研究决定，与四川陆军预备役高射炮兵师第四团建立战略合作伙伴关系，并在学校组建“网络战心理战”预备役分队。双方坚持以“资源共享、相互支持、优势互补、合作双赢”为原则，着眼军校融合发展，在国防教育、学术交流、人才培养等方面开展广泛合作。

（一）学校组建大学生预备役分队的指导思想

1. 组建大学生预备役分队，是习近平强军思想在高等学校的贯彻落实

新时代，面对新的国防安全形势与任务，习主席提出要建设一支“听党指挥、能打胜仗、作风优良”的人民军队的强军目标，不仅是对现役部队的要求，也是国防后备力量建设的根本遵循。为此，根据新时代新要求，全面加强预备役部队的发展建设和改革创新，切实汇聚起实现强军目标的磅礴力量，是实现这一强军目标的根本要求。预备役部队作为我国武装力量的重要组成部分，具有其他力量不可替代的重要作用。预备役部队在高校编组，是中国特色军事变革，是建设信息化军队，打赢信息化战争的现实要求，将极大地提高新形势下预备役部队的科技素质和专业对口率。大学生预备役，是大学生利用业余时间参加预备役部队进行军事训练的一支特殊的准军队。预备役大学生既是学生，又是军人，有利于大学生科技文化素养和国防军事素质的融合发展，有利于提高预备役部队的整体科技水平，同时也有利于高校深化思想政治工作改革创新。

2. 组建大学生预备役分队，是推进军民融合发展战略的有效举措

习主席指出，军队要遵循国防经济规律和信息化条件下战斗力建设规律，自觉将国防和军队建设融入经济社会发展体系。地方要注重在经济建设中贯彻国防需求，自觉把经济布局调整同国防布局完善有机结合起来，努力实现富国和强军的统一。预备役部队在人员组成和领导体制上，本身就具有军民兼容的特点，且普遍驻在大中城市，驻地经济、科技、人才资源丰富，可动员潜力较大。高校预备役部队

作为依托高等学校强大文化、科技实力支撑建设的重要国防后备力量，具有兵员素质高、建设平台载体多、建设发展项目多、管理指导能力强等独特优势，通过有效组织军地人才、军民两用技术的融合发展，可以更好地推动实现军地人才、科技资源互补，形成军民合力推进战斗力和生产力提升的生动局面。

3. 组建大学生预备役分队，是增强大学生思想政治工作的创新抓手

国防教育是大学生思想政治工作的重要组成部分。我国宪法规定，普及和加强国防教育是全社会的共同责任，作为培养社会主义建设者和接班人的高等学校，理应将开展国防宣传教育工作作为宣扬爱国主义，进行红色革命文化、社会主义先进文化教育的重要内容，作为全面培育和践行社会主义核心价值体系的重要工作抓手。在经济全球化、军事信息化和科技一体化的国际大背景下，对当代大学生开展国防军事素质的培养和提升，有利于丰富和创新大学生思想政治工作的形式和内容，发挥不可替代的独特育人作用；有利于促进大学生提升综合素质，实现更加全面的发展和成长成才；有利于增强大学生的组织纪律观念，养成好习惯、好作风，带动形成良好的校风、学风；有利于磨炼大学生的意志，培养坚韧不拔、艰苦奋斗的精神，增强社会适应能力。

（二）成都大学预备役分队建设发展情况

1. 党政重视，分队建设初见雏形

2015 年，学校初步建成由 56 名师生组成的成都学院网络心理战分队。学校分管领导带领武装部、学工部等相关部门负责人先后到国防大学、部队和省内外兄弟高校，就大学生预备役建设工作进行调研学习；指导武装部、学工部加强工作研究，就预备役分队建设作用、目标、任务、规模、阶段、重点等形成明确的工作理念、工作思路和工作规划。在此基础上，制定出台了《成都学院大学生预备役分队建设方案》《成都学院军事特长班管理制度》《成都学院网络心理战分队正规化建设标准》等一系列工作制度，为预备役分队建设确立规范化、科学化的管理运行机制。其中，学校党委行政的高度重视，四川陆军预备役高射炮兵师及四团领导的大力支持，是学校预备役网络心理战分队建设工作得以快速推进的重要保证。

2. 宣传到位，分队整组顺利推进

2015 年 4 月，学校向四川陆军预备役高射炮兵师四团提出建设成都学院预备役分队申请，很快得到上级军事机关的批准同意。学校于 5 月启动预备役网络心理战分队组建工作，在成立预备役分队建设办公室的同时，专门成立了预备役官兵征集宣讲小组，制定预备役分队征集宣传工作方案，为分队组建工作做好宣传氛围的营造。宣讲小组分派 6 名宣讲教师在全校范围内开展大范围巡讲，覆盖全校 16 个学院的 5060 余人次，耐心解答学生疑问，发放宣传资料数千份。6 月，学生自愿报名，学院推荐和组织体检、政治考核，通过初审进入面试，报四川陆军预备役高射炮兵师批准，学校征集预备役士兵 52 名，军官 4 名，成为成都学院预备役网络心理战分队的第一批官兵。

3. 投身实践，队伍建设千锤百炼

预备役分队组建以来，学校预备役士兵积极投身实践，一步步由学生向真正的战士蜕变。2015年暑假，分队选派22名官兵参加了成都军区组织的为期42天的军事训练和实战化考核。7月19日至8月10日，22名官兵在四川陆军预备役高射炮兵师四团基地开展基础训练。8月10日，预备役士兵开赴西昌瓦洛靶场开展为期三周的实战化任务考核。无人机小组负责数据采集，确定高炮阵地位置；网络心理战小组负责驻地敌情、社会民情侦察；机关小组参与每天的作战会议，协调各单位工作；政治宣传小组负责演习期间战地快报编排、拍照摄像和利用网络战车播报战地之声广播；文化宣传小组操纵战地车并负责管理俱乐部。各小组保质保量地完成了训练任务，极大地鼓舞了分队官兵的训练热情，调动了他们训练的积极性。

4. 集中住宿，实现管理工作规范化

2016年5月，学校预备役网络心理战分队正式成立时，分队实编人数89人，其中现役军官1人，预任军官8人，预任士兵80人；干部党员9人，士兵党员8人。日常管理高度强调规范化、精细化，结合部队和学校实际制定出台了《成都学院预备役分队管理规定》，明确预备役士兵作为学生干部和士兵的双重身份，实施双重身份从严管理。队内设学生队长1名、副队长2名以及组长6名，搭建起“分队主官—管理老师—学生干部—普通队员”的四级管理体系。

学校大力支持预备役分队建设，统筹各职能部门协同配置好预备役分队建设所需要的硬件设施设备和软件保障条件。学校按照预备役部队基层连级单位组建要求，对分队办公地点、士兵宿舍、库室设施等提早做好统一规划，在学生宿舍十分紧张的情况下，严格按要求落实配备“三室一库”和士兵宿舍，在学校优先建设的学生标准化宿舍中挤挪空间，设立分队队部，建设队部办公室、战备物资库房、会议室、资料室和10间官兵宿舍。按照部队编制要求，分队内设队部、网络攻防排、攻心防护排、法规咨询排及炊事班。同时，结合学校学科特色和队员专业特点，分别设置网络攻防、心理作战、新闻宣传、医疗救护、国旗护卫和后勤保障6个小组，将全部队员按专业特点和个人兴趣编入小组。严格规范日常管理，每天进行内务卫生检查和晚就寝点名，不断强化队员规范意识、纪律意识和服从意识。

5. 健全制度，规范考核

制定出台了《成都学院军事特长生培养方案》《成都学院预备役分队章程》《成都学院预备役分队奖惩制度》《成都学院预备役分队内务卫生规定》等一系列建设管理制度，为分队规范、有序运行夯实基础。分队在每月底对所有干部、队员进行考核，根据考核分值，评选产生2名积极分子、2名内务标兵和2个文明寝室；同时，对分值低的队员提出批评和作出相应处分。开展小组竞赛，根据各组队员的考核分值得出每组得分，在学期末、年末分队评优评奖上向高分值小组倾斜。随着规章制度的完善和奖惩制度的落实，预备役分队队员的积极性和凝聚力得到明显增强。

习近平总书记指出，作为社会主义国家的大学，必须扎根中国大地办大学，才能在世界大学体系中树立自己的独特风格，贡献自己的独特价值。以预备役分队整组建设为牵引，深入推进高校国防教育改革创新，紧密结合当前我国高等教育综合体制改革发展趋势，紧密结合当前高校人才培养模式改革发展趋势，主动融入大学思想政治工作整体发展格局，做好学校国防教育的顶层设计、统筹推动和创新发展，进而形成具有鲜明中国特色的大学预备役部队建设新机制、新模式，必将成为彰显社会主义大学办学特色的一面旗帜。

二、大学生应征入伍政策解读

（一）为什么说大学生更应该积极响应国家号召应征入伍？

《中华人民共和国宪法》规定："中华人民共和国公民有维护祖国的安全、荣誉和利益的义务；保卫祖国、抵抗侵略是中华人民共和国每一个公民的神圣职责，依照法律服兵役和参加民兵组织是中华人民共和国公民的光荣义务。"《中华人民共和国兵役法》规定："每年十二月三十一日以前年满十八周岁的男性公民，应当被征集服现役。当年未被征集的，在二十二周岁以前仍可以被征集服现役，普通高等学校毕业生的征集年龄可以放宽至二十四周岁。""国家实行兵役登记制度。每年十二月三十一日以前年满十八周岁的男性公民，都应当在当年六月三十日以前，按照县、自治县、市、市辖区的兵役机关的安排，进行兵役登记。"

《高等学校学生行为准则》规定："大学生要遵纪守法，弘扬正气。遵守宪法、法律规定，遵守校纪校规；正确行使权利，依法履行义务。"

建设强大军队，打赢信息化战争，不仅仅是综合国力的抗衡、科学技术的较量、先进武器的比拼，更重要的是军事人才的博弈和竞争。大学生群体，相较一般适龄青年，具有学习能力强、理解吸收快、综合素质高等特点，特别是具备较好知识结构和专业素养的大学毕业生，更是建设新型军队的急需人才，是高素质兵员队伍的中坚力量。近年来，越来越多的大学生响应祖国号召，主动携笔从戎，大学生新兵已占国家每年征集新兵总量的三分之一以上。当前，世界新军事变革方兴未艾，我国国防和军队改革深入推进，强军兴国需要大学生勇于担当，绿色军营欢迎建功立业！

（二）大学生士兵在部队有什么发展空间？能享受什么优待？

部队非常重视大学生士兵，为大学生士兵选拔为军官开辟了三条道路：一是取得全日制研究生学历的毕业生，取得全日制本科（一本、二本）学历和学士学位的毕业生，或者是取得全日制本科（三本）学历和学士学位的且在服役期间表现特别优秀的毕业生，可以选拔为军官。二是取得全日制专科学历的毕业生士兵，可以参加全军统一组织的本科层次招生考试，学制两年，毕业合格的选拔为军官。在校生士兵报考军校，执行普通士兵考学有关政策，年龄放宽一岁。三是大学毕业生士兵参加优秀士兵保送入学对象选拔，年龄放宽一岁，同等条件下优先列为优秀士兵保送入学推荐对象。大学毕业生士兵保送入学对象具有本科以上学历的，安排6个月任职培训；具有专科学历的，安排二年本科层次学历培训，培训合格的选拔为军官。

除军官选拔外，在士官选取方面，一是优先选取。具有全日制大专以上学历的士兵可优先选取为士官；对于符合提干条件未能提干的大学生士兵，根据个人意愿，实行"直通车"的办法直接选取。二是优先培养使用。优先安排参加专业技术培训，优先安排担任班长骨干，具有全日制大专以上学历的士兵可以免试进入士官学校学习一年。三是对于具有全日制大专以上学历的士兵，首次选取为士官的，在地方高校学习时间视同服役时间。

龙泉驿区对应征入伍服义务兵役的大学毕业生、在校生和新生，还将给予经济奖励：

（1）凡是参加体检的给予一次性补贴600元/人（含交通、生活、误工、差旅费等）。

（2）给予本科、专科学生一次性入伍奖励分别为8000元、6000元。

（3）大学生入伍后，其家人作为军属，可以享受军属优待金约23501元/年（大专上浮25%，本科上浮35%）。大专合计约58752元，本科合计约63452元。

（4）激励立功受奖军人，凡是获得大军区及以上荣誉称号和一、二、三等功的分别给予家庭一次性奖励2万元、1万元、0.8万元、0.3万元。

参军入伍的大学生除享受各级政府补助、奖励以外，学校额外给予1500元/人的一次性奖励。对于退役考研的学生，2016年起，教育部设立"退役大学生士兵专项硕士研究生招生计划"。

（三）服完兵役后，还能不能继续读书？

能！不管是刚收到大学录取通知书的新生还是已经在高校就读的大学生，只要参加义务兵役征集而应征入伍，服役期间按国家有关规定保留学籍或入学资格，退役后两年内允许复学或入学。相关手续由应征地县级征兵办公室和就读高校负责办理。

不仅如此，国家对应征入伍服义务兵役的高校学生，在入伍时对其在校期间缴纳的学费实行一次性补偿或获得的国家助学贷款实行代偿；应征入伍服义务兵役前正在高校就读的学生（含高校新生），服役期间按国家有关规定保留学籍或入学资格、退役后自愿复学或入学的，国家实行学费减免。学费补偿、国家助学贷款代偿和学费减免标准，本专科学生每人每年最高不超过8000元，研究生每人每年最高不超过12000元。

（四）大学生退役后选择复学、就业，除继续享受学费减免外，还有哪些优待？

（1）普通高校应届毕业生、在校生（含新生）均享受考研加分政策。具体为：

应届毕业生应征入伍服义务兵役退役后三年内参加全国硕士研究生招生考试，初试总分加10分，同等条件下优先录取；普通高校在校生（含高校新生）应征入伍服义务兵役退役，在完成本科学业三年内参加全国硕士研究生招生考试，初试总分加10分，同等条件下优先录取。

（2）免试读研政策。高校应届毕业生、在校生（含新生）在部队荣立二等功及以上的，符合研究生报名条件的可免试（指初试）攻读硕士研究生。

（3）设立退役大学生士兵“专项硕士研究生招生计划”。每年安排一定数量专项计划（规模控制在5000人以内），专门面向退役大学生士兵招生。专项计划在全国研究生招生总规模内单列下达。

（4）退役大学生士兵专升本实行招生计划单列。高职（专科）学生应征入伍服义务兵役退役，在完成高职学业后参加普通本科专升本考试，实行计划单列，全国录取比例为30%，四川省录取比例提高到50%。

（5）高职（专科）在校生（含高校新生）入伍经历可作为毕业实习经历；具有高职（专科）学历的毕业生，退役后免试入读成人本科；荣立三等功以上奖励的高职（专科）在校生（含高校新生），在完成高职（专科）学业后，免试入读普通本科。

（6）大学生士兵退役后复学，经学校同意并履行相关程序后，可转入本校其他专业学习。

（7）免修军事技能。高校在校生（含高校新生）参军入伍退役后复学或入学，免修军事技能训练，直接获得学分。

退役大学生士兵在择业就业方面享有如下优待：

（1）应征入伍的高校毕业生退役后报考政法干警招录培养体制改革试点招生时，教育考试笔试成绩总分加10分。

（2）全省国有、国有控股和国有资本占主导地位企业在新招录职工时拿出不少于10%的工作岗位，在退役大学毕业生士兵中择优录取。

（3）退役大学生士兵参加全省事业单位招聘时，在公共科目笔试与专业知识笔试按比例折合后、面试成绩折合前的笔试总成绩加2分；在此基础上，被部队团级（含）以上机关评为优秀士兵或荣立三等功奖励的，另加2分，荣立二等功及以上奖励的另加4分，可累积计算，最高不超过6分。

（4）选招专职人民武装干部时，优先从退役大学生士兵中择优选录。

（5）凡从四川省应征入伍的全日制普通高校大学生（含在校生），在部队服役期满且表现良好、退役复学后本科或研究生毕业、落实就业单位、签订正式劳动合同的，可直接在工作单位所在地办理落户手续，并享受当地大学生入伍的其他优抚安置政策。

（6）高校毕业生士兵退役后一年内，可视同当年的应届毕业生，凭用人单位录（聘）用手续，向原就读高校再次申请办理就业报到手续，户档随迁；退役高校毕业生士兵可参加户籍所在地省级毕业生就业指导机构、原毕业高校就业招聘会，享受就业信息、重点推荐、就业指导等就业服务。

（五）大学生在应征过程中享有哪些便利和优先权？

首先，大学生适龄青年要像其他适龄青年一样，在 6 月 30 日前，登录“全国征兵网”进行兵役登记，网址为 www.gfbzb.gov.cn。为方便大学生应征，既可在户籍所在地应征，也可在学校所在地应征，并且一般都会在大学生放假离校前完成体检、政治考核、签订入伍协议书等工作，新兵起运前只需对身体进行复查，合格的即可办理入伍手续，不会因放假返乡造成为入伍而两地奔波的不便。此外，全省各级征兵办公室为大学生入伍开辟了“绿色通道”，优先安排大学生参加体检和政治考核，确保随到随检；对体检、政治考核双合格的大学生，优先组织定兵和公示，并结合大学生学历、专业、个人特长和参军意向，优先安排大学生到军兵种部队或专业技术要求高的部队服役。

（六）大学生应征入伍需要满足哪些基本条件？

近年来，国家和军队为适应大学生入伍需要，根据部队建设实际和大学生体质特点，进一步放宽了征集的条件标准，越来越多的大学生能够接受祖国挑选。

(1) 年龄条件。男兵：高校新生和在校生 17 至 22 周岁（当年 12 月 31 日），本科毕业生放宽到 24 周岁（当年 12 月 31 日）；女兵：高校新生、在校生和应届毕业生一律为 17 至 22 周岁（当年 12 月 31 日）。

(2) 政治条件。按照新修订的《征兵政治考核工作规定》和有关规定执行。征集服现役的公民必须热爱中国共产党，热爱社会主义祖国，热爱人民军队，遵纪守法，品德优良，决心为抵抗侵略、保卫祖国、保卫人民的和平劳动而英勇奋斗。

(3) 身体条件。按照新修订的《应征公民体格检查标准》和有关规定执行。其中：身高，男青年不低于 160cm，女青年不低于 158cm，条件兵另行规定。体重，标准体重（kg）=身高（cm）−110。男青年不超过标准体重的 30%，不低于标准体重的 15%；女青年不超过标准体重的 20%，不低于标准体重的 15%。视力，右眼裸眼视力不低于 4.6，左眼裸眼视力不低于 4.5，矫正视力不低于 4.8 且矫正度数不超过 600 度，条件兵另行规定。

（七）部队简介

我国武装力量是由中国人民解放军、中国人民武装警察部队和民兵组成的，这里所讲的服义务兵役是指在中国人民解放军和中国人民武装警察部队服役。根据目前国家有关政策规定，义务兵服现役的期限为 2 年，第 1 年称为列兵，第 2 年称为上等兵，2 年义务兵役期满后可以选改为士官。下士、中士称为初级士官，最高服役 6 年；上士、四级军士长称为中级士官，最高服役 8 年；三级军士长以上称为高级士官，可以服役 14 年以上。

1. 中国人民解放军

中国人民解放军（英文缩写 PLA）是中华人民共和国最主要的武装力量，最高军事机关是中央军事委员会，现役部队由陆军、海军、空军、火箭军和战略支援部队组成。为适应新形势、新任务，原总参谋部、总政治部、总后勤部、总装备部分别改为中央军委联合参谋部、政治工作部、后勤保障部及装备发展部，实现了总部制向军委多部门部制的转变。此外，原沈阳、北京、兰州、济南、南京、广州、成都七个军区调整为东部、南部、西部、北部、中部五个战区，组建战区联合作战指挥机构，转变指挥体系，有效增强了联合指挥作战能力。

中国人民解放军陆军是中国人民解放军的主体力量，主要由步兵（摩托化步兵、机械化步兵）、装甲兵（坦克兵）、炮兵、陆军防空兵、陆军航空兵、电子对抗兵（电子对抗部队）、工程兵、防化兵、通信兵、侦察兵、特种部队等兵种和专业兵种组成，主要担负陆地作战任务。

中国人民解放军海军是中国人民解放军的海上武装力量，由水面舰艇部队、潜艇部队、航空兵、岸防部队和海军陆战队五大兵种体系和观察、侦察、通信、工程、航海保障、水文气象等专业勤务部队组成，其主要任务是独立或协同陆军、空军防御敌人从海上的入侵，保卫领海主权，维护海洋权益。

中国人民解放军空军是中国人民解放军的空中武装力量，主要由航空兵、地空导弹兵、高射炮兵、雷达兵、空降兵等多兵种组成。航空兵是空军的主要组成部分和作战力量，由歼击、强击、轰炸、侦察、运输航空兵及保障部（分）队组成；地空导弹兵是装备地空导弹、执行防空任务的兵种，通常与歼击航空兵、高射炮兵共同行动；空降兵是以机降或伞降方式介入地面作战的兵种，主要任务是夺取敌纵深内的重要目标或地域。

中国人民解放军火箭军，原名“中国人民解放军第二炮兵部队”，主要由地对地战略导弹部队和常规战役战术导弹部队组成，其主要任务是遏制敌对我使用核武器，独立或联合其他军种的战略核部队对敌实施有限而有效的自卫反击，打击敌主要战略目标。2015 年 12 月 31 日，中国人民解放军第二炮兵部队改为中国人民解放军火箭军，成为与陆、海、空三军并列的第四个独立军种。

中国人民解放军战略支援部队，是中国人民解放军于 2015 年 12 月 31 日成立的军种。战略支援部队是将战略性、基础性、支撑性都很强的各类保障力量进行功能整合后组建而成的，主要担负电子对抗、网络攻防、卫星管理等电磁空间和网络空间的攻防任务。

2. 中国人民武装警察部队

中国人民武装警察部队是担负国内安全保卫任务的部队，受国务院、中央军委双重领导，主要担负固定目标执勤、处置突发事件、反恐怖任务，并支援国家经济建设。武警部队设有总部，各省、自治区、直辖市设有武警总队（副军或师级），各地、市、州、盟设有支队（团级）或大队（营级），县（市、区）设有中队（连级）。

三、成都市2018年《关于进一步鼓励大学生参军入伍的意见》的解读

（一）政策背景

征集高素质青年参军入伍是提高军队建设水平、深化军队和国防改革的重要基础性工作，也是国务院、中央军委确定的征兵工作核心和重点。2018年4月3日，教育部、中央军委国防动员部在北京召开了“全国大学生征兵工作会议”。会议指出，今年大学生征兵工作总的目标任务是“两增长、一提高、一优化”，即大学生报名人数和征集人数“双增长”，征集人数占总量比例较去年进一步提高，征集院校类别和学历层次结构更加优化。

为有效调动大学生青年应征入伍积极性，不断提高成都市兵员征集质量，推动全市征兵工作持续健康发展，根据《中华人民共和国兵役法》，《退役士兵安置条例》，四川省政府办公厅、四川省军区司令部《关于进一步完善征兵工作政策措施的通知》（川办发〔2016〕39号）及有关规定，结合我市实际，对市政府办公厅、成都警备区司令部《关于进一步鼓励大学生参军入伍的意见》（成办发〔2016〕23号）（以下简称《意见》）进行了修订完善。

（二）制定过程

经认真研究国家和四川省有关政策规定，充分学习借鉴西安、贵阳、武汉、沈阳、南京、杭州、广州等省会城市大学生应征入伍优待安置政策，结合成都实际，对《意见》进行修订完善。《意见》修订完善过程中广泛征求了市级有关部门意见，进行了合法性审查，并经研究后采纳了合理意见。

（三）主要内容

1. 明确了六个方面的鼓励政策

一是发放一次性入伍奖励。发放对象是指从成都市参军入伍的大学生（指具有普通高等学校全日制学籍信息的学生，含当年普通高等学校录取的全日制新生，高校新生学历以政治考核时认定为准，下同）新兵本人或家长。发放标准是按照本科毕业生不低于12000元、在校生不低于10000元，大专毕业生不低于10000元、在校生不低于8000元，本科新生不低于8000元、大专新生不低于6000元的标准给予一次性奖励。实施者是民政部门，时限是新兵入伍后次年8月1日前。

二是给予返乡返校应征大学生经济补助。此处所谓返乡返校应征大学生，是指三类情况，即：(1) 户籍在成都，在成都市外就读返乡应征的大学生；(2) 户籍在成都高校，从入学前户籍地返校应征的大学生；(3) 户籍不在成都，从户籍地回蓉返校应征的大学生。路费补助的具体标准为火车硬座、高铁二等座、轮船四等舱。生活补贴的标准为每人每天200元，天数由兵役机关确定。实施者为成都市各区（市）县征兵办公室，完成时限为应征对象体检完成后5日内。

三是提高大学生士兵义务兵家庭优待金标准。在现行优待金的基础上，对应征

入伍的大学生，按照本科毕业生上浮60%、大专毕业生上浮50%、本科在校生上浮40%、大专在校生上浮35%、本科新生上浮35%、大专新生上浮25%的标准增发义务兵家庭优待金。发放时间由民政部门确定。

四是安排专项落户。凡从成都市应征入伍的全日制普通高校大学生（含在校生），在部队服役期满且表现良好，退役或复学毕业后落实就业单位、签订正式劳动合同的，可直接在工作单位所在地办理落户手续，并享受当地大学生入伍的其他优待安置政策。

五是拓宽退役大学生士兵安置渠道。国有、国有控股和国有资本占主导地位企业在新招录职工时应拿出15%的工作岗位，在退役大学毕业生士兵（含退役后复学完成学业的大学生士兵，下同）中择优录取。专武干部一般应当从退役大学毕业生士兵中选招。符合招聘条件的退役大学生士兵在报考我市事业单位时，在公共科目笔试与专业知识笔试按比例折合后、面试成绩折合前的笔试总成绩加4分，被团级（含）以上机关评为优秀士官、优秀学员、优秀义务兵或者荣立三等功奖励的另加2分，荣立二等功及以上奖励的另加4分，累积不超过8分。将从成都市应征入伍的退役大学生士兵服现役视为基层工作经历，与“三支一扶”“一村一大”“志愿服务西部计划”等基层服务项目服务期满并考核合格的大学生享有同等待遇，共同纳入我市事业单位综合管理岗位的定向招聘范围。

六是给予高校征兵工作经费保障。为保障高校正常开展征兵工作，对高校人民武装部（征兵工作负责部门）征兵工作（含兵役登记）按照2万元/年的标准给予经费保障。根据所征兵员（从成都入伍的在校及应届毕业大学生），按不低于1500元/人的标准给予高校征兵工作补助，可用于发放征兵工作期间的征兵工作人员交通、伙食和通信等补助。此处所征兵员，是指从成都高校所在区（市）县应征入伍的在校生及应届毕业生，不含新生及往届毕业生。实施者为区（市）县征兵办，完成时限为新兵入伍后3个月内。

2. 明确了权利与义务

应征入伍的大学生除享有以上鼓励政策外，同时享有批准入伍地其他优待政策。应征公民拒绝、逃避征集，拒不改正的，县级兵役机关要将有关情况通报其所在乡镇（街道）及公安、民政、卫生计生、教育、人社等相关部门，人社部门不得录用其为公务员或者参照公务员法管理的工作人员；公安机关两年内不得为其办理出国（境）手续；教育部门及学校两年内不得为其办理升学手续；区（市）县人民政府可处以罚款，罚款交区（市）县财政，列支民政优抚安置款项。应征公民入伍后拒服现役且经教育不改，被部队做思想退兵或者除名的，由民政部门取消其家属的军属待遇，停止发放优待金；按照拒绝、逃避兵役的有关规定进行处罚，维护兵役法规的严肃性。

3. 明确了施行时间和有效期等事项

《意见》修订后自印发之日起施行，有效期2年，2018年以前入伍的大学生优待办法按照原意见施行。市政府办公厅、成都警备区司令部《关于进一步鼓励大学生参军入伍的意见》（成办发〔2016〕23号）同时废止。

4. 解读机构

解读机构：成都市人民政府征兵办公室

联系电话：86594016

《成都市人民政府成都警备区关于进一步鼓励大学生参军入伍的意见》，http://gk.chengdu.gov.cn/govInfoPub/detail.action?id=99099&tn=6.

参考文献

[1] 毛泽东军事文集. 北京：军事科学出版社，1993.

[2] 詹小美. 中国化马克思主义：邓小平理论概论. 北京：人民出版社，2005.

[3] 肖智林，胡建刚. 江泽民军事创新思想研究. 北京：军事科学出版社，2004 .

[4] 中共中央文献研究室. 科学发展观重要论述摘编. 北京：中央文献出版社，2008.

[5] 习近平谈治国理政（第二卷）. 北京：外文出版社，2017.

[6] 中共中央宣传部. 习近平总书记系列重要讲话读本（2016 年版）. 北京：学习出版社，2016.

[7] 钟华. 世界空军武器装备. 长沙：国防科技大学出版社，2001.

[8] 林聪榕，徐飞. 世界航天武器装备. 长沙：国防科技大学出版社，2001.

[9] 张欣翼，李自力. 世界海军武器装备. 长沙：国防科技大学出版社，1999.

[10] 李先德，何彬生. 新编军事理论与技能教程. 长沙：国防科技大学出版社，2010.

[11] 四川师范大学军事课教程编写组. 高等学校军事课教程. 成都：四川师范大学电子出版社，2011.

[12] 成都市国防教育委员会. 国防教育知识读本. 北京：中国和平出版社，2011.

[13] 李鹏青. 普通高等学校军事教程. 北京：军事科学出版社，2007.

[14] 王小健. 大学军事. 北京：中国社会科学出版社，2003.

[15] 刘云飞，丁洪勇，孙贺. 大学生国防教育读本. 沈阳：东北大学出版社，2014.

[16] 付强，张坦，罗顺明. 普通高校军事理论与训练教程. 长沙：国防科技大学出版社，2010.

[17] 牟斌，等. 大学生军事理论及技能训练教程. 武汉：湖北美术出版社，2008.

[18] 张会福，徐建波. 大学军事教程. 长沙：国防科技大学出版社，2010.

[19] 刘彤. 兵戈百年争锋：武器装备革命纵横谈. 北京：科学普及出版社，2002.

[20] 周刚. 世界陆军武器装备. 长沙：国防科技大学出版社，2001.

[21] 徐唯诚. 大学军事教程. 长沙：国防科技大学出版社，2012.

后 记

《强军固防　青春同行——大学生军事理论与技能训练教材》是根据《中华人民共和国国防教育法》和《国务院办公厅和中央军委办公厅关于深化学生军事训练改革的意见》（国办发〔2017〕76号）的文件精神，为适应当代大学生国防教育的需要而编写的。

本书是在成都大学军事理论教研室的组织下，由易贤文同志领衔组织人员编写的。在编写过程中，我们得到了四川省军区军训办公室、成都大学等单位的领导以及成都大学教务处、武装部等部门的同志的关心和支持。在本书出版之际，特致以衷心的感谢！

本书在编写过程中参考和引用了《习近平谈治国理政》（外文出版社）、《习近平总书记系列重要讲话读本（2016年版）》（中共中央宣传部组织编写，学习出版社、人民出版社）、《国防教育知识读本》（成都市国防教育委员会编著，中国和平出版社）、《当代军事体制变革研究》（胡光正主编，军事科学出版社）、《新编军事理论与技能教程》（李先德、何彬生主编，国防科技大学出版社）、《大学军事教程——知军事，观天下》（王威、杨德宇、张亚利主编，国防大学出版社）等著作，以及中国军网、中华网、中国战略网、铁血军事、人民网、网易、百度等网络媒体公开发表的文章和图片。本书是为实施国防义务教育而编写的非营利性教材，对所有引文和图片的原作者、报刊及网络媒体，我们谨致以衷心的感谢和崇高的敬意！

本书在编写过程中还得到了成都大学学生军训领导小组的鼎力支持，四川陆军预备役高射炮兵师第四团“网络战心理战”预备役分队官兵的支持和帮助，在此致以衷心的感谢！

本书的编写和出版，得到了四川大学出版社的大力支持，特此鸣谢！

编　者

2018年3月